우리는
이상한
마을에
산 다

스페인 마을 공동체 마리날레다

THE VILLAGE AGAINST THE WORLD

우리는
이상한
마을에
산 다

댄 핸콕스Dan Hancox 지음
윤길순 옮김

Marinaleda

이마
YIMA

하비에게.

정말이야, 다음 잔은 내가 살게.

아무도 우리를 멈출 수 없다.

아무리 많은 피를 흘리고 아무리 높은 벽을 세워도

언젠가는 모든 사람이 토지와 권리는 물론이고 자유를 얻는 것도 막을

수 없다.

후안 마누엘 산체스 고르디요, 『마리날레다: 안달루시아 사람들아, 일어나라』(1980)

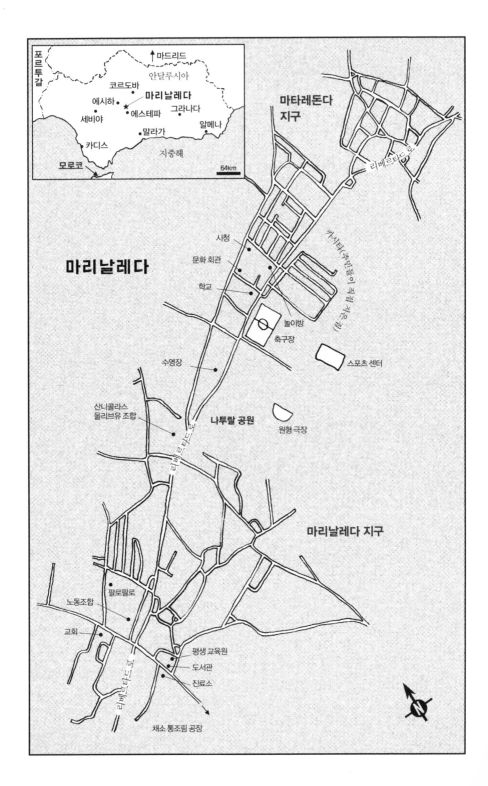

차 례

1장 마을을 만나다 - 009

2장 땅 이야기 - 047

3장 싸우고 또 싸우다 - 075

4장 땅은 일하는 농민의 것 - 117

5장 빵과 장미 - 149

6장 유토피아의 적들 - 183

7장 세상에 맞선 마을 - 211

8장 유토피아의 종말? - 237

감사의 글 - 266

해제 | 경쟁의 가치보다 연대의 가치로 사는 공동체_강수돌 - 268

1

마을을
만나다

Marinaleda

인간이 꿈을 꾼다면 그 꿈은 언제나 더 나은 세상을 창조하는 것이었다. 2016년은 토머스 모어의 『유토피아』가 나온 지 500주년이 되는 해다. 모어의 이 짧은 책은 유토피아라는 허구의 섬을 그리고 있는데, 엄격하게 통제된 사회이지만 모범적 공동체인 이 섬의 이름은 그리스어로 '어디에도 없는 곳'이라는 뜻이다. 오늘날의 상상 속에서도 유토피아는 언제나 바로 그러한 곳을 뜻한다. 현실에는 없는 곳, 어디에도 실제로 존재하지 않는 곳이다. 유토피아는 우리가 우리를 둘러싼 세상에 실망해 만들어 낸 것, 현실 세계의 수많은 불의를 반대로 뒤집어 놓은 것, 인간의 나약함이 만들어 낸 것이다. 우리는 언제나 실망하고, 그래서 더 나은 것을 꿈꾼다.

우리는 유토피아가 상상된 곳이라는 생각에 익숙하다. 그것은 대개 현실의 대안으로 생각해 낸 허구적 현실에 있는 공동체다. 그 허구의 세계는 겉보기에는 낙원 같아도 실제로는 거짓과 공포에 토대를 둔 곳이다. 우리가 하는 이야기들은 낙원을 건설하는 것은 불가능할 뿐만 아니라 낙원을 건설하려는 시도조차 위험하고 오만한 짓이라고 경고하는 말로 가득하다. 뜻은 좋지만 현실은 결코 녹록치 않다.

유토피아는 우리가 만들어 낸 허구의 세계가 아니라면 이상적으로 그려진 미래다. 정치적 프로젝트나 종교적 프로젝트가 표방하는 것, 우리 모두 어떻게 살아야 하는지를 보여 주는 청사진이다. 언젠가 당에 가입하거나 교회에 나가면 모두가 살게 될 곳이다. 이런 유토피아도 문학 속 유토피아처럼 대개는 새로운 공동체를 만들어 내려는 구체적 시도이기보다는 추상적인 지적 유희의 산물이다. 그러나 실제로 유토피아를 건설하려고 하면 어떨까? 열망해 마지 않는 꿈, 대망의 청사진에서 구체적 현실로 어떻게 갈 수 있을까?

2004년에 세비야에서 휴가를 보낼 때, 안달루시아 지방 여행 안내서를 뒤적이다가 마리날레다라는 작고 외진 마을에 관해 잠시 언급한 것을 읽었다. 이 독특한 곳은 혁명적 농장 노동자들의 '공산주의 유토피아'라고 했다. 나는 금방 매료되었다. 그러나 내 호기심을 충족시켜 주는 자세한 내용은 거의 찾을 수 없었고 간략한 설명 이상의 정보가 없었다. 여행 안내서뿐만 아니라 인터넷도 마찬가지였고, 세비야에서 만난 낯선 사람들에게서도 별다른 정보가 나오지 않았다. "아 예, 그 이상한 작은 공산주의 마을, 유토피아"라고 말하는 사람도 몇 있었지만, 그들 가운데 마을에 가 본 사람이 없었고, 마을에 가 본 사람을 아는 사람도 없었다. 그것이 정말 유토피아인지 말해 줄 사람이 아무도 없었다. 정보라고는 마을에 카리스마 넘치는 괴짜 시장이 있다는 것뿐이었다. 예언자의 수염에 거의 선동가 같은 모습을 한 그의 이름은 후안 마누엘 산체스 고르디요Juan Manuel Sánchez Gordillo라고 했다.

하지만 결국 더 많은 것을 알아냈다. 마리날레다의 기적은 첫째, 1970년대 말에 그들이 지독한 가난 속에서 유토피아를 창조하려는 투쟁을 시작했다는 것이다. 마을이 60퍼센트가 넘는 실업률에 시달리고 있었고, 토지 없는 농민이 대다수인 사회라 마을 사람들이 며칠씩 굶기를 밥 먹듯이 했다. 파시스트 독재자 프랑코 장군이 죽은 뒤 스페인이 불확실성에 시달리고 있을 때였다. 마리날레다의 기적은 둘째, 그 예사롭지 않은 30년을 지나면서 그들이 결국 이겼다는 것이다. 저 주목할 만한 투쟁과 희생의 길을 걷던 중, 산체스 고르디요는 1985년에 신문 『엘 파이스El País』에 이렇게 말했다.

우리는 유토피아를 정의하는 것만으로는 충분하지 않다는 것을 배웠습니다. 반동 세력에 맞서 싸우는 것만으로도 충분하지 않았습니다. 지금 여기에 유토피아를 세워야 합니다. 벽돌을 쌓듯이 차곡차곡, 끈기 있게, 꾸준히, 우리가 오랜 꿈을 현실로 만들 수 있을 때까지. 모든 사람에게 빵이 있고, 시민들 사이에 자유가 있고 문화가 있을 때까지, '평화'라는 말을 존경심을 가지고 말할 수 있을 때까지.

우리는 현재에 세워지지 않는 미래는 없다고 믿습니다. 진심으로.

반란자의 아이콘답게 산체스 고르디요는 체 게바라의 말을 인용하기를 좋아한다. 구체적으로는 "꿈을 꾸는 사람들만 언젠가 자기 꿈이 현실로 바뀌는 것을 볼 것이다"라는 체의 격언이다. 내가 발견하게 되듯이, 스페인 남부의 한 작은 마을에서는 이 말이 한낱 티셔츠에 적힌 슬로건이 아니다.

안달루시아의 심장부는 거친 곳이다. 오랫동안 이 거대한 지방의 중심부는 '산적 소굴'이었다. 악명 높은 산적들이 활개를 쳤다. 그들은 그 시대의 유명 인사였고, 부자들에게서 빼앗아서 가끔 가난한 사람들에게 주는 인민 영웅이었다. 시에라 수르Sierra Sur 산악 지대를 중심으로 펼쳐져 있는 이 지역은 역사적으로 드넓은 농경지에 토지 없는 가난한 노동자들과 인기 있는 범법자들이 우글거렸던 곳이다. 그리고 이들의 맞은편에 귀족 지주들과 부르주아 정치 계급, 유력자들이 고용한 폭력배, 혐오의 대상인 경찰 병력 치안대 Guardia Civil 가 있었다. 알베르 카뮈가 스페인은 "반란자들의 고향, 여기에서 가장 위대한 걸작은 불가능한 것을 외치는 소리"라고 했는데, 그러한 외침이 가장 크게 울려 퍼진 곳이 안달루시아였다.

안달루시아는 스페인의 17개 자치 지방 가운데 두 번째로 큰 곳이다. 그러나 그저 하나의 지방이 아니다. 안달루시아를 '스페인의 남부 지방'이라고 부르는 것은 태만 죄에 해당한다. 안달루시아에는 독특한 문화와 정치가 있고, 무엇보다도 독특한 개성이 있다. 안달루시아의 역사는 계급 전쟁과 내전, 침략, 정복, 봉기, 반란, 폭동으로 점철되어 있는데, 대개 폭력적이었던 이런 산발적인 혼란에도 농부들의 조용하고 소박한 삶의 리듬은 수천 년 동안 거의 변함이 없었다. 가장 최근에 안달루시아 사람들의 머리에 떨어진 벼락은 그전에 일어난 종교 재판이나 레콩키스타Reconquista*, 스페인 내전과 마찬가지로 그들에게는 아무런 책임도 없는 것이었다.

2013년 봄, 안달루시아의 실업률은 무려 36퍼센트다. 16세에서 24세까지는 55퍼센트가 넘는다. 터무니없이 높은 전국 평균보다도 높은 수치다. 2000년대에 건설 산업이 호황이었을 때는 해안가에 크레인이 널려 있었고, 한 세대는 학교도 마치지 않고 건설 현장에서 연봉 4만 유로짜리 일자리를 구하라는 부추김을 받았다. 그러나 이제 그런 일은 없고, 그것을 대신할 일도 없다. 마리아노 라호이 총리는 유럽 중앙은행이 그의 어깨 위로 불길한 모습을 드러내자 노동 개혁법을 도입해 기업에서 직원을 한층 쉽게, 한층 빨리, 보상을 덜 하고도 해고할 수 있도록 했고, 이 새로운 법이 지금 민간 부문에서나 공공 부문에서나 스페인 노동자를 사정없이 자르고 있다.

스페인에서는 1996년부터 2008년까지 대대적인 주택 건설 붐이 일었다. 12년 동안 1제곱미터당 부동산 가격이 세 배 뛰었다. 그런데 그것이 지금 위기에 고스란히 반영되었다. 2008년부터 전국에

---

* 기독교도들이 8세기부터 15세기에 이슬람교도에게 점령당한 이베리아 반도 지역을 탈환하기 위해 벌인 국토 회복 운동.

서 40만 가구 이상이 퇴거 조치를 당했다. 이번에도 이는 남부에서 특히 심했다. 안달루시아에서는 하루에 40가구가 은행의 조치로 집에서 쫓겨났다. 설상가상으로 주택 담보 대출을 해 준 금융 기관에 의해 집에서 쫓겨나도 그것으로 끝나지 않는다. 대출금을 계속 갚아야 한다. 그래서 주택 소유자들이 도저히 어찌할 수 없는 궁지에 내몰려 압류를 앞두고 자살하는 일이 무서울 정도로 흔해졌다. 집행관이 계단으로 올라오는 동안 위층 창문에서 몸을 던진 사람이 한둘이 아니다.

스페인에서 '위기la crisis'라고 하면 유로존 위기, 경제 위기를 뜻하지만, 이 말은 그보다 많은 것을 뜻한다. 그것은 체제의 위기, 정치 생태계에 금이 간 것을 뜻한다. 정치가와 은행가, 왕족, 관료 할 것 없이 이 나라 엘리트층이 모두 부패라는 고질병에 걸린 것을 뜻하고, 1975년에 프랑코가 죽은 뒤 이루어진 민주적 합의에 대한 신뢰에 위기가 온 것을 뜻한다. 2012년 12월에 국영 사회연구소에서 실시한 여론 조사에서 스페인 사람 가운데 67.5퍼센트가 그들의 민주주의가 돌아가는 방식에 만족하지 않는다고 응답했다. 이는 경제 위기가 낳은 결과이기도 하지만, 스페인이라는 국가 전반에 대한 경멸과 무시다. 그래서 2011년 봄과 여름에 800만 명의 '분노한 사람들indignados'이 거리로 나와 "지금 진짜 민주주의를!"이라고 외친 것이다.

이번 위기가 스페인에 닥치기 전에도 안달루시아는 빈부 격차가 극심했다. 그것도 아주 오랫동안. 안달루시아는 드넓은 귀족의 사유지를 따라 대규모 농촌 빈민이 존재하는 곳이다. 라티푼디오 latifundio는 남아메리카에서 흔히 볼 수 있는, 귀족이 소유한 광대한 토지다. 악명 높은 알바 여공작의 땅을 벗어나지 않고 안달루시아 지방의 주도 세비야에서 북부 해안까지 걸어갈 수 있다는 것이 이 지방 농촌에서 신화처럼 자주 이야기된다. 알바 여공작은 세상에서 가장 많은 작위를 가진 여성으로 추정된다. 스페인 사람의 22.5퍼센트가 한 달에 겨우 500유로로 생존할 수밖에 없는 처지에 있는데, 여공작은 재산이 32억 유로에 이를 거라고 한다. 그런데도 여공작은 유럽연합 농업 보조금으로 1년에 300만 유로를 받는다.

안달루시아의 거친 심장부에 있는 한 작은 마을에는 안정과 질서가 있다. 아스테릭스*의 마을이 가당치도 않게 로마에 대항했듯이, 이 작은 푸에블로(pueblo, 마을)에서 거대한 제국은 적수를 만났다. 오합지졸이지만 자유를 갈망하는 시끄럽고 건방진 사람들에게서 말이다. 이 싸움은 터무니없을 정도로 불공평해 보인다. 마리날레다 인구는 2700명이고, 스페인 인구는 4700만 명이다. 그런데도 제국은 번번이 졌다.

안달루시아 지방의 주도 세비야에서 동쪽으로 97킬로미터, 알람브라 궁전이 있는 그라나다에서 서쪽으로 145킬로미터, 말라가와

---

* 1961년에 프랑스 작가 르네 고시니가 글을 쓰고 알베르 우데르조가 그림을 그린 만화의 제목이자 주인공의 이름이다. 로마 제국에 대항하는 작은 마을 갈리아의 영웅담을 그린 이 만화는 프랑스의 국민 만화로 프랑스인의 상징이자 자존심이 되었다.

코스타 델 솔 해안에서 북쪽으로 105킬로미터 떨어져서 끝없이 펼쳐진 농지에 둘러싸인 곳에 마리날레다가 있다. 도시임을 뽐내는 슈퍼마켓과 로터리 같은 것이 있는 가장 가까운 '대도시'가 약 10킬로미터 떨어진 에스테파인데, 그곳 인구도 1만 2000명밖에 안 된다. 마리날레다의 버스 정류장에서는 하루에 버스를 두 대 볼 수 있다. 한 대는 세비야에 가는 것이고, 한 대는 세비야에서 오는 것이다. 몇 킬로미터 안에 기찻길도 없다. 그러나 그렇다고 해서 마리날레다가 어디로도 통하지 않는 것은 아니다.

로마인이나 카르타고인, 무어인이 안달루시아 지방의 다른 곳에 분명하게 족적을 남겨, 이곳에도 그런 조상이 있을 법하지만 이에 대해서는 알려진 것이 없다. 이 마을의 존재를 알려 주는 최초의 기록은 1600년대 초의 것이다. 당시 이곳은 에스테파 후작의 영지에 속해 있었는데, 밀밭과 올리브밭에서 고되게 일하던 토지 없는 노동자들이 일터에도 가깝고 근처에 있는 살라도 강에서 흘러오는 물에도 가까운 곳에 정착해 이룬 마을이었다.

차를 타고 남부 지방을 지나면 위기가 그곳을 유린하고 있는 것을 알아채기 어려울 수 있다. 안달루시아에 드넓게 펼쳐진 대규모 올리브 농장들이 육군 사관 학교 생도들이 포복해 나아가야 할 거대한 그물망처럼, 얼기설기 이어 붙여 놓은 커다란 장막처럼 완만하게 굴곡진 풍경을 뒤덮고 있기 때문이다. 줄지어 선 올리브 나무 사이로 가끔 밀밭과 아몬드나 오렌지 나무도 보이고 빈터도 보이는데, 이런 빈터는 지력이 회복되도록 4, 5년 놀리는 휴경지다. 이런 풍경에는 가끔 농가도 자리 잡고 있는데, 그 가운데는 다른 시대에 지어진 폐가가 많다. 이들은 지붕도 없고 반쯤 무너진 벽은 군데군데 떨어져 나간 회칠과 그래피티로 장식되어 있다.

마리날레다는 안달루시아에서 시에라 수르로 알려진 남부 산악 지대에 있지만, 여기 헤닐 강 유역의 평원에는 사방 몇 킬로미터 안에 어느 정도 높다고 할 만한 지대가 한 군데밖에 없다. 이 지대의 한 봉우리에 높이 자리 잡고 있는 것이 에스테파인데, 여기서는 시내에서 조금만 올라가도 지역 전체를 내려다볼 수 있다. 에스테파에 처음 갔을 때 미국 오리건 주에서 온 로빈이라는 젊은 여성을 만났다. 그녀는 안달루시아에서 1년 동안 영어를 가르치고 있었다. 우리는 몇몇 스페인 친구들과 함께 산책 삼아 꼭대기에 올라갔다가, 들판을 내려다보며 마리날레다를 찾을 수 있는지 보았다.

그곳의 공기는 눈에 보이지 않는 먼지로 가득 차 있었다. 혀가 따끔거리고 살갗이 얼얼할 정도였다. 이 지역의 먼지는 절대 무시할 수 없다. 그것에 익숙하지 않다면 특히 그렇다. 로빈은 충분히 익숙한데도 영국에서 짧은 휴가를 마치고 돌아온 직후라 온통 축축한 런던 공기가 바싹 마른 안달루시아의 겨울 공기로 갑자기 바뀐 탓에 입술이 터서 피가 흐를 지경이었다. 그녀가 가볍게 눌러 지혈을 하려고 했지만, 피가 계속 흘렀다.

이 땅이 한때 무어인 칼리프가 다스리던 알안달루스Al-Andalus였다는 사실을 분명하게 떠올리게 하는 것들과 만나려면 시에라 수르에서 더 남쪽으로 가야 한다. 남쪽으로 그라나다와 해안으로 가면, 길

표지판에 스페인어뿐만 아니라 영어와 아랍어로 쓴 것도 있고, 알헤시라스에서 출발하여 모로코로, 북아프리카에 있는 식당과 커피 하우스로 가는 페리 티켓 광고판도 있다. 안달루시아의 예사롭지 않은 역사가 눈에 보이지 않게 감추어져 있을 때에도 아주 많은 것이 수세기를 견뎠다. 사람들의 일상생활과 정신, 땅에 대한 애착 속에서.

겨울 기온이 섭씨 16도까지 올라가는 일이 흔한데도 열이 빠져나가지 못하게 가두어 놓는, 숙소 주인 안토니오가 회칠한 발코니에서 남쪽으로 마리날레다를 둘러보면, 1세기 전과 뚜렷이 달라진 것은 이 대단히 세속적인 공동체에서 뾰족뾰족한 텔레비전 안테나가 예전의 가늘고 긴 교회 풍향계 노릇을 한다는 것뿐이다. 그것을 빼면 이 마을의 주거 지역은 예전과 똑같은 것 같다. 오렌지 나무 잎사귀가 가끔 부는 산들바람에 마지못해 흔들거리고, 닭 한 마리가 청색 작업복을 입고 채소밭을 가는 남자 곁을 돌아다닌다.

마을 바로 옆에서는 농사를 거의 짓지 않는다. 마을 협동조합이 소유한 1200헥타르에 달하는 우모소Humoso 농장은 몇 킬로미터 떨어져 있다. 하지만 마을에도 올리브유 가공 공장이 하나 있어, 아주 상쾌한 향이 간선 도로에서 오는 배기가스를 중화시킨다. 그리고 마을 변두리에는 커다란 창고와 차고가 늘어서 있는데, 개방된 어두운 실내에는 무시무시해 보이는 투박한 농기구와 장비가 있다. 트랙터와 트레일러, 커다란 금속 이빨과 스파이크가 달린 것들도 있고, 가끔 납땜용 인두에서 불꽃도 인다. 그리고 마을 한쪽에는 꽤 규모가 큰 채소 가공 통조림 공장이 있다. 이는 1990년대에 협동조합을 위해 더 많은 일을 만들어 내려고 지은 것으로, 거대한 피망과 아티초크*가 위풍당당하게 장식되어 있다.

마을의 맨 가장자리에 있는 식당 라 보데가La Bodega 근처에서 자리를 잘 잡으면 공장 건물이 남쪽에 있는 에스테파를 가려 세상에서 유일한 마을에 있는 것 같다. 한때 산적 소굴이었던, 에스테파 뒤편의 산봉우리들이 마리날레다에서 볼 수 있는 스카이라인에서 유일하게 불룩 솟아 있는데, 이 산봉우리들도 마을 한복판에 있으면 잘 보이지 않는다. 3.6미터 높이의 담장 안에서 몇 세기 동안 카르멘들과 안토니오들이 영면해 있는 마리날레다 공동묘지 쪽으로 더 나가, 들판을 가로질러 북쪽으로 가야 물이 별로 없는 실개천을 가로지르는 비포장도로에서 에스테파를 더 잘 볼 수 있다. 마리날레다가 딸려 있는 이 도시는 발코니 같은 곳에 예쁘게 앉아 아래 분지에 있는 지방을 내려다본다.

마리날레다는 오늘날 스페인에서는 누구나 아는 이름일지 모르지만 20세기 말에야 악명을 얻었다. 이 마을이 거둔 첫 번째 승리는 다른 체제의 위기 때였다. 아직도 많은 사람의 기억 속에 살아 있는 그 위기는 파시스트 독재 정권의 여파로 생긴 것이었다. 1975년 프랑코가 무자비한 승리를 거둔 지 36년 만에 세상을 떠났다. 그는 안달루시아를 아주 비참한 상태로 내버려 두었다. 코스타 델 솔에서 꿈틀거리기 시작한 건설 산업과 관광 산업을 제외하면―거기

---

* 국화과 식물로 꽃봉오리를 식용한다.

서 나는 이익으로 지역 사람들의 삶이 풍요로워지는 일도 드물었다―이 지방은 산업 발전이 전무했고, 전반적으로 투자도 이루어지지 않았다. 이 지방이 역사적으로 반항적인 소작농의 고향이고 프랑코로 상징되는 중앙 정부의 골칫거리인 데다 1936~1939년 내전 때 프랑코의 적이었으므로, 그는 안달루시아가 썩어 문드러지도록 내버려 두었다.

그런데 독재자의 죽음으로 혼란이 일어나자 그의 친구들과 적들이 마드리드에서 권력 공백을 메우려고 획책하고 있을 때, 마리날레다에서는 대부분 토지 없는 농장 노동자들의 작은 공동체가 그들만의 독특한 방식으로 '이행la Transición'을 준비하기 시작했다. 당시 스페인에서 호르날레로jornalero라는 토지 없는 일용 노동자의 90퍼센트는 1년에 겨우 두 달 일해서 번 것으로 가족과 함께 먹고살아야 했다.

스페인이 파시즘에서 자유 민주주의로 서서히 조심스럽게 이행하기 시작하자 마리날레다 사람들은 정당을 만들고 노동조합을 결성해 토지와 자유를 위해 싸우기 시작했다. 그때부터 10년 넘게 쉼없이 투쟁하며 공항과 기차역, 정부 청사, 농장, 궁전을 점거하고, 단식 투쟁을 하고, 길을 가로막고, 행진하고, 팻말 시위를 했다. 그리고 애쓴 보람도 없이 수없이 구타당하고 체포되고 재판을 받았다. 그런데 놀랍게도 그들은 1991년에 이겼다. 정부가 그들의 저항에 진이 빠져 스페인에서 가장 오래되고 가장 부유한 귀족 가문으로 손꼽히는 집안의 우두머리 인판타도 공작의 소유지 1200헥타르를 그들에게 주었다.

이 투쟁에는 처음부터 선두에 한 사람이 있었다. 1979년 서른의 나이에 후안 마누엘 산체스 고르디요는 마리날레다에서 최초로 선출된 시장이 되었다. 압도적 다수의 표를 얻어 잇따라 선출되어 계속 그 자리에 있었다. 하지만 국가의 승인을 받은 공식적인 권력의 자리는 '투쟁la lucha'이라는 중대한 일에 집중하지 못하게 방해하는 것일 뿐이었다. 1980년 여름의 뜨거운 열기 속에서 이 마을은 '굶주림에 맞선 굶주림 투쟁'에 들어갔고, 이로 인해 국내는 물론 국외로도 널리 알려졌다. 그 여름 이후 그들이 한 일은 모두 산체스 고르디요와 마을의 악명을 높였고, 그에 따라 스페인 전역에서 그들의 찬미자와 적이 늘었다.

산체스 고르디요가 1980년에 쓴 저작 『마리날레다: 안달루시아 사람들아, 일어나라Marinaleda: Andaluces, levantaos』와 그 뒤로 수없이 한 연설과 인터뷰에 개괄된 그의 철학은 그만의 독특한 것이지만, 안달루시아 소작농 마을의 역사적 투쟁과 봉기, 눈에 띄게 뿌리 깊은 그들의 아나키즘 성향에 확고히 토대를 두고 있다. 이런 공동체들은 그저 권위주의에 반대하는 것이 아니라 모든 권위에 반대한다는 점에서 눈에 띈다. 2011년 인터뷰에서 산체스 고르디요는 "나는 낫과 망치의 공산당에 가입한 적은 없지만, 공산주의자 또는 공동체주의자입니다"라고 분명히 말하고, 자신의 정치적 신념은 그리스도와 간디, 마르크스, 레닌, 체가 뒤섞인 것에서 왔다고 덧붙였다.

2012년 8월에 그는 40도의 열기 속에서 시작된 일련의 행동으로 새로운 수준의 악명을 얻었다. 군용지를 점거하고, 귀족의 궁전을 점령하고, 3주간 남부 전역을 행진하며 동료 시장들에게 빚을 갚지 말자고 했고, 좌파 공산주의 노동조합인 농업노동자조합-안달루시아 노동자조합SOC-SAT*의 동료 조합원들과 함께 슈퍼마켓을 터는 행동을 주도하면서 악명은 절정에 이르렀다. 그들은 슈퍼마켓에 행진해 들어가서 빵과 쌀, 올리브유 같은 생활필수품을 가지고 나와 끼니를 잇지 못하는 안달루시아 사람들을 위해 푸드 뱅크에 기부했다. 이로써 그는 슈퍼스타가 되어 스페인 신문의 1면을 장식했을 뿐만 아니라 '로빈 후드 시장', '스페인 위기의 돈키호테', '스페인의 윌리엄 윌리스'로 전 세계 언론의 주목을 받았다.

내가 처음 마리날레다를 방문했을 때가 2012년 1월이다. 에스테파에 사는 친구가 산체스 고르디요와 인터뷰할 수 있게 도와주겠다고 했다. 인터뷰는 흔히 도움을 주고받는 네트워크나 공식 통로가 아니라 비공식적인 일련의 호의를 통해 이루어졌고, 나는 곧 이런 일이 아주 일반적이라는 것을 알게 되었다. 내 친구 하비는 인터뷰할 수 있게 도와주겠다며 이 마을에 사는 친구 에세키엘에게 전화했고, 그가 집에 없자 그의 어머니에게 부탁했다. 에세키엘의 어머니는 흔쾌히 시장을 보면 우리가 들를 거라고 말해 주겠다고 했다.

그래서 우리는 에스테파에서 차로 15분을 달려 마리날레다로 갔

---

* 농업노동자조합(Sindicato de Obreros del Campo, SOC)이 2007년에 범위를 넓혀 도시 부문을 포함시켜 안달루시아 노동자조합(Sindicato Andaluz de Trabajadores, SAT)이 생겼다. 전자는 그 안에서 일정한 자율성을 유지하고 있다(저자 주).

다. 산에서 내려가 완만하게 기복을 이루고 있는 올리브 나무 숲을 가로질러 거의 뻥 뚫린 길을 달리다가 나들목에서 마리날레다로 향했다. 장엄한 것에 대한 환상이 있는 누군가가 마을 이름 밑에 '시(市, ciudad)'라고 갈겨쓴 것이 보였다. 비둘기가 올리브 나뭇가지를 물고 있는 그림과 "평화를 위해 투쟁 중"이라는 글씨가 있는 표지판이 서 있는 시의 경계를 넘었다. 천천히 간선 도로로 들어가다가 빨간불이 켜져 차를 멈추었다. 그러나 횡단보도를 건너는 사람도 없고 다른 차도 없었다. 정말 평화로워 보였다. 첫눈에는 마리날레다를 같은 크기의 다른 푸에블로와 구별하기가 어려웠다. 이곳의 특이함은 바로 눈에 띄지 않고 서서히 눈앞에 점점 크게 다가온다. 마치 뜨거운 보도 위의 개미들처럼. 마리날레다는 아주 조용했다. 그리고 아주 소박했다. 다국적 기업 상표가 보이는 간판도 없고 광고판도 없었다. 현대 자본주의가 침입한 흔적이 없었다.

시청 주차장에도 주차된 차가 몇 대 없었다. 근처 놀이방에서 노는 아이들 소리가 바람에 실려 낮게 들려오고, 시청이 오후 햇살에 희미하게 반짝이며 서 있었다. 그 옆에 있는 마찬가지로 인상적인 문화 회관은 과시적인 기둥이 새하얗게 칠해져 있고 정면이 부드러운 푸른빛을 띠는 직사각형 건물이었다.

여자 둘이 시청 계단을 청소하다가 하비에게 미안하지만 '그'는 지금 여기 없다고 말했다. 말쑥한 면바지에 검은 셔츠와 검은 재킷을 입고 그루터기처럼 까칠하게 자란 거무튀튀한 수염에 검은 선글라스를 낀 스물다섯 살쯤 된 남자가 나타나, 운 좋게도 젊음과 권력을 모두 가진 사람들에게서만 볼 수 있는 자신만만한 태도로 그 장면을 바라보았다. 이 사람은 이 마을의 11명 의원 가운데 하나인 세르히오 고메스 레예스였고, 나중에 보니 그의 얼굴이 좌파연합(Izquierda Unida, IU) 선거 벽보에 붙어 있었다. "그가 언제 올지 모르니 내가 그의 휴대 전화로 전화를 걸지요" 하고 세르히오가 선글라스를 만지작거리며 게으르게 말했다.

어두운 색깔의 옷이 기우는 햇살을 흡수해 따뜻한 늦은 오후에 하릴없이 발꿈치를 툭툭 치며 기다리는데, 슬금슬금 그늘이 지기 시작하면서 그늘선이 대각선으로 시 청사를 타고 올라갔다. "저기, 저기 있는 게 그의 집입니다" 하고 세르히오가 설명해 주어, 잠시 가서 문을 두드릴까 하는 생각도 했다. 운동복 바지를 입은 여자들이 무리 지어 수다를 떨며 빠른 걸음으로 힘차게 우리 앞에 있는 큰 길을 지나갔다. 그런데 마을이 어찌나 작은지, 그들은 20분 만에 마을을 한 바퀴 돌고 돌아와 다시 같은 방향으로 돌기 시작했다.

게다가 햇살은 어찌나 눈부신지, 나는 눈을 가늘게 뜨고 찡그리며 시청을 쳐다보다가 폴리에스테르 풋볼 재킷과 제국도 무너뜨릴 수염을 뿜내는 남자가 말없이 입구로 느긋하게 걸어오는 것도 눈치채지 못했다. 산체스 고르디요였다.

안으로 들어가니 스페인 자본주의가 내린 재앙이 펼쳐졌다. 현관 불이 꺼져 있었다. 스페인은 밝은 바깥과는 대조적으로 실내가 대개 어둡다. 그래도 약간 금이 간 페인트칠 위에 붙어 있는 포스터 몇 장은 보였다. 이웃 마을 실업자를 위한 푸드 뱅크가 있다는 안내문도 있고, 그보다 흔한 마을 활동인 농구 시합과 사진 교실, 새 농약 사용법 강좌 등을 알리는 것들도 있었다. 시청은 궁궐처럼 으리으리하지 않았다. 내가 만난 한층 회의적인 스페인 사람들이 존속시킨 '인자한 독재자'라는 개념 탓에 나는 시청이 박제된 호랑이와 우스꽝스러운 통속적 그림으로 장식되어 있지 않을까 생각했는데 말이다.

시장 집무실은 벽은 밝은 연두색이고 바닥은 차가운 회색 대리석이었다. 그곳은 아주 깨끗했지만 전혀 정돈되어 있지 않았다. 시장 책상에는 서류와 책이 잔뜩 쌓여 있고, 의자에는 재킷이 던져져 있고, 방 구석구석에 마분지 상자와 서류철이 널려 있었다. 그렇지만 도시가 받은 명예로운 선물은 수수한 책장에 자랑스럽게 놓여 있었다. 선물은 대부분 도자기였다. 보통 후안 카를로스 왕의 사진이 걸려 있는 자리에는 연단에서 뭔가를 선언하는 체 게바라의 사진이 걸려 있었다. 산체스 고르디요의 책상 뒤에는 도시의 항공 사진이 액자 속에 펼쳐져 있고, 양옆에는 깃발 세 개가 깃대에 묶여 축 늘어져 있었다. 하나는 녹색과 흰색으로 된 안달루시아 깃발이고, 하나는 신성시되는, 자주색과 빨간색, 노란색으로 된 스페인 제2공화국(프랑코가 쿠데타를 일으켜 1936년에 무너진 공화국) 깃발이고, 하나는 녹색과 흰색, 빨간색으로 된 마리날레다 깃발이었다.

뒤쪽 구석에는 다양한 색깔의 매직펜으로 반쯤 알아볼 수 있게 휘갈겨 쓴 것과 중요 표시, 비뚤비뚤한 화살표로 뒤덮인 플립 차트가 있었는데, 알고 보니 이것이 시 예산이었다. 플립 차트는 비교적 인기 있는 정기 총회에서 시의 지출과 재원을 놓고 토론할 때도 쓰였다. 분위기는 위엄이 있으면서도 묘하게 아마추어 같은 느낌이 들었다. 만일 내가 갑자기 2700명의 공동체 전체를 운영해야 한다면 이렇지 않을까 하는 기분이 들었다. 천장은 타일이 하나도 없었는데, 정치가들이 벽지에 기꺼이 공금 65만 유로를 쓰는 세상에 살다 보니 그것도 사랑스러웠다. 우리는 책상을 바라보지 않고 값싼 나무 탁자 둘레에 놓인 가짜 가죽 의자에 앉았다. 책상은 당장 일을 보기에는 너무 지저분했지만, 어쨌거나 거기서 일을 대부분 처리할 것 같았다.

시장의 지퍼 달린 스포츠 재킷은 어깨에 작은 치약 자국 같은 것이 있고, 색깔은 베네수엘라 국기 색깔로 빨간색과 파란색, 노란색의 굵은 갈매기 무늬가 있었다. 그것은 우고 차베스에 대한 오마주였다. 차베스는 바로 그 전날 스페인 텔레비전에 나와 암의 심각성을 부인하지만, 결국 그는 나중에 암으로 죽는다. 산체스 고르디요는 오른쪽 팔목에 파란색과 초록색, 흰색, 갈색 가죽으로 된 팔찌를 하고, 왼쪽 팔목에는 빨간색 팔찌 하나만 하고 있었다. 60대 초반의 가무잡잡한 스페인 남자가 캠던 마켓*에서 열다섯 살짜리 소녀들이나 뽐내는 차림을 하고 있는 것을 보니 이상했다. 그의 희끗희끗한 머리카락은 잘 손질되어 있었지만 수염은 사회주의자처럼 한층 제멋대로였다. 라틴 아메리카 인민 영웅이 자랑스러워할 그런 종

---

* 영국 런던에 있는 시장으로, 최신 유행의 중심지이다. 각종 의류와 수공예품, 음식 등을 파는 상점과 클럽, 카페 등이 있다.

류의 수염이었고, 그래서 우연 같지 않았다. 그가 웃자 비로소 사이가 벌어진 치아가 고스란히 드러났는데, 그는 인터뷰가 무르익자 한층 자주 웃었다.

그날 그는 열정적으로 몇 시간 동안이나 자신이 마을에서 이끈 투쟁과 마을 총회, 단식 투쟁, 마을에서 누릴 수 있는 문화적 기회와 마을의 집단적 특성, 바깥에 있는 자본주의 세계의 비인간성과 자본주의 세계의 위기가 낳은 참상에 관해 폭넓게 이야기했다. 나는 집무실을 떠날 때 그의 정력과 투지에, 그리고 그가 기꺼이 오후 시간 내내 유럽의 다른 쪽에서 온 낯선 사람과 정치에 관해 이야기해준 것에 아주 감동을 받았고, 조금 멍하기까지 했다. 그 시간에 더 나은 일을 할 수 있었을 텐데도 말이다. 스페인 언론이 1980년 단식 투쟁 때 그와 처음 만나자마자 깨달았듯이, 산체스 고르디요는 정말 진정성 있고 매혹적이며 카리스마 넘치고 설득력 또한 뛰어난 사람이지만, 동시에 마을이 추구하는 목적과 자신이 추구하는 프로젝트를 성사시키기 위해 영리하게 언론을 이용할 줄도 아는 사람이었다.

우리는 이야기를 마치고 한잔하러 갔다. 마을의 전통적인 타파스 바*는 이상하게 아직도 1970년대 분위기가 났다. 블랙풀** 스타일의 재미있는 캐리커처 엽서로 드문드문 장식되어 있고, 나이 든 사람들

---

* 간단히 먹을 수 있는 전채 요리를 안주로 파는 술집.
** 영국의 유명한 휴양지.

이 앤초비 안주에 셰리를 마시고 있었다. 얼마 안 되는 아이들은 빨대로 환타를 마셨고, 스페인의 여느 아이들과 마찬가지로 요란한 나이키 추리닝을 입고 있었다. 그러나 바에는 바깥세상의 신호 체계가 없었다. 상표도 광고도 없고 줄무늬 차양밖에 없었다.

우리는 농업노동자조합에서 운영하는 바에도 잠시 들렀다. 전에는 시청이었는데 지금은 사회 센터로 바뀐 곳에 있었다. 이곳에는 뒤쪽에 벽화로 장식된 큰 홀이 있어, 여기서 마을 총회가 열린다. 스무 살쯤 된 남자들이 한쪽에서 조용히 잡담을 하고 있는데, 반쪽 실루엣만 보였다. 그들은 한쪽 눈으로 축구 경기를 보면서 차가운 초록색 타일 기둥에 기대어 작은 맥주잔을 홀짝이며 올리브 씨앗을 바닥에 버렸다. 어둠이 내리자 우리는 팔로팔로Palo Palo로 갔다. 특이하게도 거친 미 서부의 분위기를 살린 꽤 큰 바였다. 마리날레다의 록 콘서트는 대부분 여기서 열려, 안달루시아 전역에서 시끌벅적하게 놀기 좋아하는 사람들을 끌어들인다. 건물 전면에 넓게 펼쳐진 간판에는 아주 거대한 모양의 기타가 있는데, 기타의 몸통이 안달루시아 지도처럼 생겼다. 안에는 옛날 서부 술집처럼 쌍여닫이문이 있고, 가짜 통나무 효과도 냈다. 약간 싸구려 냄새가 났지만 모두 재미를 위한 것이었다.

마리날레다는 홀쭉한 마을이다. 마을의 동맥인 간선 도로 리베르타드(Libertad, 자유)로에서 양쪽으로 불거져 나와 뚜렷이 구분되는 두 지구로 이루어졌다. 그중 하나가 엄밀한 의미의 마리날레다이고,

하나가 마타레돈다. 그렇지만 정치적, 행정적으로는 같은 지역이다. 한때는 두 정착지 사이에 약 1킬로미터의 빈 땅이 있었으나 서서히 카시타casita로 채워지고 있다. 카시타는 마을 사람들이 직접 지은 350채의 가정집으로, 마을이 거둔 가장 큰 성과 가운데 하나다. 안달루시아 지방 정부가 자재를 대고 마을 사람들이 직접 지어, '모기지'로 한 달에 15유로를 낸다.

내가 처음 마리날레다를 답사했을 때는 1월의 햇살이 뜨거웠고, 마을이 으스스할 정도로 조용했다. 물론 그때 그랬던 것은 모두 일하고 있었기 때문이다. 우리는 간선 도로에서 방향을 바꾸어 호세 도밍게스 '엘 카브레로'라는 이름의 주택가로 들어갔다. 엘 카브레로는 안달루시아의 전설적인 플라멩코 가수이자 산체스 고르디요의 친구다. 그의 노래는 안달루시아 호르날레로의 투쟁과 토지, 자유에 관한 것이 많다. "아, 그럼 그는 사회주의자?" 하고 내가 물었다. "아니, 공산주의자" 하고 하비가 내 말을 바로잡으며 웃었다.

엘 카브레로가 유일한 예가 아니었다. 1979년에 마리날레다에서 최초로 실시된 민주주의 선거에서 산체스 고르디요의 당인 노동자 단결을 위한 집단-안달루시아 좌파연합(Colectivo de Unidad de los Trabajadores-Bloque Andaluz de Izquierdas, CUT-BAI)이 다시 다수당이 되자 시 의회에서 거리 이름을 대부분 바꾸었다. 어떤 것은 19세기에 카디스의 아나키스트 시장이었던 페르민 살보체아Fermín Salvochea의 이름을 따고, 어떤 것은 지방 분권주의자이며 아나키스트라는 죄로 프랑코 지지자들에게 살해된 '안달루시아의 아버지' 블라스 인판테Blas

Infante의 이름을 땄다. 프랑코 광장은 파시스트 독재자 이름 대신 라틴 아메리카에서 최초로 민주적으로 선출된 칠레의 마르크스주의 지도자 이름을 따서 살바도르 아옌데 광장으로 바꾸었다. '박애'와 '연대'로 이름을 지은 거리, 시인 페데리코 가르시아 로르카와 파블로 네루다, 체 게바라의 이름을 딴 거리뿐만 아니라 수많은 스페인 공산주의자, 공화주의자, 시인 안토니오 마차도 등 순교한 예술가의 이름을 딴 거리도 있다. 스페인 내전에서 싸우게 되는 세속적인 진보적 좌파와 한층 권위적인 종교적 우파를 가리켜 '두 개의 스페인'이라는 유명한 말을 만들어 낸 마차도는 1939년 내전이 끝나기 직전 '한' 스페인에서 피신하다가 목숨을 잃었다. 그는 그 스페인에 속하지 않은 사람으로 여겨졌다.

리베르타드 로 옆에 새로 난 넓은 가로수 길을 걸어 내려가면 흰 벽을 따라 펼쳐진 멋진 정치 벽화를 즐길 수 있다. 벽면을 넓게 차지하고 있는 이 벽화들은 크기와 제작 시기, 질이 엄청 다양하지만, 정말 훌륭한 것이 많다. 어떤 것은 안달루시아 깃발, 스페인 제2공화국 깃발과 함께 "안달루시아 사람들아, 일어나라!"라고 외치고, 어떤 것은 머리 대신 텔레비전이 달린 아기가 유로 동전을 쥐고 있는 그림과 함께 "텔레비전을 끄고 마음을 켜라"라고 한다. 이보다 조금 신선한 것은 지구를 그린 그림이다. 바다가 푸른색이 아니라 붉은색으로 칠해져 있고 북극에서 붉은 주먹이 떠오르며 "자본에 맞서 사회 전쟁을!" 하고 목청을 높인다.

가장 눈에 띄는 벽화는 따뜻한 평화주의(와 마을의 비둘기 사랑)에 대한 약간 다른 미학을 보여 준다. 별과 함께 "자유는 구걸하는 것이 아니다"라는 구호가 있다. 이것은 쿠바 혁명가 호세 마르티José Martí 의 말을 인용한 것인데, "자유는 마체테*의 날로 정복하는 것이다" 라는 좀 더 공격적인 나머지 구절은 쓰여 있지 않다.

농지 개혁과 비무장, '평화와 빵, 일', 동성애 혐오 종식, 팔레스타 인과 카탈루냐, 바스크 지방, 페루, 발레카스(마드리드의 노동자 계급 거주 지구), 콜롬비아와의 연대나 그들의 연대를 요청하는 벽화도 있다. 이들 가운데는 마을에 찾아온 사람들이 마을 너머에서 벌어지는 투쟁을 그린 것들이 많았다. 유토피아가 어떻게 생겼는지 보러 온 사람들, 그것을 조금이라도 가져갈 수 있을까 하고 온 사람들이다. 가장 상세한 벽화는 1980년대에 마을에서 벌인 악명 높은 토지 점거 운동을 그렸다. 그때 그들은 안달루시아의 토지 불평등을 자기들 것이라고 생각하는 것을 차지함으로써 직접 해결했다. 마리날레다 사람들이 하나의 띠처럼 길게 늘어서서 멀리 있는 들판으로, 운명을 향해 나아가는 모습이 꼭 스페인 음식과 태양에 살이 찌고 구릿빛으로 그을린, 로리L. S. Lowry**의 그림 속 인물들 같다.

맞은편에는 호르날레로 경기장이 있는데, 온통 마을에서 흔히 보는 세 가지 색깔로 칠해져 있다. 초록색은 그들의 이상향인 농촌 유토피아를 상징하고, 붉은색은 노동자 투쟁을, 흰색은 평화를 상징한

---

* 넓고 무겁고 날이 하나인, 검보다 짧은 무기.
** 공업 도시 맨체스터의 풍경과 노동자들의 평범한 일상을 화폭에 담은 영국 화가.

다. 경기장 바로 뒤편 언덕에는 거대한 종합 실내 스포츠 센터가 있는데, 벽에는 체 게바라 얼굴이 집채만 하게 나무랄 데 없이 완벽하게 그려져서 경기장과 마을을 내려다본다. 그 옆에는 나투랄natural 공원이 있는데, 이 상당히 큰 공원은 정원과 벤치, 두 개의 테니스 코트, 야외 체육관, 석조 원형 극장으로 이루어졌고, 관리가 잘되어 있다. 원형 극장에서는 뜨거운 여름밤에 영화가 상영된다. 길을 가로지르면 마을의 야외 수영장이 있는데, 1년 입장료가 3유로다.

이 스포츠와 레저의 중심지 너머에는 마을의 두 학교가 있다. 하나는 초등학교, 하나는 중고등학교다. 그리고 그 너머에 마을 사람들이 직접 지은 집인 카시타가 있다. 나는 그전까지 거리 전체가 텅 빈 농지에 건설되는 것을 본 적이 없다. 그래서 이상한 느낌이 들고, 영화 〈백 투 더 퓨처〉에서 마티 맥플라이가 1955년으로 보내져 언젠가 자신이 자라게 될 거리, 공상적 건축가의 그림에만 표지판이 있는 그 거리가 생길 넓은 공터를 발견하는 장면이 떠오른다.

마리날레다의 새로운 개발지는 도무지 개발될 수 없을 것 같은 돌투성이의 검은 흙 위에 건설되었다. 시의 가장자리에서 어둠이 새로운 빛과 생명이 되었다. 이것은 미래파의 승리이며, 일종의 정복이다. 반쯤 건설된 한 거리에서는 집은 겉모습이 모두 완성되어 하얗게 빛나는데 도로는 아직 포장되기를 기다리고 있어, 그곳이 유토피아가 되기 전에 죽은 땅이었다는 것을 일깨워 주고 그것이 탈바꿈하는 과정을 보여 준다. 유토피아의 삶을 3차원으로 스케치해 보여 주고, 가능성의 청사진을 보여 준다. 그 바로 옆에는 최근에 완성된 거리가 있는데, 새하얀 모습이 그야말로 화사하다.

건설 과정은 놀라울 정도로 간단하다. 안달루시아 정부가 새 집을 짓는 데 필요한 자재인 벽돌과 모르타르도 제공하고 건축에 필요한 정보와 조언도 해 준다. 그러면 집을 짓는 것은 그 집에서 살 사람의 몫이다. 사람들은 친구와 이웃, 동지의 도움을 받아 집을 짓는다. 이론적으로는 협동조합에서 모든 집을 소유한다. 그러나 실제로는 거주자가 집을 개보수하고 싶으면 마음대로 할 수 있다. 중요한 점은 아무도 재산으로 자본을 축적할 기회가 없다는 것, 따라서 주택 시장에서 투기를 해 돈을 벌 기회가 없다는 것이라고 세르히오가 설명해 주었다.

스페인 경제를 무너뜨리는 데 중요한 역할을 한 입장에서는 이러한 논리를 반박하기 어렵다. 현재 위기 시대의 스페인에는 빈집이 400만 채나 되고, 그 가운데 90만 채가 새로 지은 집이다. 마드리드 외곽에는 1만 명이 살 수 있는 교외 주택지가 유령 도시처럼 텅 비어 있는 곳도 여럿이다. 경제가 무너지기 직전에 완성되어 지금은 죽은 도시가 되었다.

마리날레다는 이곳의 유명한 축제와 사육제,* 수많은 축일과 휴일, 마을의 규모가 잠시 두 배가 되는 록 공연 때는 신나는 축제 분위기가 넘쳐흐르지만, 대개는 놀라울 정도로 평화롭다.

---

* 사순절 전 3~7일 동안 즐기는 축제.

그렇지만 땅거미가 지기 한 시간쯤 전은 예외다. 갑자기 지옥문이 열린 것 같다. 불협화음의 주역은 새들이 일제히 날카롭게 지저귀는 소리다. 한번은 마을에서 내가 묵는 집 주인인 안토니오에게 저 새들이 어떤 종류냐고 물었다. 그는 새 이름은 몰랐지만 그 소리는 완벽하게 흉내 낼 수 있었다. 새들은 마치 만화에서 폭탄이 떨어질 때와 같은 소리를 낸다. 폭탄이 터지기 직전에 나는 소리 말이다. "나는 저 새들이 공원에서 날아온 것 같아. 열대 지방에 사는 새들 아닐까?" 새들은 어디 있는지 눈에 잘 띄지도 않는다. 늘 푸른 오렌지 나무에 다닥다닥 붙어서 눈에 보이지 않는 치열한 논쟁을 벌이는 탓이다. 게다가 이에 질세라 크기도 다르고 모습도 다른 온갖 종류의 개 수십 마리가 짖어 대, 하얀 돌로 쌓은 정원의 담벼락을 넘어 그물망처럼 펼쳐지는 대화의 네트워크를 완성시킨다.

그런데 그 와중에 수탉이 울고, 간선 도로에서는 기어가 느리게 끽끽거리는 트랙터, 대형 화물차, 다양한 리듬으로 댄스 음악을 쾅쾅 틀어 대는 자동차, 덜컹거리는 차체들이 합주를 벌인다. 리베르타드 로는 에레라와 엘 루비오 같은 작은 푸에블로들을 서로 연결하거나 대도시와도 연결하는 A-388 도로이기도 해, 흐릿한 햇살 사이로 먼지를 일으키거나 해마다 겨울이면 며칠 동안 빗물이 고여서 생긴 커다란 물웅덩이를 차며 지나는 차량이 꽤 많다. 주말에는 마을을 지나는 차들이 레게톤reggaeton*을 들려준다. 이 혁신적인 라

---

* 카리브 해, 중남미, 미국의 여러 음악 장르와 자메이카의 레게를 혼합한 라틴 음악.

틴 댄스 음악은 이것의 주창자들에게는 변주나 일탈, 장식도 없이 오로지 하나의 리듬 트랙만 있는 것 같다는 의미에서 아마 모든 댄스 음악 장르 가운데 가장 공산주의적일 것이다.

내가 처음 이 마을에 와서 산 지 얼마 안 된 어느 날 아침, 크리스와 앨리 부부에게 커피 초대를 받았다. 이들은 은퇴 후 여기 와서 사는 다섯 쌍 정도 되는 영국인 부부 가운데 하나다(마을의 특이한 정치적 특성에 열광해 온 것 같은 몇몇 부부 가운데 하나이기도 하다). 우리는 겨울 햇살을 받으며 집 뒤뜰에 앉아 있었고, 부부는 마을에서 지낸 두 해 동안 자기들이 한 일을 자랑했다. 나무를 심고 조경을 한 것이었다. 그런데 아직도 사야 할 정원 가구가 있는데, 이웃에 사는 스페인 사람들에게 정원 가구가 무엇인지 이해시킬 수가 없다고 했다. 마리날레다 사람들은 정원 가구라는 것을 이해하지 못해서 이곳의 가게에서는 정원 가구를 살 수 없다. 왜? 야외는 사람들과 어울리는 곳이기 때문이다. 드러내 놓고, 뒤에서가 아니라 앞에서.

줄리언 핏리버스Julian Pitt-Rivers는 그라살레마 마을을 연구한 1954년 역작 『시에라의 사람들The People of the Sierra』에서 거리는 푸에블로의 사교장이라고 말했다. 이 마을은 마리날레다에서 남쪽으로 121 킬로미터밖에 떨어져 있지 않고, 인구가 2000명 남짓해 크기도 거의 비슷하다.

정말 그렇다. 태양이 빛날 때는. 그리고 이곳은 거의 언제나 태양이 빛난다. 마리날레다에서는 나이 든 여자들이 인도로 (식탁) 의자를 가지고 나온다. 함께 또는 홀로. 그러고는 지나는 이웃들과 수다를 떤다. 아니면 리베르타드 로에 늘어선 많은 벤치 가운데 하나로 짧은 산책을 나가 함께할 사람들을 기다린다. 현관문은 열어 두어 가족 공간과 공공장소의 구분을 없앤다.

안달루시아를, 이곳의 주목할 만한 문화와 정치를 이해하려면 'pueblo'라는 개념을 이해할 필요가 있다. 푸에블로는 마을이나 읍 또는 시를 뜻하지만 동시에 사람들도 뜻하는 멋진 말이다. 그리고 그런 이중의 의미에 그것이 지닌 마법 같은 힘을 이해할 수 있는 열 쇠가 있다. 마을은 곧 마을 사람이다. 그래서 누가 마을의 경계에서 멀리 벗어나 다시 돌아오지 않아도, 자극적인 다양한 문화가 있는 도시 생활에 빠져도, 본질적으로는 여전히 푸에블로의 아들딸이고, 언제나 그럴 것이다.

모든 푸에블로는 저마다 독특한 공간이지만, 푸에블로의 독특함 은 마을의 경계 밖에 있는 땅을 소유하는 것은 물론 그곳을 배회하 는 것도 허용하지 않는 밀실 공포증에서 왔다. 개혁되지 않은 봉건 주의 체제가 토지 소유권을 몇몇 귀족 가문의 손에 집중시킨 탓이 다. 남부의 시골 지방은 역사적으로 이런 작은 공동체에 모여 살 수 밖에 없을 정도로 너무 크고 인구 밀도가 희박했다. 안달루시아에 산업 혁명이 일어난 적이 없다는 사실은 18세기나 19세기에 거대 한 도시화의 물결이 일지 않았다는 말이다.

몇 백 년 동안 안달루시아 지방의 일용 노동자들은 대도시에 살 거나 들판의 외딴집에 흩어져 살지 않고 이런 자그마한 크기의 푸 에블로에 자리 잡고 살았고, 이는 아주 작은 지방에 뿌리를 둔 애향

심이라는 독특한 정신을 낳았다. 여기서 푸에블로의 전통과 언어, 성격이 그것의 큰 강점이 되고, 바깥의 흐름과 상관없이 강력한 집단적 개성이 생겨났다. 역사적으로 안달루시아 지방의 푸에블로들은 외부에 근거를 둔 권위는 모두 거부했다. 중앙 정부나 지방 정부는 이를 자주 무시하려고 했고, 대개는 그러는 데 성공했다. 특히 그들의 파수꾼인 치안대도 그랬다. 그러나 푸에블로 사람들은 언제나 외부의 간섭을 받지 않는 완전한 자율을 원했다. 사실 핏리버스는 본질적으로는 의미가 같은, 푸에블로의 세 번째 정의를 든다. 즉 푸에블로가 노동자 계급이 자신을 지역의 부자들과 구별해서 부르는 '서민', '대중'을 뜻한다는 것이다. 부자들은 "실은 푸에블로가 아니라 더 넓은 세계에 속한 사람들이다. 그들은 이미 그러한 세계를 자신의 세계로 정했다. 이런 의미에서 푸에블로는 잠재적으로 혁명적인 세력이다"라고 핏리버스는 말한다.

바로 이러한 환경에서 바쿠닌과 크로폿킨의 아나키즘 철학이 19세기에 아주 고향 같은 곳을 발견했다. 그들의 철학은 제1인터내셔널에서 마르크스주의 편에 있지 않았다. 그것은 노동자 계급의 혁명과 절대적 평등을 주장했지만, 공산주의는 중앙 집권화된 관료제가 없어야, 아니 노동자를 대표해 행동한다고 주장하는 어떤 위계적 권력 구조도 없어야 달성될 수 있다고 믿는 쪽이었다. 그들은 평등하지만 어떤 중앙 집권화된 권력의 간섭도 받지 않고 자율적으로 움직이는 공동체의 연합 네트워크를 신봉했다. 아나키즘은 의도하지 않았지만 안달루시아의 푸에블로를 가장 급진적으로 설명해 주었다. 그런 점에서 마리날레다와 이곳의 정치적 계보는 낫과 망치의 공산주의나 소련식 중앙 집권주의와 상관이 없다.

"엘리트의 권력은 그들이 자신을 좌파라고 할 때에도 언제나 독재입니다"라고 산체스 고르디요가 말했다.

안달루시아 푸에블로의 고립된 성격은 제럴드 브레넌Gerald Brenan* 의 시대에 더욱 두드러졌다. 1920년대와 1930년대에 브레넌은 안달루시아의 시에라 네바다 산맥에 있는 예헨이라는 작은 소농 마을에서 오랫동안 살며 고전적 회상록『그라나다 남쪽South from Granada』을 기록했다. 거기서 그의 삶은 세상과 분리된 만족스러운 삶이었다. 예헨의 비눗방울 같은 완전함과 사실상의 자치─부르주아 계급의 지역 정치가를 일컫는 카시케cacique의 비민주적 지도 아래 있었는데도─에서 그는 활기와 질서를 모두 발견했다.

자급자족을 하는 이 작은 세계에는 삶에 대한 열정 같은 것이 있고, 고대 그리스인들의 절제와 균형 감각도 있다. 플라톤의 저작에서 그리스인들이 어떻게 그들의 도시와 정치 제도를 예술 작품으로 보고, 그것에 도덕적 가치보다 미학적 가치가 있다고 보았는지를 읽을 때, 에게 해의 많은 작은 자치 공화국과 비슷한 크기의 이 마을이 왜 이렇게 만족스러운지 알 것 같았다.

---

* 영국의 작가이자 스페인 연구자.

그 결과 이 푸에블로 사람들은 "소농의 궤도에서 벗어나 현대 국가의 삶에 빠지는" 일이 거의 없었다. 정치적으로는 지역적인 것이 모든 것이었다. 신문에서 바르셀로나나 마드리드에서 일어난 극적인 사건들을 보도해도 예헨 사람들은 전혀 주목하지 않았다. 그들에게 중요한 뉴스나 인물, 정치는 마을의 뉴스, 인물, 정치였다. 전국적인 일과 관련된 것에는 전혀 관심이 없었다. 안달루시아 푸에블로에 마드리드는 자기들의 생활 방식을 이해하지 못하고 억압하려고만 드는, 저 먼 곳에 있는, 진짜가 아닌 가짜 권력이었다.

이런 수준의 고립과 자율성이 2013년에는 물론 조금 약해졌다. 마리날레다의 경우에는 마을 전체가 무료 무선 인터넷을 이용할 수 있는 것이 산체스 고르디요가 가장 자랑스러워하는 성과 가운데 하나다. 그러나 그런 기술에 대한 긍정적 태도가 작은 구석 공동체로 남아 있는 마을에는 칭찬할 만한 것이기도 하지만, 제 무덤을 팔 수도 있다. 현대 통신 수단이 바깥에 있는 자본주의 세계의 실패에 관해서도 말하지만 새로운 가능성을 감질나게 제안할 수도 있다. 큰 지방 중심지인 세비야와 말라가, 그라나다의 유혹에 일부 젊은이들이 농장을 떠나고 있다. 필요 이상의 자격을 갖춘, 스페인의 '미래 없는 젊은이'의 대열에 합류해 나라를 완전히 떠나고 싶어 하는 젊은이들도 있다.

자본주의 스페인이 가라앉으면서(2012년에 두 번의 총파업이 있었다) 마리날레다는 어느 때보다 위험한 처지에 놓였다. 5년이나 10년 전에는 남부의 대도시를 방문하면 으레 내가 만나는 사람의 반은 마리날레다에 관해 들어서 알고 그 가운데 반은 마리날레다에 관심이 있었다. 마리날레다는 많은 사람에게 재미있고 진기한 안달루시아의 명물이었다. 이상한 시골 괴짜들의 마을이고, 이 지방의 특이한 정치적 특성을 증언해 주는 것이었다. 잘못된 것이 아니었다.

그런데 요즘은 스페인의 모든 사람이 마리날레다 시장과 그의 프로젝트에 대해 의견이 있다. 그의 얼굴이 매주 신문과 텔레비전에 나오니 그러지 않기도 어렵다. 산체스 고르디요는 새로운 천 년이 도래할 즈음의 프랑스의 조제 보베José Bové와 비슷해졌다. 보베는 1999년에 미국 체인이 — 그리고 자본주의 일반이 — 프랑스 농촌을 해치는 방식에 항의하여 새로 세워진 맥도널드를 박살 내 감옥에 갇힌 농민이며 노조 운동가이다. 그는 시애틀과 '노 로고', 세계무역기구 반대 시위의 시대*에 반세계화 운동의 아이콘이 되었고, 비슷하게 평생 행동주의에 헌신했던 산체스 고르디요도 갑자기 유명한 반체제 인사라는 수상쩍은 지위를 얻게 되었다. 위기가 — 또한 위기에 관한 이야기를 계속 흥미롭게 만들어야 하는 매체가 — 저항의 아이콘을 더 많이 만들어 내지 않은 것도 놀라운 일이지만, 마리날레다 시장만큼 그 아이콘으로 맞춤한 사람도 별로 없을 것이다.

당연히 그의 명성은 어느 때보다도 많은 언론의 공격을 불러일으켰다. 마리날레다는 오래전부터 적이 있었고, 마을을 상징하는 간

---

* 1999년 시애틀에서 열린 세계무역기구 정상회담 반대 시위는 신자유주의 저항 운동의 기폭제가 되었고, 나오미 클라인(Naomi Klein)의 *No Logo*(2000, 한국어판 제목은 '슈퍼 브랜드의 불편한 진실')는 신자유주의 비판의 기념비적 저작이다.

판 격인 산체스 고르디요는 두 번의 암살 기도와 그보다 많은 인신 공격을 견뎌 내고 자신도 세기 힘들 정도로 많이 재판을 받고 투옥을 당했다. 지난해에는 스페인 우파의 상어들이 주위를 빙빙 돌며 몰수와 점거에 격하게 분노를 터뜨렸다. 가장 추상적이면서도 가장 신경을 건드리는 비판 가운데 하나는 이 마을이 이웃 마을들과 삶의 현실이 별반 다르지 않은 '공산주의 테마파크'일 뿐이라는 것이다. 이러한 견해에 따르면 세비야의 지방 정부가 거머리에게 돈을 빨리고 있고, 마을이 스스로 '유토피아'라고 부르는 것도 실은 농촌의 빈곤에다 벽에 그려진 커다란 체 게바라의 얼굴을 더한 것일 뿐이다.

위기가 깊어지자 알랭 바디우*가 '상속자와 벼락부자의 비밀 결사'라고 부른 엘리트층이 산체스 고르디요를 불안해했다. 체념하고 '대안은 없다(There Is No Alternative, TINA)'라는 말에 굴복한 서구의 신자유주의 세계에서 그는 대안이 있고 그 대안이 효과가 있는 것 같기 때문이다. 우리가 새로운 지구적 반란과 집회의 시대에 살고 있을지 몰라도, 자본주의의 현실주의 레토릭은 계속 그것에 반대하는 사람들에게 같은 질문을 한다. "대안이 뭐야?" 그것은 통명스러울 정도로 짤막한 수사 의문문이다. 자본주의 언어는 모두 경쟁에 관한 것이지만, 그것은 경쟁자를 좋아하지 않는다. 푸에르타 델 솔 광장에서 월스트리트와 세인트폴 대성당까지 따지듯 묻는 소리

---

* 현대 프랑스의 대표적 철학자이자 실천적인 좌파 지식인.

가 울려 퍼진다. "어쩌겠다는 거야? 요구하는 게 뭐야? 어떤 프로그램이 있는데? 그게 현실성이 있을까?"

마리날레다는 그러한 질문에 반자본주의적 대답을 내놓는다. 유럽의 정치 금융 엘리트들은 그러한 질문에 답하는 것을 바라지 않지만. 이윤 동기가 아니라 상호 부조와 집단주의에 토대를 둔 이 공동체는 세계 금융 위기를 동료 공동체들보다 잘 견뎌 냈다. 이 시는 노동 인구의 5퍼센트가 실업자인데 근처에 있는 많은 시는 실업률이 40퍼센트에서 50퍼센트에 이른다. 그 5퍼센트도 대부분 일을 찾아 최근에 '유토피아'에 온 사람들이다. 주변이 온통 곤궁한데, 마리날레다는 그렇지 않을 수도 있다는 것을 보여 준다.

리베르타드 로에서 조금 벗어나면 마을의 트레이드마크인 붉은색과 흰색, 초록색으로 칠해진 금속 아치가 있는데, 여기에 대문자로 크게 "OTRO MUNDO ES POSIBLE"라고 쓰여 있다. 또 다른 세계가 가능하다는 선언이다. 나는 이 구호를 영어로 어찌나 많이 듣고 읽었는지 이제는 좀 지겹다. 상상력에 불을 지르려는 시도지만 우리가 사는 세상의 수많은 결함을 떠올리게 할 뿐이기 때문이다. 자본주의 세계의 대부분에서는 '또 다른 세계가 가능하다'가 이상주의적 구호일 뿐이다. 그러나 마리날레다에서는 그것이 관찰할 수 있는 사실이다.

나는 2012년 1월에 정신없이 어수선한 시장 집무실에 앉아서 산체스 고르디요에게 시의 문장에 있는, 파란 하늘을 배경으로 하얀 집들과 비둘기 그림과 문구에 관해 물었다. 거기에는 "평화를 추구하는 유토피아"라고 쓰여 있었다. 그는 이렇게 대답했다.

"우리는 우리가 미래에 원하는 것을 지금 하려고 합니다. 우리는 내일까지 기다리고 싶지 않습니다. 오늘 하고 싶습니다. 우리가 오늘 하기 시작하면 그것이 가능해지고, 다른 사람에게 보여 줄 수 있는 본보기가 됩니다. 정치를 하는 다른 방법, 경제를 하는 다른 방법, 함께 사는 다른 방법이 있다는 것, 다른 사회가 있다는 것을 보여 주는 본보기 말입니다."

그는 잠시 멈추더니 내게서 자본주의의 현실주의와 패배주의를 씻어 내고 다시 반쯤 청년기로 되돌아가게 하는 말을 했다.

"유토피아는 근거 없는 환상이 아닙니다. 유토피아는 사람들이 가진 가장 고귀한 꿈입니다. 투쟁을 통해 현실로 바꿀 수 있고 바꾸어야 하는 꿈입니다.

평화의 꿈, 즉 공동묘지의 평화가 아니라 평등의 평화를 꿈꾸는 것입니다. 간디가 말했듯이 '평화는 단순히 폭력이 없는 것이 아니라 정의를 실천하는 것'입니다. 노동자가 생산하는 자원과 부를 소수가 빼앗아 가지 않고 그것이 다시 노동자에게 오는 꿈입니다. 이 순간에도 소수의 부자가 사하라 사막 이남 지역에 사는 사람들, 다시 말해 8억 명을 먹일 수 있는 부를 움켜쥐고 있습니다. 평등의 꿈은 집이 모든 사람의 것이 되는 꿈입니다. 왜냐하면 여러분은 인간이지 투기를 할 수 있는 상품이 아니기 때문입니다. 그것은 은행이 사라지는 꿈, 에너지 같은 천연자원이 다국적 기업이 아니라 사람들에게 쓰이는 꿈입니다.

이 모든 꿈이 우리가 현실로 바꾸고 싶은 꿈입니다. 우리가 자본주의에 완전히 둘러싸여 있다는 것을 알기에, 먼저 우리가 사는 곳에서, 그리고 나중에 안달루시아와 전 세계에서."

2

땅

이 야 기

모든 지구, 모든 시, 모든 마을, 모든 지방에서 지금 우리는 어느 때보다도 잘 버티고 있다.

2012년 12월 4일
마누엘 호세 가르시아 카파로스 추도회 포스터에서

마리날레다에서 보낸 첫날 이른 저녁에 우리는 안토니오의 집 맞은편에 차를 세웠다. 마을에서 유일하게 방을 빌릴 수 있는 집이다. 그것도 하룻밤에 15유로라는 후한 가격에. 그런데 현관문이 잠기고 셔터가 내려와 있어 우리는 리베르타드 로에서 어찌 할지 모른 채 밖에 서 있었다. 하얀 밴이 천천히 우리 쪽으로 다가왔다. 보닛에 확성기가 달려 있어, 하나는 왼쪽을 향해 하나는 오른쪽을 향해 녹음된 메시지를 몇 번이고 되풀이해 알렸다. 그날 밤 6시 30분에 총회가 있다는 말이었다. 그로부터 30분 뒤였다. 옛날에도 그들은 총회가 있으면 지금처럼 마을 전체에 알렸다. 그러나 그때는 자동차 대신 자전거를 이용했다.

그래서 우리는 리베르타드 로를 따라 노동조합에서 운영하는 바까지 5분 동안 걸어갔다. 신디카토(Sindicato, 노동조합)로 알려진 바에서는 중년 남자들이 위스키를 병째 마시며 참깨를 씹어 먹고 있었다. 마침내 그들도 바의 뒷문을 통해 총회가 열리는 큰 홀로 휩쓸려 들어갔다. 홀은 사람들로 가득 차서 몹시 부산했고 어린아이들이 이리저리 돌아다니며 시끄럽게 떠들어 몹시 소란스러웠다. 그러나 총회는 시종 분위기가 침울했다. 유일한 주제는 마을에서 의존하게 된 농업 보조금이 심각하게 위협받고 있다는 것이었다. 산체스 고르디요는 어디서도 보이지 않았다. 어쨌든 어떤 결의를 하자는 제안도 없고 어떤 결의도 통과되지 않았다. 야윽하게도 세비야에 있는 지방 정부에서 얼마나 적은 돈이 들어오고 있는지를 최신 정보로 업데이트했을 뿐이다.

신디카토 홀에는 콘서트 같은 공연을 하는 큰 무대가 있었지만, 아무도 그곳에 올라가지 않았다. 총회는 약 400명으로 구성되었다. 사람들은 접이의자에 앉아서 차례로 돌아가며 앞에 나가 마이크를 잡거나 자기 자리에서 견해와 반대 의견을 큰 소리로 말했다. 사람들의 머리 위에는 무대의 배경으로 아주 커다란 그림이 거의 벽면 전체를 덮고 있었다. 농장 노동자 세 명이 용감하게 들판에서 성큼성큼 걸어 나오고 마을의 동지들이 모두 그 뒤를 따르는 그림이었다. 그림 속 상황과 현실 상황의 대조적 모습에 나는 처음으로 작금의 위기가 유토피아에도 문제를 일으키고 있다는 것을 눈치챘다. 그림 속 인물들은 확신과 자부심으로 가득한데, 방 안은 불안과 동요로 술렁였다. 총회가 끝나자 시 의원 글로리아 프리에토 부엔디아가 산체스 고르디요 대신 아까보다 좀 밝은 어조로 다음 날 아침에 말라가로 가는 버스에 아직 자리가 있다고 알렸다. 해마다 안달루시아 노동자의 자유를 위해 열리는 집회에 참석하고 성지인 마누엘 호세 가르시아 카파로스Manuel José García Caparros의 무덤에 꽃을 놓으러 가는 길이었다.

35년 전인 1977년 12월 4일, 프랑코가 죽은 지 두 해밖에 안 되어 의회 민주주의로 쉽지 않은 이행을 하고 있을 때, 안달루시아 전역에서 지방 자치를 요구하는 대규모 시위가 있었다. 수백만 명이 스페인에서 가장 큰 지방의 거리를 가득 메웠다. 세비야와 말라가, 그라나다 같은 대도시는 물론 소도시와 마을도 마찬가지였다. 카파로스는 당시 열여덟 살의 공장 노동자였는데, 그때까지 금지되었던 안달루시아 기를 시 의회 건물에 높이 걸려다 경찰의 총에 맞아 숨졌다. 그때부터 안달루시아에서는 12월 4일을 기념했고, 불쌍한 젊은이 카파로스는 안달루시아의 주요 순교자들 가운데 하나가 되었다.

다음 날 아침, 스무 명쯤 되는 사람들이 마리날레다 시청 앞에 있는 버스에 올라탔다. 거의 대부분 중년 여성들이었다. 그들은 짧은 여행을 가는 친구들처럼 들떠서 수다를 떨었다. 꼭 학교에서 소풍을 가는 것 같았다. 버스 뒷자리에 20대 후반 남자 셋이 앉았는데, 한층 차분하고 빈자리도 있어 그들과 함께 앉았다. 모사와 라울, 파코였다. 모사는 마을에서 몇 안 되는 세네갈 이주 노동자로, 씩 웃는 모습이 매력적이고 머리를 길게 땋아 내렸다. 라울은 늘씬한 근육질에 수염이 짧고 억센 사나이로, 보통 때라면 들에서 일하고 있겠지만 집회의 촬영을 도우려고 함께 가는 길이었다. 마지막으로 파코는 헌신적인 산체스 고르디요 지지자로, 마리날레다 텔레비전에서 일했다. 내가 그때 그의 모자 달린 검은 옷과 뒤로 묶은 머리로 짐작했어야 했듯이 파코는 마을의 무정부주의적 공산주의 스카펑크 밴드(마을의 유일한 밴드)에서 연주를 했다. 이 밴드는 마리날레다 사람 같지 않은 행보 탓에 '이웃의 골칫거리들'로 불렸다.

그해에는 기온이 섭씨 49도까지 올라간 적도 있었다. 우리는 안달루시아의 시골 지방을 거쳐 해안을 향해 남쪽으로 구불구불 내려가면서 태양 전지 판으로 가득한 들판을 지났다. 커다란 파란색 사각형 전지 판이 기둥에 기우뚱하게 매달려, 새로운 종교에 경의를 표하는 민간 신앙의 신들인 이스터 섬의 조각상들처럼 줄지어 서 있었다. 안달루시아 정부는 그해 여름의 예기치 못한 강우량과 어느 때보다도 뜨거운 여름이라는 새로운 현실을 인식하는 데 늦었지만, 농부들은 당연히 알아차렸다. 이미 추수할 작물이 엉망이 되고 있었고, 그보다 심각한 외부 영향을 잘 흡수할 수 없는 경제적 시기였다.

남부의 수많은 작은 푸에블로를 지날 때 나는 젊은 남자들에게 잘 알려지지 않은 낡은 팸플릿을 보여 주었다. 내가 찾은 그 팸플릿은 1980년에 마을에 관해 쓴 것으로, 「마리날레다: 굶주림에 맞선 굶주림 투쟁Marinaleda: Huelga de hambre contra el hambre」이라는 제목이었다. 그들이 태어나기도 전에 일어난 일이었다. 죽 훑어보고는 몇몇 낯익은 얼굴과 이름을 보고 재미있어 하더니, 라울이 말했다. "그것이 마지막 위기였어." "그럼 이번 위기에서는 무엇이 나올까? 이제 더 많은 마리날레다가 가능할까?" 내 물음에 모사가 회의주의자처럼 미소를 지으며 난색을 표했다. 자신이 알게 되고 사랑하게 된 이 이상한 도시는 하나로 끝날 거라고 했다. "왜 그렇지?" 하고 파코가 항의하듯이 말했다. "물론 이런 규모의 도시에서는 가능해. 그러나 큰 도시에서도 가능한지 모르겠어……." 다른 사람들이 고개를 끄덕였다. "하지만 다른 푸에블로들이 지금 투쟁을 시작하면 30년 뒤에 어떻게 될지 상상해 봐. 마리날레다에서는 30년 넘게 걸렸어. 우리 가운데 가장 오래되었지."

한 시간 반 동안 위기와 축구에 관해 한가하게 수다를 떨고 나니 말라가 도심에 이르러 눈부신 겨울 햇살 아래 무리를 지어 집회가 열리는 곳으로 걸어갔다. 시위대가 지독하게 바람이 부는 길모퉁이의 BBVA 은행 지점 앞에 모여 있었다. 커다란 강어귀가 중앙 분리대가 있는 도로와 만나는 곳이었다. 그곳은 노출된 곳에 있어 춥고 매우 시끄러웠다. 녹색과 흰색으로 된 안달루시아 깃발이 이미 펄럭이고 있었고, 개별 단체들이 약간 찌그러진, 순교자 카파로스의 금속 명판 아래 꽃을 바치고 있었다. 농업노동자조합-안달루시아 노동자조합SOC-SAT 깃발을 몸에 두른 단체도 있었다. 이 안달루시아의 좌파 공산주의 노동조합은 1970년대 말부터 현장 노동자를 대변했고, 마리날레다의 많은 투쟁과 승리 또한 모두 담아냈다.

라울과 파코는 한 지역 뉴스 방송 팀 옆에서 삼각대에 카메라를 설치하고, 마리날레다를 대표해서 온 나머지 사람들은 뒤에서 철책 옆에 옹송그리고 모여 있었다. "우리가 이 거리에 있는 것은 카파로스와 안달루시아 사람들의 권리를 되찾기 위해서입니다." 차례로 연설을 하던, 안달루시아 전역에서 온 연사들 가운데 하나가 거창하게 열변을 토했다. 그러나 그것은 작은 행사였다. 기껏해야 모두 합쳐 100명 남짓한 사람들이 쌀쌀한 목요일 점심시간에 보도에 모여 있었다. 녹색과 흰색 리본으로 묶은 화환들이 말라가와 그라나다, 마리날레다, 과달라하라, 세비야의 노동자들을 대표해 작은 명판 아래 놓여 있었다. 화환들은 꽤 묵직한데도 계속 바람에 쓰러졌다. 마리날레다는 그때까지는 가장 작은 광역 도시권을 대표했는데, 그들의 화환이 가장 크고 가장 호화로웠다. 카파로스의 순교를 기리는 종이 한 장이 배포되었다. 사진 속 그는 지독히 어려 보였고, 슬프게도 저 힘들고 불안정한 프랑코 이후 시대에 무엇이 올지 그리고 자신의 무의미한 죽음에도 아주 무관심해 보였다. 종이 밑에는 '기억, 존엄, 투쟁'이라고 쓰여 있었다.

"오늘은 기억하는 날이기도 하지만, 우리 국민의 미래를 축복하고 생각해 보는 날이기도 합니다." 안달루시아에서 큰 시위나 집회를 할 때 자주 산체스 고르디요의 대중 선동 파트너인 안달루시아 노동자조합 사무총장 디에고 카냐메로가 말했다. 그의 말이 계속되는데 말라가 사람들이 이 얼마 안 되는 군중을 헤치고 자기들 볼일을 보러 갔다. 성질 사나워 보이는 나이 든 남자들은 납작한 모자를 붙잡고, 어머니들은 유모차를 밀고 볼품사납게 군중을 뚫고 지나갔다.

인구 57만이라는 도시의 규모 탓에 집회는 지독히 초라한 느낌이 들었지만, 그렇다고 해서 열정이 덜한 것은 아니었다. "좌파는 안달루시아의 미래를 위해, 위기에 처한 안달루시아의 경제를 지키기 위해 투쟁해야 합니다" 하고 카냐메로가 말했다. 우리 뒤로 차들이 계속 굉음을 내며 지나가 그의 목소리가 점점 올라가더니 나중에는 거의 고함을 질렀고, 계획된 열정과 감정으로 목소리가 갈라졌다. "나라의 99퍼센트가 민주주의와 토지, 자유를 위해 싸우고 있습니다"라며 고통을 안겨 주는 위기에 맞서 공동 전선을 펴자고 했다. 스페인에서 마지막으로 자본주의에 맞서 인민 전선이 결성된 것이 1930년대이고, 그것은 프랑코의 쿠데타와 내전으로 파괴되었다.

모든 행사는 45분도 안 되어 끝났고, 카냐메로가 카메라에 대고 인터뷰를 하자 군중이 다시 작은 무리들로 나뉘어 흩어졌다.

내가 파코에게 그해에 카탈루냐에서 150만 명이 독립을 위해 행진한 일이 있지 않느냐고 했다. "안달루시아는 달라" 하고 그가 내 말이 맞다며 말했다. 우리는 버스를 찾아 다시 중앙 분리대가 있는 차도를 따라 돌아가면서 이야기했다. "안달루시아는 카탈루냐 같지 않아. 우리는 우리 언어도 없고, 독립하고 싶은 마음도 없어. 그렇지만 여기에 로마 문명이 있었고, 무어 문명이 있었어. 알지?" 파코가 자랑스럽게 칼리프가 코르도바를 통치한 일을 들었다. "음, 나는 우리에게는 독특한 역사, 독특한 정신이 있다고 생각해." 그러고는 잠시 말을 멈추더니 물었다. "영어로 '루차lucha'를 뭐라고 하지?"

투쟁, 또는 싸움, 문맥에 따라서, 하고 내가 말했다. "여기서는 투쟁도 독특하기 때문이야." 그가 집회 끝에 사람들이 차렷 자세로 서서 주먹을 치켜들며 불렀던 노래를 흥얼거렸다. 안달루시아 지방의 노래 〈안달루시아 사람들아, 일어나라〉였다. '안달루시아 찬가'로도 알려진 이 노래의 가락은 사람들이 들에서 추수할 때 부르던 종교적 노래가 바탕이 되었다. '빛의 사람들'인 안달루시아 사람들과 그들이 토지와 자유를 얻기 위해 걸어 온 지난한 여정을 증언해 주는 가슴 뭉클한 가사는 안달루시아 민족주의의 아버지 블라스 인판테가 썼다. 노래는 내전이 일어나기 불과 1주일 전인 1936년 7월에 처음 불렸고, 인판테는 그러고서 한 달 하루 만에 파시스트들에게 처형당했다. 노래는 프랑코가 죽은 뒤에 다시 불렸다. 깃발과 마찬가지로 안달루시아 찬가 역시 1970년대 말에 유행한 '보복 운동revanchism'*의 상징이 되어, 40년 동안 파시즘에 저지당하고 굴욕당하고 무자비하게 탄압받으면서도 목청을 높인 해방 운동을 기렸다. 노래는 영원히 권력과 불화하는 인민에 찬사를 보냈다. 그 권력이 귀족 지주의 손에 있든 교회에 있든, 군사 정권 또는 프랑코 정권에 있든 영원히. 노래는 무엇보다도 감히 안달루시아 사람이면서 자유로워지려고 한 사람들에게 가해진 끔찍한 일들을 치유하고 감싸 주었다.

---

* 잃었던 영토를 되찾기 위한 정책을 뜻하지만, 여기서는 파시즘 정권에서 억압당한 것들을 다시 찾으려는 운동을 말함.

그날 말라가에서 시위를 한 사람들에게는 눈에 보이는 부의 불평등이 여느 때만큼이나 크고 깊었다. "왕족을 봐, 그들에게는 위기가 없어." 햇빛에 하얗게 표백된 추운 에움길 옆에서 우리를 다시 마리날레다로 데려갈 버스를 기다리는데 라울이 말했다. "그리고 나머지 안달루시아 사람들을 봐." 우리 옆에 있는 보도에서 젊은 부부가 무릎에 턱을 괴고 웅크리고 앉아 구걸을 하고 있었다. 세 살배기에게 먹일 것이 없다는 글도 있었다. 우리는 지난해 후안 카를로스 왕이 보츠와나로 코끼리 사냥을 가 크게 공분을 산 일을 이야기했다. 스페인 왕족에게는 아주 평범한 일이었지만, 그들의 백성 25퍼센트가 일자리를 잃고 집에서 쫓겨나느니 차라리 죽겠다고 자살하는 사람들마저 있는 상황에서 한층 참을 수 없는 일이었다. 스페인은 언제나 이런 극심한 불평등을 목격했고, 여기서 유럽 역사에서 볼 수 있는 가장 강건한 대중적 급진주의 가운데 일부가 나왔다.

스페인이 전반적으로 그랬듯이 안달루시아도 1977년 이후에 사정이 좋아졌다. 그러나 아주 고통스럽고 느리게, 아주 일관성 없이 좋아진 것이었다. 그런데 2008년에 금융 위기가 닥쳐 건설 산업이 주도했던 경기 호황이 원래 견실하지 못한 바닥까지 주저앉는 바람에 안달루시아 사람들 대부분이 수백 년 동안 했던 생존 투쟁에 다시 나설 수밖에 없는 처지가 되었다. 그날 말라가에서 열린 집회에서 농업노동자조합-안달루시아 노동자조합이 주장한 내용도, 그들의 전단에 개괄되어 있듯이, 프랑코 이후 시대 못지않게 힘을 합쳐 결연히 대중 항의 운동을 펼치자는 것이었다.

이제 35년이 지나 법도 두 번 개정되고 헌법도 여러 번 '업그레이드'되었는데, 본질적으로 우리는 과거와 다름없는 처지에 있다. 안달루시아는 다른 반도와 섬 사람들에 비해 여전히 뒤처져 있다. 우리는 계속 모든 경제와 사회 복지 지수에서 맨 꼴찌다. 실업과 불안, 빈곤과 결핍에서만 일등이다.

그들은 이러한 곤경을 '투기적 금융 자본'과 서 밀리 마드리드와 브뤼셀에 있는 비민주적 권력 집단의 탓으로 돌렸다. 바람이 세찬 말라가의 교차로에 모인 사람들은 '시장(市場)의 독재'에 반대할 필요가 있다고 했다. 낯익은 21세기의 조합이다. 프랑코가 죽은 지 꽤 오래되었는데도 여전히 독재는 그들이 겪는 상황을 설명할 때 선호되는 말이었다.

애국심을 자극하는 이런 표현을 정치적 좌파 쪽으로 꽤 멀리 간 사람들이 하는 것을 보고 나는 잠시 이상했다. 그러나 안달루시아 민족주의는 특이한 종류의 민족주의다. 국수주의나 지역주의가 없는 것 같다. 그것의 뿌리는 19세기의 반항적 아나키즘에 있다.

역사에서 보기 드문 놀라운 일이지만, 1873년에 겨우 두 달 동안이기는 해도 프란시스코 피 이 마르갈Francisco Pi y Margall이 스페인 연방공화국의 지도자가 되었다. 이 스페인 제1공화국은 전통적인 상명하복의 위계적 권력 구조를 자유로운 집단과 사람들의 수평적 합의체로 대체하려고 한 급진적 지방 분권주의 체제였다. 마드리드가 자유를 약속하자 스페인의 시골 지방에서는 마을 사람들이 그러한 상황을 이용해 라티푼디오를 자기들끼리 나누어 갖고 푸에블로를 작은 자주 독립 국가로 선포했다. 스페인은 잠시 세계 최초이자 유일한 아나키즘 국민 국가가 되었다.

피 이 마르갈은 정치에서는 자유주의적 공화주의자이며 연방주의자였지만 프랑스 아나키즘 사상가 프루동의 친구였고, 스페인의 가난한 사람들에게는 연방주의에 대한 지지가 아나키즘과 무리 없이 딱 맞아떨어졌다. 1930년대에 스페인에서 많은 시간을 보낸 독일 작가 헬무트 뤼디거Helmut Rüdiger는 이를 잘 표현했다.

> 스페인 아나키즘은 이 나라의 연방주의와 개인주의 전통의 표현일 뿐이다.…… 그것은 추상적 토론의 결과나 몇몇 지식인들이 일궈낸 이론의 결과가 아니라 화산 같은 폭발력을 지닌 사회의 역동적 힘이 낳은 결과이며, 그 안에 있는 자유에의 경향은 언제나 수많은 사람의 동조를 기대할 수 있다.

안달루시아 역사의 심장부에는 그런 사회의 역동적 힘이 있다. 안달루시아 역사는 빈곤과 자발적인 폭력적 반란으로 점철되어 있다. 그래서 아나키즘 이론이 진화해 퍼질 때 스페인 남부에서는 이미 준비된 지지 기반을 찾을 수 있었다. 1871년에 제1인터내셔널이 강한 국가를 신봉하는 마르크스주의와 그렇지 않은 바쿠닌주의로 갈렸을 때, 스페인은 후자 쪽으로 강하게 기운 유일한 나라였다. 제롬 민츠Jerome Mintz*는 비극적 실패로 끝나 많은 사람이 죽은 안달루시아의 반란을 인류학적으로 연구한『카사스 비에하스의 아나키스트들The Anarchists of Casas Viejas』에서 "바쿠닌의 견해는 지방 분권과 최대한의 개인의 자유를 신봉하는 스페인 사람들의 기질에 딱 맞았고, 억압받지만 폭발적 잠재력을 가진 농촌 주민의 상황을 대변했다"라고 했다. 마리날레다가 항의와 토지 점거를 통해 집단주의적 유토피아를 건설한 것은 그저 후기 자본주의 이야기, 즉 규칙을 조롱하는 예외가 아니다. 그것은 유형의 물리적 불평등에 맞서 반란을 일으키는 연습이 잘되어 있는 안달루시아의 농촌 사람들이 그러한 반란을 실연한 것이다.

춤추는 듯한 대중적 농민 반란도 타고난 것이지만, 상대방이 취하는 조치도 스페인 사람들의 근육에 새겨진 기억처럼 변함없이 단호했다. 종교 재판에서 19세기의 무자비한 탄압을 거쳐 내전과 프랑코 시대는 물론 그 너머까지, 1890년대에 좌파 2만여 명을 정치범으로 몰아 '예방 차원에서 체포'해 고문한 일이나 세비야에 있는 공장으로 정부군을 급파해 노동자 반란을 진압한 것을 포함해서 언제나 그랬다. 스페인 내전의 치열한 대립을 예고하며 19세기가 저물 무렵 혁명적 좌파 집단이 그 어느 때보다도 강도 높게 선동

---

* 미국의 인류학자로 유대인 공동체와 안달루시아 지방을 연구한 저작을 남겼다.

하려고 했을 때에도, 우파 권력은 언제나처럼 그것을 감당할 수 있었다.

스페인은 세계에서 유일하게 아나키즘이 대중 운동이 되었던 나라다. 아나르코생디칼리슴* 노동조합인 전국노동조합(Confederación Nacional del Trabajo, CNT)은 내전 이전에 조합원이 100만 명이 넘었는데, 이는 이 나라의 경제 상황과 토지 재분배의 절대적 필요성을 감안해야 완전히 설명할 수 있다. 정치적 상황을 넘어서서 안달루시아 사람들의 특성에는 아나키즘적 성향 같은 것이 있다. 안달루시아에서는 개인의 자유와 상호 부조가 둘 다 매우 존중받는 특성이다. 네 이웃이 자신의 길을 자유롭게 선택하도록 태어났어도, 운명이 그들에게 좋지 않게 돌아갈 때 그들이 굶어 죽도록 내버려 두어서는 안 된다는 것이다.

마르크스에게는 도시 프롤레타리아트가 혁명의 전위였지만, 바쿠닌의 철학은 작은 공동체와 집단의 연합 네트워크에 더 중점을 두었고, 이는 안달루시아 사람들이 삶에서 체험한 것과 이미 일치하는 공산주의 개념이었다. 안달루시아에서는 마을 단위가 자급자족을 하는 생태계다. 그들은 자율적으로 규제하고, 국가의 강요나 위계적 권력 구조(선출된 것이든 아니든), 이윤에 대한 욕망도 필요 없다. 바쿠닌에게 자유는 중앙 권력이 하나도 남지 않을 때까지 지방에 이양되어야 얻을 수 있는 것이었다. 그런데 그의 '분리 독립의 권

---

* 노동조합을 통해 아나키즘을 실현하려는 사상이나 운동.

리'는 이미 안달루시아의 푸에블로에서는 자유에 필수적인 것으로 여겨지고 있었다. 바쿠닌은 다음과 같이 요청했다.

모든 나라를 개인과 생산 연합체와 코뮌의 절대적 자유를 토대로 내부를 재조직하고, 분리 독립의 권리를 인정할 필요성—모든 개인, 모든 연합체, 모든 코뮌, 모든 지방, 모든 나라가 스스로 자신의 운명을 결정할 절대적 권리, 연합하거나 연합하지 않을 권리, 누구든 자신이 원하는 사람들과 동맹을 맺고 동맹을 맺기 싫으면 이른바 역사적 권리(법적 선례로 신성시되는 권리)나 이웃의 편의에 상관없이 동맹을 거부할 권리를 인정할 필요성.

물론 고립된 생태계를 이룬 19세기 농민 마을이 저마다 독특한 관습과 문화, 당연시되는 가정과 전제가 있어 복음을 전하기 쉽지 않은 환경이 만들어질 수 있다. 바쿠닌은 그들이 정치화에 저항하는 것을 돌파—각 농민 공동체에서 가장 준비가 잘되어 있고 가장 능력 있고 가장 혁명적인 구성원들이 연결되어 서로 이야기할 수 있는 네트워크를 통해—할 필요가 있다고 경고했다. "우리는 무슨 수를 써서라도 지금껏 난공불락이었던 이런 공동체에 뚫고 들어가 그들을 적극적인 사상의 흐름으로, 의지로, 혁명의 대의로 결합시켜야 한다."

바쿠닌은 러시아의 시골 지방에 관해 쓰고 있었지만 '지금껏 난공불락이었던 공동체'는 19세기 안달루시아의 푸에블로를 완벽하게 설명하는 말이다. 그들이 문화적으로는 좀 폐쇄적이었을지 몰라도, 주민의 일부는 집을 떠났는데 그들은 대개 남자들이었다. 안달루시아에서는 수천 명의 노동자가 일거리를 찾아 멀리 가야 했다. 생존하기 위해서였다. 이 떠돌이 일용 노동자들은 대부분 카탈루냐와 바스크 지방의 도시와 신흥 공업 지구로 갔다. 그러나 다른 시골 지방이나 프랑스로 간 사람들도 있었다. 이들은 어디든 계절마다 농사일이 가장 풍부한 곳으로 갔다. 그래서 한 번에 몇 달씩 다른 가난한 노동자들과 함께 헛간 바닥에서 자는 동안 혁명 사상은 쉽게 공유되었다.

아나키즘은 스페인의 많은 지방 중에서도 단연 안달루시아의 시골 지방에서 가장 번성했다(카탈루냐의 시골 지방에서도 스펀지처럼 빨아들였지만, 다른 이유 때문이었다). 그렇다고 안달루시아가 스페인에서 유일하게 가난한 지역은 결코 아니다. 에스트레마두라와 카스티야 지방도 일부는 오랫동안 지독히 가난했다. 테마 캐플런Temma Kaplan[*]이 『안달루시아의 아나키스트들 1868~1903년Anarchists of Andalusia 1868~1903』에서 말하듯이, 이 지방의 타고난 급진주의를 설명해 주는 것은 빈곤 그 자체가 아니라 극히 대조적인 부다. "거의 모든 사람이 가난한 곳에서는 혁명적 사회 변화가 몽상처럼 보일 수 있다. 모든 것을 똑같이 나누면 모두 똑같이 가난할 테니까." 남부가 급진

---

[*] 비교역사학자로 스페인과 중남미, 남아프리카, 미국 등에서의 여성·젠더·섹슈얼리티 문제와 그것이 정치·대중 문화에 미친 영향을 연구해 왔다.

사상에 그토록 민감해진 것은 눈에 보이는 부의 불평등 탓이다.

"안달루시아는 가난한 지방이 아니라 가난해졌다"라고 1980년 마리날레다 단식 투쟁 팸플릿을 쓴 사람들은 말했다. 또한 그들은 안달루시아가 외부인의 행동 탓에 혁명적으로 되었다고 주장했다. 멀리 있는 부르주아 중앙 집권주의자들이 지방에 단일한 스페인 문화를 강요하고, 신 아래 왕 아래 '하나의 스페인'을 창조하려고 함으로써 19세기와 20세기 초에 혁명적 분위기를 조장했다는 것이다. 안달루시아 역사를 되돌아보면 "끊임없이 억압이 있고, 끊임없이 투쟁이 있다." 푸에블로의 서민들 맞은편에는 부르주아, 즉 대지주와 귀족, 가톨릭교회가 있다. 그들이 고용한 폭력배인 치안대와 그들의 정치적 대변인인 부패한 카시케와 함께. 자본주의 착취의 역사가 변한 현재에도 그에 해당하는 것이 있다. 2013년에 일어난 시위의 억압자들을 한마디로 말하면 대자본이다.

선거 정치는 안달루시아의 가난한 노동자들에게 좀처럼 문제가 해결될 거라는 희망을 주지 못했다. 19세기 말과 20세기 초에는 지역 카시케 선거를 통해 민주주의를 하는 척했다. 그것은 대개 재산을 가진 두 부르주아 사이에서 보수주의자나 이름뿐인 자유주의자를 선택하는 것이었다. 후자는 가장 온건하게 교회 권력에 반대하는 것으로만 전자와 구별되었다. 아나키즘이 남부에서 번성하기 시작했을 때에도 토지 없는 노동자들은 절박한 처지 탓에 이런 사람들에게 계속 투표할 수밖에 없었다. 카시케들은 지주의 이익을 돌보았고, 강요와 매표, 선거 부정이 비일비재했다. 지역에 있는 치안대의 위협도 마찬가지였다. 카시케의 부하들이 도심 광장에 모여 있는 사람들 중에서 교대로 일할 사람을 골랐고, 그야말로 아무리 그들이 적은 일을 제안하더라도 그 일을 하고 싶으면 그들이 명령하는 대로 투표해야 했다.

스페인에서는 큰 중앙 집권 국가와 그 축소판인 푸에블로라는 작은 세계 사이의 긴장이 프랑코 이전에도 있었고, 1923~1930년에 통치한 이 나라 최초의 파시스트 독재자 프리모 데 리베라Miguel Primo de Rivera 이전에도 있었다. 아주 오래전부터 푸에블로마다 자기만의 방식이 있고 필요한 것도 다른데, 이를 이해하지 못하고 멀리서 강요하는 정치 계급이 있다는 생각이 있었다. 어쩌면 미국 선거전에서도 워싱턴 D. C.를 두고 똑같이 말하는 것을 들었을지도 모른다. 지리적으로도 멀지만 지역의 현실을 이해하는 측면에서도 거리가 먼 권력이라고 말이다. 단식 투쟁 팸플릿의 필자들은 중앙 집권주의가 "우리의 모든 해묵은 문제의 근원이다. 19세기 말부터 그랬고, 20세기 내내 그랬다. 그것이 우리의 모든 반란, 요구, 혁명 운동의 원인이다"라고 썼다. 그들은 계속해서 투쟁은 안달루시아 사람들, 즉 '전투적인 사람들'의 유산이고, 방법(농작물 불태우기, 파업, 토지 점거)도 오래전부터 똑같았다고 했다. 지상의 적, '몇 백 년 동안 지주들을 위해 일한' 치안대도 마찬가지였다.

제럴드 브레넌은 그의 고전인 1943년작 『스페인의 미로The Spanish Labyrinth』에서 안달루시아 소도시에서의 "계급 간 증오 분위기는 실제로 보지 않고는 믿을 수 없을 정도다. 공화국이 들어선 뒤로는 많은 지주가 자기 땅에 가는 것을 두려워했다. 그리고 노동자는 모두 아나키스트다. 그런 상황에서 달리 무엇을 기대할 수 있으랴. 비참할 정도로 보잘것없는 보수에 1년에 반은 놀고 1년 내내 반쯤 굶주려야 한다면 말이다"라고 했다. 마리날레다 같은 마을의 날품팔이인 호르날레로는 일거리가 없는 6개월 동안 가족이 기본적으로 생존하는 데 필요한 농작물을 기를 땅뙈기도 없이 살았다. 그들이 쪼들릴 때 가게에서 외상을 주지 않거나 이웃 사람들이 가끔 빵 한 덩이를 선물하지 않았다면 훨씬 많은 사람이 영양실조로 죽었을 것이다.

호르날레로는 그렇게 목숨이 위태로울 정도로 빈곤한데, 그들 주변에 있는 귀족 소유의 경작지는 수천수만 헥타르가 경작도 하지 않은 채 내버려져 있어 빈곤한 노동자들을 더욱 비참하게 했다. 이런 토지들은 때로 소나 말을 기르는 데 쓰였고, 마리날레다 서쪽에 있는 4만 4400헥타르는 사냥터로 쓰였다. 한 방향에서 흐르는 계급 증오를 맞은편에서는 무관심으로만 대응했다. 브레넌은 1930년대에 마리날레다의 재앙인 현 여공작의 아버지 알바 공작이 안달루시아에 있는 자기 소유의 드넓은 토지 일부를 방문한 일을 기록하며, "마치 아프리카 중심부를 여행하듯 대형 트럭과 텐트 같은 장비를 가지고 왔다"라고 했다. 그런데 굶주리다 못해 휴경지를 일구려고 한 노동자들은 경찰에게 두들겨 맞았다.

마리날레다에서 가장 가까운, 중간 크기의 이웃으로, 인구가 1

만 2000명인 에스테파는 세 가지로 유명하다. 비스킷과 산적, 집단 자살이다. 문제의 비스킷은 크리스마스에 별미로 먹는 만테카도 mantecado로, 해마다 겨울이면 세비야와 말라가에서 오는 전세 버스가 명절에 쓸 비스킷을 사 두려는 사람들로 가득 찬다. 만테카도(현지에서는 도저히 따라할 수 없는 억양으로 만테카우라고 발음한다)는 설탕을 버무린 흙으로 빚은 수류탄 같은 맛이 나고 무게 역시 수류탄 정도 된다. 기원전 208년 작지만 상당히 중요한 카르타고의 전초 기지였던 에스테파의 주민들은 멀리서 로마군이 이곳을 점령하러 오는 것을 보았다. 그런데 로마군이 도착했을 때는 에스테파 주민이 마지막 한 사람까지 모두 죽어 있었다. 주민 전체가 항복하느니 자살하기로 한 것이다. 이 소도시는 훗날 서고트족이 점령했고, 그다음에는 경쟁자인 일련의 무어인 칼리프가, 결국에는 레콩키스타를 벌인 기독교도가 차지했다.

어느 날 하비와 나는 다문화 유적을 보러 에스테파의 산크리스토발 산에 올라갔다. 우리 발가락은 가파른 길을 움켜잡느라 긴장했고, 발밑으로 자갈을 느끼며 도시를 뚫고 그 위로 올라갔다. 산의 마지막 구간은 숨이 차오를 정도로 가팔라 비교적 쌀쌀한 1월인데도 이마에 작은 땀방울이 송골송골 맺혔다가 산들바람에 금방 식었다. 산꼭대기에는 아무도 없고, 바람도 없었다. 교회 탑이 복숭앗빛의 화려한 건물로, 이솝 우화에서 금방 튀어나온 보헤미아 케이크 같았다.

여기서 보이는 경관은 '안달루시아의 발코니'로 알려져 있다. 이곳에서는 마리날레다가 북쪽으로 거대한 과달키비르 강으로 완만하게 내려가는 경사지에 있는 것을 볼 수 있다. 과달키비르 강은 이 강이 없었다면 무척 건조했을 지방에 생명을 가져다준다. 이 강이 한때는 신세계에서 약탈한 금을 실어 나르는 통로가 되어, 수많은 금으로 번쩍거렸다. 에스테파는 매우 아름다워 보였다. 우리 뒤에 있는 언덕 아래로 하얀 벽과 붉은 지붕이 비틀거리는 폭포가 되어, 오렌지색 파스텔 같은 먼지로 흐릿해 보이는 드넓은 올리브 나무 숲과 기름진 푸른 들판 위로 우아한 자태를 드러냈다.

과달키비르 강 유역에 있는 이 땅은 대개 건조하지만 불모지는 아니었고, 안달루시아의 시골 지방이 모두 그렇듯이 아주 소수의 손에 집중되어 있다. 옛 카스티야의 귀족 집안 손에 있거나 19세기에 전에 공유지나 교회 땅이었던 곳을 몽땅 (싼값에) 살 수 있는 기회를 잡은 중산층 손에 있다. '안달루시아의 심장!', 에스테파 변두리에 있는 버려진 호텔 간판은 그렇게 선언하고 있었다. 간판에는 캐스터네츠를 치며 플라멩코를 추는 여인이 당돌한 자부심을 뽐내고 있었다. 이곳은 정말 이 지방의 심장이다. 어디서든 꽤 먼 거리에 있지만, 여기서 **모든 곳**을 볼 수 있다.

우리는 나무로 된 전망대에 서서 아래 있는 에스테파가 어둠에 덮이는 것을 보았다. 여기서는 안달루시아의 세 지방을 볼 수 있다. 세비야와 코르도바, 그라나다. 그리고 멀리 들판에 드문드문 흩어져 있는 푸에블로도 볼 수 있다. 엘 루비오, 카사리체, 에레라와 마리날레다. 물론 그렇게 멀리서 보면 이런 작은 농촌 공동체들이 모두 똑같아 보인다. 그 안에 있는 것들도 똑같은 것이 많다. 아이들이 값싼 축구공을 몇 백 년 동안 닳아 문드러진 석벽을 향해 차는 것이나 타파스 바 바깥에서 조용히 졸고 있는 크루스캄포 맥주 파라솔도 마찬가지다. 그렇지만 가당치도 않게 로마에 저항하려고 했던 갈리아의 아스테릭스의 마을처럼 마리날레다는 적의 손에 있는 마을에 둘러싸여 있다.

이곳은 절망적 수준의 빈곤에 자주 시달린 탓에 오래전부터 좋건 싫건 인민 영웅에 자신을 내맡긴 지역이다. 그래서 아나키스트와 공산주의자가 들어오기 전에 밀수와 강탈, 노상강도 같은 짓을 하는 산적들이 있었다. 캐플런은 산적도 "가난한 사람들의 친구이고 억압자에 맞선 투사…… 인민의 불만을 안전하게 배출하는 통로였다"라고 한다. 지역 역사에서 이 무시무시한 부분을 기념하는 관광 코스도 있다. 그렇지만 엘 템프라니요나 엘 페르날레스, 엘 레로* 같은 이들이 로빈 후드에서 토막 살인자 잭에 이르는 넓은 스펙트럼에서 어디에 있는지는 누구에게 말하는가에 달려 있다. 진짜 인민 영웅은 없었다고 하비는 내게 설명해 주었다. 그들은 끔찍한 살인자였다. 법을 무시하고 살고, 대중을 권력에 맞서는 인간 방패로 삼았다.

그런 위험 앞에서, 19세기 중엽 안달루시아의 이 지역에 있는 산적들을 손보겠다는 명백한 목적 아래 준군사적 경찰 조직인 치안

---

* 모두 안달루시아 지방에서 활동한 악명 높은 산적.

대가 창설되었다. 지역의 풍경은 산적 편이었다. 하비와 그의 친구 안토니오가 추운 2월의 어느 날 밤늦게 다른 소도시에서 열린 사육제에 갔다가 차를 타고 에스테파로 돌아가는데, 나무에 뒤덮인 산들을 혼자 탐험하기에는 너무 위험하다는 생각이 들었다고 했다. 거기에 사람을 산 채로 잡아먹는 흰 개가 있다는 것이었다. "아마 산적들도 옛날에 그곳에 숨어 있었겠지? 그런데 좀 더 현실적인 위험은 없어?" 하고 내가 물었다. "있지." 하비가 말했다. 안토니오가 뒷자리에서 낄낄거리며 웃었다. "아마 산적이 지금도 거기 있을 거야. 그런데 지독히 추워서 산에서 내려와 의회에서 일자리를 얻었을 거야."

스페인의 산은 대개 무언가를 숨기고 있다. 그렇지만 그곳에는 때로 구원의 장소도 있다. 박해를 피해 숨은 농민 반란 지도자나 마키스maquis에게는 천국이다. 마키스는 1939년에 파시스트가 내전에서 이긴 뒤에도 꿈을 포기하지 않고 계속 프랑코에 맞서 싸운 파르티잔 게릴라들이다. 이들 파르티잔은 오스카상을 받은 영화 〈판의 미로〉에서 인민 영웅으로 그려진다. 이 오합지졸들은 자기들보다 힘센 세력이 어떻게든 자기들을 말살시키려고 하는데도 주눅 들지 않는다. 그 세력은 '스페인 국가'의 세 분야에 배치되어 있다. 군과 교회, 정부다.

산적들과 마찬가지로 권력의 탄압을 피해 숨은 아나키스트들도 안달루시아의 산에서 은신처를 얻었다. 때로는 치안대의 체포와 처형을 피해 몇 년씩 숨어 지냈다. 사실 범법자들은 서로 도움이 되었다. 산적들이 산악 도시와 산에 숨어 있으면 혁명가와 도망자들이, 그뿐만 아니라 성직자와 담배 밀수꾼들도 그들의 지적 물품이나 상업적 물품을 비밀리에 옮기기가 쉬웠다. 살금살금 걸어서 좁은 능선을 넘어 다음 도시로 가져가기가 쉬웠다.

19세기 말에 떠돌이 복음 전도사들이 이 시골 지방에 아나키즘을 퍼뜨리고 다닐 때, 그것은 당당하게 '사상'으로 알려져 있었다. 안달루시아의 강줄기가 그것을 전달하는 통로가 되어, 신문과 사람, '사상'을 이 소도시에서 저 소도시로 실어 날랐다. 적과 흑의 강이 햇빛에 하얗게 표백된, 먼지 풀풀 나는 들판을 가로질렀다. 아나키즘은 스페인에서 놀랍게 빠른 속도로 퍼졌다. 브레넌은『스페인의 미로』에서 "아나키스트 '사도들'이 이 마을에서 저 마을로 실어 날랐다"라고 한다. 그들은 가볍고 싸게 여행했다. "부랑자나 떠돌이 투우사처럼 화물 열차의 방수포 아래서", 어떤 보수나 비용도 받지 않고 그 대신 "사정이 나은 노동자의 호의에 기대어 탁발 수도사처럼" 살며. 아나키스트들은 가난했다. 바쿠닌도 인터내셔널의 자기 분파가 창립총회를 열었을 때 바르셀로나로 가는 열차 요금을 낼 수 없었다. 그러나 그의 부관들은 무일푼 신세를 열정으로 보전했다. 아나키즘 운동은『엘 소시알리스모El Socialismo』와『엘 프로둑토르El Productor』같은 신문 덕분에 사그라지지 않았다.『엘 프로둑토르』는 남부에 지역 농업 담당 특파원을 두어 갈수록 폭력적으로 되어 가는 이 지방의 반란을 보도했다.

스페인 아나키즘의 '성인'으로 알려진 페르민 살보체아가 이런 신문 가운데 몇 가지를 편집했다. 『엘 소시알리스모』도 그 가운데 하나였다. 이는 크로폿킨의 사상을 남부의 소농들에게 알리는 데 도움이 되었다. 19세기의 산체스 고르디요인 살보체아는 훗날 마리날레다 사람들의 우상이 되었다. 그는 감옥에 있거나 무장 반란을 이끄느라 바쁘지 않을 때는 카디스 시장으로 일했다. 보통 선거권이 도입되기 전인 19세기에도 위계적 권력에 반대하면서 안달루시아 지방 정부의 최고 자리에 오를 수 있었다. 1907년에 5000명이 그의 장례식에 참석했다. 종교적 성인의 시복식에 상응할 만한 장례식이었다. 물론 마리날레다에는 그의 이름을 딴 거리가 있다.

안달루시아 노동자 반란의 용맹한 아들딸의 투쟁은 대개 실패로 끝났다. 거듭 봉기해도 진압되고 말았다. 치안대에 속한, 지주들의 호전적인 심복들 때문이었다. 1844년에 농민 일곱 명이 마리날레다에서 남서쪽으로 160킬로미터 떨어진 헤레스 데 라 프론테라에서 처형당했다. '검은 손La Mano Negra'이라는 비밀 집단에 참여했다는 죄목이었다. 국가가 이 악명 높은 아나키스트 테러 조직의 존재를 완전히 날조했을 수도 있고 그렇지 않을 수도 있다. 이 조직은 그전에 일어난 일련의 살해 사건과 방화 사건의 범인으로 지목되었다. 그 결과 그런 혐의가 허구든 아니든 상관없이 아나키즘 신문은 발행이 금지되고, 신문과 관련된 주요 인물들도 일부가 은신하지 않을 수 없었다.

신화는 사라지지 않았다. 대체로 분별 있는 전국지인 『엘 파이스』의 1981년 기사는 "지난 세기에 정의의 사도였던 비밀 형제단,

검은 손의 그림자가 안달루시아의 마을 광장에 어른거리고, 안달루시아의 농장 전역에 드리워져 있다"라는 말로 시작된다. 이 기사의 표면적 주제는 한 세기 전의 극좌 귀신들을 되살리는 것이 아니라 산체스 고르디요가 이끄는 농업노동자조합의 급증하는 활동이었다. 선정주의를 차치하면 『엘 파이스』가 적어도 "공동의 전통"을 인정하고 안달루시아의 호르날레로가 "그들의 과거를 이루고 있는 것을 잊지 않았고, 그들이 겪은 것이나 아버지가 아들에게 물려준 것도 잊지 않았다"라고 인정한 것은 옳았다. 그럼 그들은 공동의 역사인 기아와 야만, 고문, 억압을 어떻게 하려고 했을까? 그들은 설욕하려고 했다.

3

싸우고

또

싸우다

Marinaleda

우리는 평화를 원한다. 사람들은 언제나 평화를 원했다. 그러나 분명히 말하건대 지난 40년 동안의 가스파초*와 이, 코르티호**의 평화는 원치 않는다. 낡고 무질서한 기존 체제의 바리새인들이 설교하는 것은 모두 원치 않는다.

후안 마누엘 산체스 고르디요, 「기아와 평화」, 『엘 파이스』(1982)

우리는 우모소 농장에 도착해 주차장에 차를 세웠다. 온화하고 안개가 흐릿한 1월의 어느 날이었다. 엷게 떠 있는 안개 사이로 햇빛이 희미하게 빛났다. 공기는 깨끗한 물처럼 상큼했고, 이 시골의 목가적 풍경을 흩뜨리는 것은 뒤쪽에서 이상하게 우는 수탉과 허공에 대고 짖는 개밖에 없었다. 주차장 한쪽에는 큰 올리브유 가공 공장이 있고, 맞은편에는 하얗게 갓 칠한 농장 관리 건물이 있었다. 붉은 지붕으로 치장한 건물은 창턱과 기둥이 초록색으로 돋보였다. 미국 옛 남부의 농장주 저택 같았다. 칠도 마리날레다의 색깔 조합에서 살짝 빗나갔다. 그 옆에는 토마토와 시금치, 상추를 기르는 커

---

* 안달루시아 전통 음식으로 토마토, 양파, 오이 등으로 만든 차가운 수프.
** 코르티호(cortijo)는 아주 큰 농장이나 농가, 목장이며, 경내가 대개 담에 둘러싸여 있다(저자 주).

다란 온실들이 있었다. 마을의 채소 가게에서 팔 보조 작물이었다. 농장으로 들어가는 입구는 거대한 벽 하나로 표시해 놓았는데, 벽 전체가 상당히 큰 정치적 벽화로 도배되어 있다시피 했다.

벽 한쪽에는 "이 코르티호는 마리날레다의 실업 노동자를 위한 것이다"라고 대문자로 크게 쓰여 있고, 끝에 마을의 상징인 삼색기가 그려져 있었다. 맞은편 벽면에는 거대한 사회주의 리얼리즘 회화가 있었다. 키가 4미터 60센티미터나 되는 호르날레로 둘이 자랑스럽게 지친 모습으로 들판에서 일하다가 나오는 그림이고, 밑에 "유토피아의 땅Tierra Utopia"이라고 쓰여 있었다.

우모소 농장은 한 가족이 관리자로 살며 농장을 관리하고 운영한다. 그렇지만 그들은 우두머리도 소유자도 아니며, 이것은 협동조합이라고 안내자가 강조했다. 이것은 실제로 협동조합이다. 마리날레다가 유토피아를 건설했다는 것을 상징적으로 보여 주고 밑받침한다. 1200헥타르의 이 농장은 13년 동안 끈질기게 투쟁해서 얻었다. 1991년에 안달루시아 지방 정부가 인판타도 공작에게서 수용해(그 대신 밝혀지지 않은 금액으로 보상했다) 마리날레다 사람들에게 준 것이다.

우리는 농장의 올리브유 가공 공장으로 걸어 들어갔다. 남자 네다섯 명이 파란 작업복을 입고 기계를 가동하고 있었다. 첫 번째 기계로 잔가지에서 올리브를 딴 다음 세찬 물로 씻은 뒤 분쇄해서 걸쭉하게 만들었고, 이렇게 짓이긴 것에서 끈적끈적한 기름을 짜내어 거른 뒤 다시 한 번 걸렀다. 여기서는 모두 합쳐 1년에 30만 리터의 올리브유를 생산한다. 번들번들한 관과 기계 주변에 붉은색과 흰색, 녹색으로 마리날레다 우모소 농장 로고가 찍힌 상자들이 흩어져 있고, '유토피아의 땅' 스탬프도 찍혀 있었다.

창고는 대문자 C 공산주의*의 모조품 같았다. 상자들이 똑같은 모양으로 높이 쌓여 있고, 모두 농장 로고가 붙어 있었다. 사물을 색깔로 분류하는 시스템도 곳곳에서 보였다. 올리브유는 병에 담기 전에 거대한 원통형 사일로에 저장해 두는데, 거기서도 마리날레다의 미학이 분명하게 드러났다. 바닥은 녹색이고, 벽은 흰색이고, 사일로마다 양을 나타내는 막대 표시는 붉은색이었다. 바깥에 나오면 공장 벽도, 건물 둘레에 있는 보도도 삼색으로 칠해져 있다. 그런데 도처에 있는 이런 색깔 조합 탓에 농장과 기름 공장이 종합 운동장 같아서, 꼭 축구팀을 응원하듯이 마을과 프로젝트에 충성심을 갖게 한다.

안토니오 산체스는 〈아스테릭스〉에 나오는 인물 같았다. 나이가 들었는데도 키가 크고 몸통이 넓고 다부졌고, 콧수염도 더부룩했다. 가끔은 마리날레다에서 세 명 가운데 한 명은 안토니오로 불리는 것 같다. 그래서 그는 '콧수염'으로 알려져 있다. 그는 기름 공장이 생겼을 때부터 지금까지 12년 동안 줄곧 여기서 일했고, 그전에는 20년 동안 시청 직원으로 일했다. 1979년에 투쟁이 시작된 뒤부터 죽 그랬다. 안토니오는 처음부터 산체스 고르디요와 가까운 사

---

* 대문자 Communism은 현실 공산주의 체제를 뜻하고, 소문자 communism은 이념으로서의 공산주의를 뜻한다.

이였다. 1970년대에 코르도바에 잠시 살았는데, 다른 많은 사람들처럼 일자리를 찾아서 이주한 것이었다. 그러나 투쟁이 시작되자 돌아왔다.

안토니오는 처음 몇 년 동안은 아주 뜨거울 정도로 격렬한 시기였다고 콧수염이 흐트러질 정도로 함박웃음을 지으며 옛일을 회상했다. 마을이 형성되던 시기의 기억으로 돌아가자 스페인의 '분노한 사람들' 가운데 젊은 층에 속했던 사람들에게서 보았던 것과 같은 흥분이 내게 전해졌다. 그것은 결연하게 현 상태에 맞서 싸우며 새로운 것을 만들 거라고 선언할 때 오는 뜨거운 전율이었다. 고립된 개인이 아니라 주체로서 함께 연대할 때 느끼는 형언할 수 없는, 억누를 수 없는 벅찬 감정이었다.

우리는 토지 점거와 단식 투쟁, 체포, 지칠 줄 모르고 투쟁해 마침내 지평선이 보이지 않을 정도로 드넓은 농경지를 얻은 세월에 대해 이야기했다. 그것은 마리날레다 사람들에게 일자리만 가져다준 것이 아니라 놀고 있던 1200헥타르의 땅에도 생명을 가져다준 투쟁이었다. 안토니오가 옛일을 이야기하는 모습이 무척 즐거워 보였다. 산체스 고르디요와 달리 그의 일에는 정기적으로 지난날을 되뇌는 일이 포함되지 않았고, 나 같은 외국 기자들에게 그럴 일은 없었을 것이다. 투쟁은 결코 그저 한 번 점거하면 되는 쉬운 일이 아니었다고 안토니오는 말했다. 사실 그들은 이 들판을 몇 번이나 점거해야 했다. 그 과정에서 마리날레다 사람들이 체포되고 때로 투옥과 구타도 당했지만, 그들은 다시 모여 시작했다.

"그러면 치안대가 여기에 왔지, 공작을 지키러. 저 나무를 봐." 안토니오가 손을 길게 뻗었다. 그의 팔이 낮게 내려앉은 겨울 해 아래 길게 그림자를 드리웠다. 간선 도로에서 우모소 농장 안으로 들어가는 길까지 잎이 없어 초라해 보이는 나무들이 한 줄로 길게 서 있었다. 나무들은 가지치기를 한 것이 아니라 아예 가지를 잘라 버린 것 같았다. "우리가 처음 여기로 시위하러 왔을 때가 여름이었어. 무척 더웠지. 그런데 치안대가 나뭇가지를 모두 잘라 버렸어. 우리가 해를 피할 곳이 없게 말야." 보통 여름 기온이 섭씨 40도 안팎인데 근처에서는 유일하게 천연으로 그늘을 얻을 수 있는 곳을 없앴으니, 만화에 나오는 불한당 못지않은 악마가 아닐 수 없다. 그가 고개를 설레설레 흔들었다. 그것을 생각하면 지금도 화가 치솟는 모양이었다. "그들은 우리가 포기하고 집에 가기를 바랐어."

수백 년 동안 빈곤에 시달리고 수십 년 동안 독재에 시달린 탓에 초창기에는 '프로젝트'를 위해 함께 노력하는 것, 무에서 유토피아를 창조하는 것이 유일한 선택지였다. 생존하려면 그럴 수밖에 없었다고, 당시의 투사들은 지금 말한다. 그런데 '투쟁la lucha'은 빈곤과 절망에서 나왔어도 심장에 불을 질렀다. 아주 짜릿했다. 그런 독특한 종류의 에너지는 자신이 정당한 일을 위해 싸우고 있다는 것을 알 때만, 그리고 어쩌면 이길 수 있을지도 모른다는 것을 알 때만 얻을 수 있다.

'투쟁' 자체를 추적하기 전에 역사적 배경을 대강 살펴보는 것이 좋겠다. 스페인 좌파는 민주주의를, 어쩌면 혁명까지도 강탈당했다. 1931년 총선에서 온갖 다양한 좌파 정당들이 약진해 군주제가 폐지되고 그해 4월 14일에 스페인 제2공화국이 선포되었다. 그러나 시골 지역에서는 얻은 것 없는 승리였다. 그것은 이 지역을 안정시키고 그곳의 사람들을 먹여 살릴 수 있는 유일한 해결책이 있는 새로운 시대를 예고하지 않았다. 바로 토지 개혁과 토지 재분배였다.

갑자기 토지와 자유를 얻을 수 있을 것 같아 잔뜩 기대했는데, 현실은 여전히 부족했다. 그 결과 농촌에서는 농민들의 잦은 결집과 토지 점거, 충돌과 파업이 일어났다. 마리날레다에서 16킬로미터 떨어져 있고 크기도 엇비슷한 힐레나에서는 투표도 없었다. 사회주의자들은 지주이기도 한 부패한 카시케들 옆에 나란히 설 수조차 없었기 때문이었다. 여름이 더디게 흘러가면서 불만이 쌓였고, 결국 1931년 10월에 악명 높은 힐레나 사건이 터졌다. 총파업으로 시작하여 순식간에 혼란과 가혹한 대응, 교착 상태, 총기 탈취로 치달아 양쪽 모두 빠르게 감정이 격앙되었고, 그 결과 치안대 하나와 노동자 다섯 명이 죽고 노동자 쉰 명이 부상당했다.

힐레나 사건이 그런 종류의 유일한 비극도, 최악의 비극도 아니었다. 안달루시아의 또 다른 푸에블로인 카사스 비에하스는 크기도 마리날레다와 같고 토지 없는 절망적인 노동자들로 이루어진 것도 같은데, 새로운 아나키즘에 대한 신념에 더 강렬하게 불타올랐다. 1933년 1월에 바르셀로나와 마드리드, 발렌시아에서 아나키스트들의 봉기가 있었지만 금방 진압되었다. 그런데 그들이 실패했다는 소식이 카사스 비에하스에 제때 도착하지 않았다. 무장한 노동자들은 마침내 혁명이 도래했다고 믿고 지역에 있는 치안대의 막사를 포위했다. 서로 총격을 주고받았고, 치안대 두 명이 살해당했다. 증원군이 파견되었고 마을이 점령되고 대학살이 일어났다. 구타와 보복, 방화를 이용한 포위 작전으로 48시간 만에 스물여덟 명이 죽었다.

힐레나 사건과 마찬가지로 카사스 비에하스에서 일어난 비극적 사건도 전국에서 성찰과 비난을 불러일으켰다. 그러나 카사스 비에하스에서 일어난 일이 충격적이기는 해도 거기서만 그런 일이 일어난 것도 아니고 돌이켜 보면 놀라운 일도 아니었다. 1931년에 제2공화국이 선포되고 1936년에 프랑코의 쿠데타로 내전이 일어날 때까지 세비야 지방에서는 238번의 파업이 있었다. 아나키즘 노동조합 전국노동연합CNT은 이 시기에 자신들의 행동을 '혁명 체조'라고 불렀다. 모든 체조와 마찬가지로 노동자 봉기의 유연성과 힘, 자발성도 오랜 기간 훈련을 받았기에 가능했다.

내전이 일어나기 전에 가졌던 전망은 이러한 갈등으로 인해 벌어진 끔찍한 일들과 1939년 파시스트가 승리한 뒤에 프랑코가 무자비한 보복을 하면서 저지른 백색 테러로 사라졌다. 혁명은 지연되기만 한 것이 아니라 결국 잊힐 수밖에 없었다. 안달루시아의 토지 없는 노동자의 동요와 굶주림, 비참한 삶을 해결하는 유일한 길이 토지 개혁이라는 외침은 간단히 무시되었다. 내전 뒤에도, 40년 동안의 파시스트 독재 기간에도 빈곤한 푸에블로들을 둘러싸고 있는 토지의 대부분은 여전히 인판타도와 알바 가문의 손에 있었다.

프랑코가 죽기 전까지 유럽의 다른 나라 대부분은 기술과 사회, 문화의 진보가 낳은 과실을 맛보았는데, 안달루시아의 호르날레로는 자기들 운명이 거의 200년 동안 거의 개선되지 않은 것을 발견할 수 있었다.

프랑코는 1975년 11월에 여든두 살의 나이로 죽었고, 그의 장례식에는 칠레의 피노체트 장군과 볼리비아 독재자 우고 반세르 같은 그 분야 '전문가'들이 참석했다. 스페인은 이미 오래전에 쉬었어야 할 안도의 한숨을 쉬고 서툰 솜씨로 독재의 사슬을 푸는 '이행'에 나섰다. 1978년에 프랑코 시대의 국가였던 '라 마르차 레알(La Marcha Real, 왕의 행진)'의 가사를 없앴다. 대부분의 국가와 마찬가지로 이 가사도 애국심을 자극하는 번지르르한 말들로 가득 차 있었다. 이 시기가 얼마나 불확실성에 시달렸는지 제자리에 있는 것이 아무것도 없었다. 스페인 국가는 오늘날에도 세계에서 가사 없는 국가 둘 가운데 하나다.

무자비한 독재에서 회복되려면 상당한 시간이 걸릴 것은 당연했다. 2차 대전이 끝난 뒤 30년 동안 파시스트 독재 정권 아래에서 산다는 것은 그야말로 더할 나위 없이 비정상적인 일이었다. 설상가상으로 프랑코는 스페인 경제를 완전히 엉망진창으로 만들어 놓고 떠났다. 남부는 특히 타격이 심했다. 안달루시아에서 농업이나 광업, 어업으로 자본이 조금 형성되어도 어김없이 나라 안의 다른 곳에 투자되거나 비축되었다. 만성적 투자 부족에 시달리는데도 그 랬다. 독재자들은 크게 뒤처진 지방에 대해 걱정할 필요가 없었다. 특히 그 지방 시민들이 내전에서 반대편에 있었고, 아나키즘을 지지하고, 교회 권력에 반대하는 역사를 가졌을 때는 더욱 그랬다.

"프랑코 독재 정권 시대의 유명한 개발 중심지는 선동가들의 성이었다"라고 「마리날레다: 굶주림에 맞선 굶주림 투쟁」의 저자들은 말했다. "신문의 지면을 채우려고, 한 줌밖에 안 되는 투기꾼과 정권의 정치 중독자들의 호주머니를 채우려고 만들어 낸" 것이었다. 안달루시아는 애석하게도 저개발 상태로 방치되었다. 토지는 거의 놀고, 산업은 거의 존재하지 않고, 교사와 학교가 태부족해 문맹률이 높았다. 코스타 델 솔에서 새로 개발되는 관광지가 그나마 건설 산업 분야의 일자리를 제공했다. 하지만 거기서 나는 수익이 지방에 머무는 일은 거의 없었다. 농촌 지역은 빈곤이 대단히 심각해, 1970년대에도 아이들이 학교를 그만두고 들에서 일해야 했다. 그것도 일거리가 있을 때 이야기고, 그마저 없으면 부모와 함께 다른 곳으로 계절성 일거리를 찾아 이주해야 했다. 푸에블로를 떠나는 사람들이 '인간 홍수'를 이루었다. 1960년대에는 안달루시아에서 300만 명이 이주했을 정도로 농촌 사정이 안 좋았다.

후안 마누엘 산체스 고르디요는 1949년 2월에 마리날레다에서 태어났고, 투쟁이 시작되었을 때는 아직 20대 중반이었다. 그는 내게 "내가 자랄 때 마리날레다는 이주자들의 마을이었습니다"라고 했다. "그들은 독일이나 프랑스로 갔습니다. 또는 1년에 두 달씩 북부에 있는 밀밭으로 일을 찾아갔어요. 그러지 않으면 실업자이니까요. 극심한 빈곤이었습니다. 주변은 온통 드넓게 펼쳐진 사유지였죠. 지금 고속도로가 있는 곳 옆에 후작의 땅이 있었어요. 그리고 세비야 가는 길에도 알바 여공작 소유의 코르티호가 여러 개 있었습니다." 이것들은 라티푼디오, 광대한 사유지다.

산체스 고르디요는 『마리날레다: 안달루시아 사람들아, 일어나라』에서 땅이 안달루시아에서는 무게 중심이라고 말했다. "땅 위에 미래가 건설되기" 때문이다. 그는 안달루시아 농촌 마을의 상황을 아메리카 원주민 보호 구역의 상황에 비유하기를 좋아한다. 아메리카 원주민들은 지금 자기들이 한때 거주하며 일했던 평원에서 쫓겨나 비참하게 고립된 상황에 있다. 원래 자기들 것이었던 땅에 둘러싸여 빈곤과 멸시, 문화적 퇴보를 생산하고 재생산하며. 그는 1970년대 말에 어느 마리날레다 사람이 "어린아이처럼 울며" 자기에게 다가와 "후안 마누엘, 나는 거지가 아냐. 나는 일자리를 원해. 내가 쉰넷인데 들에서 일하지 않고 다른 데 있는 것은 창피한 일이야" 하고 말한 것도 기록하고 있다.

시위는 프랑코가 죽기 전에 시작되었다. 갈수록 절망에 휩싸인 남부 사람들이 확신을 갖게 되면서다. 위로부터의 변화는 일어날 가망이 없다는 확신이었다. 1970년대 초에 안달루시아에서 낯익은 반란과 진압의 변증법이 거세져, 그라나다에서 대대적인 건설산업 노동자들의 시위가 일어났고, 1970년대 중반 내내 파업이 잇따랐다. 파업은 여전히 불법이었다. 귀족의 영지에서 이따금 농작물을 태우는 일도 벌어졌다. 치안대는 19세기와 내전 중에 썼던 폭력을 계속 휘둘렀고, 시위로 많은 사람이 죽었다. 궁핍한 안달루시아의 호르날레로들에게는 총통의 죽음 자체가 결국은 다가올 자유 민주주의를 보장하지는 않아도―1977년에 자유 총선거가 있었다―분명 게임을 해 볼 기회였다. 그것은 전형적인 위기이자 기회였다.

체제의 이행에 따른 긴장과 갈등이 계속되자 마리날레다는 스스로 자유를 정의하고 그것을 향해 나아가기 시작했다. 토지 점거에 앞서, 집단 농장에 앞서, 경제 민주주의에 앞서, 사실상의 무료 주택에 앞서, 암살 기도에 앞서, 슈퍼마켓 습격에 앞서, 유토피아에 앞서 조직이 있었다. 격렬했던 1970년대의 파업과 시위가 고스란히 운동의 토대가 되었다. 1976년에 농업노동자조합soc이 설립되고, 그 뒤 얼마 안 되어 마리날레다 지부가 지금은 리베르타드 로가 있는 뜰에서 결성되었다. 그것은 날품팔이 일용 노동자들의 조합이 되었고, 대체로 아나키즘 철학을 가지고 직접 행동에 중점을 두게 되었다. 그래서 안달루시아 농민의 불안정하고 위태로운 처지에 대응할 것이었다. 그때는 스페인 노동조합법이 같은 고용주 밑에서 6개월 이상 일하지 않으면 노조 선거에 참여할 수 없도록 되어 있었다. 안달루시아 농업 노동자 50만 명 가운데 98퍼센트를 배제하여 계급 전체를 노동 조직과 단절시킨 법이었다.

1977년 12월 4일에 18세의 카파로스가 순교자가 되고, 다음 해 1월에 농업노동자조합이 토지를 점거했다. 그다음 해 초에는 농업

노동자조합 마리날레다 지부가 32킬로미터 밖에서 오수나 근처에 있는 농장을 이틀 동안 점거했다. 제2공화국이 들어선 뒤로 처음이었다. 점거는 치안대가 폭력을 휘둘러 쫓아내면서 끝났고, 노조 지도자 여러 명이 투옥되었다.

한편 마드리드에서는 새 민주 헌법이 만들어졌다. 마리날레다에서는 총회를 열어 공식 입장을 정했다. 그들은 헌법을 승인하는 국민 투표에 참여하지 않기로 했다. 푸에블로 대부분이 이미 점거와 파업에 참여하고 있어, 민주주의를 위한 에너지를 그쪽에 계속 집중시키길 원했다. (그들은 지금도 이런 양가감정을 가지고 있다. 스페인에 닥친 현재의 위기 속에서도 마리날레다에서 이 헌법을 가리켜 '프랑코 독재 정권의 잔재가 남아 있는 협약'이라고 말하는 것을 들은 적이 있다. 그들의 선전에서 헌법은 '시장이 인민과 벌이는 전쟁을 멈추지도 못하는 무용지물'로 비난받는다.)

그들은 마드리드에서 새롭게 전개되는 일을 무시하기로 했다. 그런데도 마드리드는 그들을 신경 썼다. 스페인 부르주아지가 안달루시아 노동자들을 불안해했다. 그들은 주로 옷만 슬쩍 바꿔 입은 프랑코 지지자들로 이루어진 계급이었다. 마드리드 신문들은 약간 불안한 마음에, 농업노동자조합 창설자 하나가 "노동자들은 본래 내심은 아나키스트다"라고 주장했다고 보도했다. 갑자기 지주 계급의 이익을 보호하던 프랑코 독재 정권의 제재가 없어지자 노동조합이 오랫동안 억눌렸던 불만을 터뜨리는 시원한 배출구가 되었다. 조합의 철학은 급진적이면서도 소비에트나 레닌주의 도그마에는 무관심해 보였다.

처음부터 마리날레다 사람들은 "식량 주권을 선언하고" "식량은 권리이지 장사하는 것이 아니다. 농업은 세계무역기구에서 빠져야 한다. 자연 자원은 그것을 위해 일하고 그것을 이용하는 사람들이 원하는 대로 쓸 수 있어야 한다"라고 주장했다고 산체스 고르디요가 설명했다. 그는 오래전부터 모든 주변화된 공동체에 지구적 연대를 표명했고, 따라서 당연히 서양 제국주의와 군사주의에 대한 혐오를 표명했다. 가장 중요한 것은 지역의 푸에블로에게 필요한 것이었다. 처음부터 식량 주권이, 그런 식량을 기를 토지에 대한 주권이 마리날레다 철학의 중심 원리였다. 슬로건에 따르면 토지는 공기나 물처럼 자연의 선물이다.

그때도 지금처럼 산체스 고르디요는 혁명적인 것을 기본 상식처럼 들리게 하는 재주가 있었다. 그는 『마리날레다: 안달루시아 사람들아, 일어나라』에서 "재산이 사회적 목적에 봉사하지 않는다면 존재할 이유가 없다. 소유권으로 인해 아주 많은 사람이 굶주림과 결핍을 겪는다면 소유권을 없애는 것은 급진주의가 아니다"라고 썼다.

이 급성장한 호르날레로 운동은 1979년에 농업노동자조합의 파트너 조직 정당인 노동자 단결을 위한 집단CUT을 결성했다. 이것은 드러내 놓고 자본주의에 반대하는 정당으로, 스페인 공산당보다 왼쪽에 있었다. 그해에 제2공화국과 내전 이후 처음으로 자유로운 지방 선거가 실시되었다. 노동자 단결을 위한 집단은 마리날레다에서 76퍼센트를 득표했고(중도 우파인 민주중도연합*이 22퍼센트를 차지했다), 시 의회에서 열 석 가운데 아홉 석을 차지했다. 노동자 단결을 위한 집단은 그 뒤에도 계속 시 의회에서 절대 다수의 자리를 유지했다.

노동자 단결을 위한 집단은 전통적인 공산당이 아니다. 이 지방 바깥에서 이해하는 어떤 전통에 비춰 보아도 그렇다. 일반적인 마르크스-레닌주의 정당도 아니고, 트로츠키주의나 마오쩌둥주의 정당도 아니다. "우리 조합에는 여러 정치적 색깔을 가진 사람들이 모여 있습니다"라고 산체스 고르디요가 설명했다. "그러나 우리는 아나키즘의 직접 행동의 기치를 따릅니다. 총회도 직접 행동입니다." 그는 이어 안달루시아가 5000년 동안 토지를 위해 투쟁한 것이 그의 운동의 정신적 엔진이라고 했다. 이 계보가 노동자 단결을 위한 집단과 농업노동자조합의 철학에는 1789년이나 1848년, 1917년**보다 더 중요하다.

마리날레다는 스페인의 일반적 선거 과정에 참여하면서도 대의 민주주의와 독특한 관계에 있다. "시 의회에 갔을 때 우리는 권력을 완전히 바꿔야 한다는 것을 깨달았습니다. 과거에 억압하는 작용을 했던 권력이 해방하는 작용을 할 수는 없다는 것을 깨달았지요." 그는 이것을 '대항 권력'이라고 부른다. 기존의 피라미드를 뒤집은 것이다. "부자의 권력에 맞서는 가난한 사람들의 권력입니다. 이런

---

* Unión de Centro Democrático(UCD).
** 각각 프랑스 혁명, 2월 혁명을 비롯해 빈 체제에 저항해 전 유럽에서 일어난 운동, 러시아 혁명을 말함.

대항 권력이 제 역할을 하려면 참여가 기본이라는 것을 우리는 깨달았습니다. 그래서 모든 것을 총회를 중심으로 조직한 것입니다. 총회는 정치적 기호에 관계없이 모든 노동자에게 열려 있습니다."

그에게 전통적 권력 구조는 가난한 사람들을 도울 수 없고, 도울 의지도 없다. 참여해서 함께 결정을 내리는 푸에블로 하나가 어떤 지도자나 집단보다 실수를 적게 할 거라고 말했다. 설사 실수를 하더라도—실제로 실수를 하지만—적어도 그들은 자신에게 책임을 진다. 초창기에 그들이 깨달은 것은 "시 의회의 법과 관습, 관리, 습관, 예산, 규제, 기준"이 모두 권력의 도구라는 것이었다. "파시즘에는 도움이 되어도 인민의 투쟁과 자유의 도구로서는 쓸모가 없는 그런 낡은 기구는 없애야 합니다."

총회는 1980년대에 마을 생활의 심장부가 되었고, 그 결과 투쟁의 중심이 되었다. 요즈음은 총회에 보통 평균 200~400명의 사람들이 참석하고, 1년 내내 드문드문 열린다. 그래도 거의 1주일에 한 번은 열리지만, 무엇을 토론할 필요가 있고 얼마나 긴급한 문제인가에 달려 있다. 이런 '직접 민주주의'에서 간단히 손을 들어 투표하는 방법으로 시 의회 예산과 지역의 세율과 세금, 시 안에 있는 정치적 자리에 대한 선거, 더 많은 직접 행동을 위한 동원 결의 등 아주 많은 것이 토론되고 결정된다.

10년 동안의 파업으로 노동 조직이 급성장하면서 마리날레다에 처음으로 세계의 이목을 집중시킨 사건이 일어났다. 현대 스페인 역사에서 마을의 위치를 확고히 한 결정적 사건이었다. 1980년 8월에 지방 전역에서 일어난 파업을 배경으로 마리날레다가 '굶주림에 맞선 굶주림 투쟁'을 벌였다. 700명이 아흐레 동안 음식을 거부했다.

그때 고르디요는 "우리의 투쟁은 사회 경제적 상황이 도저히 참을 수 없는 지경에 이르렀을 때 일어난다"라고 했다. 1980년 여름에 마을은 진짜 절망적인 상태에 있었다. 그해 첫 7개월 동안 마을 사람들은 하루에 가족당 200페세타에 해당하는 돈을 받았다. 2유로도 안 되는 돈이다. 호르날레로 대부분이 기껏해야 마을 가게에서 콩과 쌀, 양파, 토마토밖에 살 수 없었다. 아이들이 먹을 것도 없이 이틀을 지내는 일이 흔했다. 이웃끼리 서로 음식을 나누어 먹을 수 있을 때만 공동체가 연대할 수 있었다.

이웃들이 돈을 갹출해서 가스통을 사 아홉 식구가 겨울을 나게 했다는 이야기를 들었는데, 나이 든 사람들에게 그 이야기를 하면 모두 맞다며 고개를 끄덕였다. 그들은 그렇게 했다. 단식 투쟁이 시작된 주에 치안대가 마리날레다에서 아홉 사람을 경찰서로 데려갔는데, 그들은 들에서 해바라기 씨를 찾던 사람들이었다. 산체스 고르디요는 이를 두고 토지 없는 노동자들이 겪는 가난을 '사회적 홀로코스트'라고 했다.

마을 사람들이 단식 투쟁에 들어가며 요구한 것은 '공동체 고용 기금'(기본적으로는 실업자들에게 공공 근로를 하게 해 돈을 주는 프로그램)을 올려 달라는 것이었다. 그러나 이것은 12월에 올리브를 수확할 때까지

연명하게 해 주는 단기적 해결책일 뿐이었다. 공동체 고용 기금은 빈곤의 근본 원인을 해결하는 데 아무런 역할도 하지 않았다. 그저 도랑을 청소하는 일 같은 굴욕적이고 무의미한 일을 시키고 보조금을 주어 비참한 현상을 안정시킬 뿐이었다. 그런 일은 기계가 훨씬 빨리 할 수 있었다. 필요한 것은 언제나 필요했던 것, 바로 근본적인 토지 개혁이었다.

그들은 에레라와 에시하 사이에 있는 2만 3000헥타르의 땅에서 작물을 생산하는 방식을 바꾸면 된다고 주장했다. 그곳에는 건조한 땅에서 자라 노동력이 적게 드는 옥수수와 해바라기 같은 것이 심겨 있었다. 마리날레다의 제안은 일자리를 상당히 많이 창출할 수 있는 담배나 면화, 사탕무 같은 농작물을 심고 그것을 가공하는 2차 산업을 발전시키자는 것이었다. 그렇게 되면 안달루시아 중부에서 실업률이 금방 30퍼센트 감소할 거라고 했다. 또 마을 주변에 아몬드 나무와 소나무를 심어 다시 숲을 만들고 헤닐 강에 댐을 건설해 주변에 있는 건조한 땅 5만 헥타르에 물을 대자고 했다.

그들은 자신들의 요구와 행동을 매일 총회를 열어 토론하고 승인했다. 아이들도 투표를 했다. 아이들 일부가 자진해서 단식 투쟁에 참여했기 때문이다. 언론의 관심이 높아지고 기자들이 마리날레다에 몰려들기 시작하자 다른 데서도 연대를 표시하며 행동에 나섰다. 그 가운데 많은 것을 농업노동자조합이 조직했다. 가까운 모론 데 라 프론테라에서는 교회를 점거했고, 호르날레로 200명이 말라가와 세비야를 잇는 간선 도로에 바리케이드를 네 개 쳤다.

1980년 8월 17일 『엘 파이스』 머리기사는 "그들이 안달루시아에 굶주림이 있다는 것을 알 때까지 우리는 계속할 것이다"였다. 의미심장한 말이었다. 구체적으로는 기금의 인상을 요구했지만, 그것이 싸움의 전부가 아니었다. 중요한 것은 스페인의 다른 사람들이, 더 나아가서는 세계의 사람들까지 이 지방의 어려운 처지를 알게 하는 것이었다.

단식 투쟁은 용감하면서도 영리한 선택이었다. 치안대와 정부가 탄압할 때 흔히 쓰는 방법을 이번에는 써먹을 수 없을 터였다. 먹지 않는다고 체포하거나 때릴 수는 없는 노릇이다. 산체스 고르디요의 말을 빌리면, 필요하면 죽을 때까지 굶겠다는 수많은 사람의 목소리를 침묵시킬 수 있는 것은 없다. 이 극적인 말에는 상황의 절박함이 반영되어 있었다. 산체스 고르디요는 언론에 불길한 어조로 이야기함으로써, 마리날레다를 본보기로 삼으려는 외부인들, 공산주의자들에 겁먹은 부르주아 카시케, "마리날레다를 카사스 비에하스로 만드는" 꿈을 꾸는 사람들에게 경고했다. 그런 비극을 떠올린 것은 일부러 선수를 친 것이기도 하지만, 충분히 그럴 만했다.

단식 투쟁은 기온이 날마다 38도를 웃돌아 가장 살인적인 더위임에도 불구하고(또는 그랬기 때문에) 8월에 시작되었다. 8월은 뉴스가 없는 시기이고, 세간의 이목을 끄는 전위적 시위를 통해 빈곤과 같이 체제의 문제면서 늘 지속되는 이야기로 전국 언론의 관심을 끌기에는 완벽한 기회였다. 이를 통해 산체스 고르디요는 무슨 일이 일어나고 있는지도 모른 채 해변에서 일광욕하느라 바쁜 정치가들에게 "전보도 전화도" 받지 못했다는 것을 전 세계에 알릴 수 있었다. 그는 덧붙여 "좌파도 휴가 중이다. 그들도 표를 위해서만 여기 온다"라고 했다. 더위는 단식 투쟁을 더욱 위험하게 만들었다. 만일에 대비해 의사들이 늘 가까이 있었다. 그러나 동시에 더위는 아이들까지도 포함된 마을 사람들이 먹지 않고 견디는 것을 한층 주목할 만한 일로 만들었다. 그들은 날마다 총회에서 만나 투쟁을 계속할 것인지를 결정하고, 그들이 받은 다양한 지지의 메시지뿐만 아니라 권력의 자리에 있는 사람들에게 손을 뻗기 위한 시도에 대해서도 논의했다.

산체스 고르디요는 단식 투쟁 때 쓴 일기에서 "우리는 총회에서 아주 느릿느릿 나왔다. 땀에 푹 절어 있었다. 셔츠에서 땀을 짜내는 사람도 있었다. 이것이 가난한 사람들의 사우나다"라고 말했다.

아이들이 참여한 것은 특히 놀라운 일로 보인다. 그렇지만 아이들도 생존을 위한 부모들의 투쟁이 얼마나 목숨을 건 필사적인 것이 되었는지 볼 수 있었고, 일이 없다는 것, 그리고 그것이 가정에 (그리고 저녁 밥상에) 미치는 영향을 보고 느낄 수 있었다. 빈속으로 잠자리에 드는 일은 흔한 일이었다. 당시의 신문 만화에 나오는 대로, "마리날레다에서 700명 단식 투쟁 중, 나머지도 배고프기는 마찬가지"였다.

단식 투쟁에 들어간 지 엿새째 되는 날, 아이들 몇이 앉아 펠리페 왕자에게 편지를 썼다. 후안 카를로스 국왕의 아들인 왕자는 왕위 후계자이며, 열두 살이었다. 편지는 여러 신문에 실렸다. 공식 기록만 보면, 편지에 어른은 거의 관여하지 않았다. 사실이 어떻든 간에 그 편지는 주목할 만한 선전문이다.

우리 마리날레다 아이들이 네게 안달루시아 상황을, 그중에서도 특히 마리날레다 상황을 이야기하게 되어 기뻐. 며칠 전에 우리 어머니 아버지가 공개 집회에서 단식 투쟁을 계속하기로 했어. 우리도 어머니 아버지와 연대하고 있어. 지금 우리는 여러 날 단식 투쟁 중이야.

우리가 왜 단식 투쟁을 하느냐고? 그건 우리 어머니 아버지가 이미 6개월 동안 공동체 고용 기금으로 살았기 때문이야. 우리 마을 사람들은 하루에 200페세타도 못 벌어. 한 달에 이틀밖에 일하지 못할 때도 있기 때문이야. 가게에서 더는 외상을 주지 않아 이웃에서 돈을 빌려야 할 정도로 가난하게 살아. 우리 처지에서 한번 생각해 봐. 어떤 아이들은 가족과 휴가를 보내는데 어떤 아이들은 그날 밤 끼니를 때울 수 있을지 없을지 모르는 것이 공평할까? 어떤 아이들은 가정 교사가 있는데 어떤 아이들은 국립 학교에도 가지 못하는 것이 공평할까? 어떤 아이들은 장난감과 사치품에 아주 많은 돈을 쓰는데 어떤 아이들은 신발이 없어 맨발로 다녀야 하는 것이 공평할까? 우리는 공평하지 않다고 생각하고, 그래서 단식 투쟁을 하는 거야. 그래서 며칠 동안 먹지 않고 지냈고 해결책이 나올 때까지 멈추지 않을 거야. 이런 상황을 참을 수 없기 때문이야. 안달루시아 같은 비옥한 땅에서는 더욱 참을 수 없는 일이야.

친구야, 우리 땅의 문제는 심각하고, 그래서 우리는 우리 어머니 아버지와 함께 계속 싸울 거야. 우리가 계속 싸우는 것은 이러한 문제가 우리 문제이기도 하기 때문이야. 부디 잘 생각해 보고 이런 질문에 대답해 줘. 우리는 어떻게 될까? 우리의 미래는 어디 있지? 너의 미래는 해결되었겠지만, 우리 미래는? 우리 미래는 누가 해결해 주지?

이것은 동화 속 이야기가 아니라 실제 상황이야. 너는 절대 모를……. 진심으로 부탁하는데 잠시 하던 일을 멈추고 생각해 봐. 그러면 너도 화가 나거나 불쌍한 생각이 들 거고, 그럼 너나 네 부모님이 우리에게 해결책을 주겠지.

말이 너무 심했다면 미안해. 그렇지만 우리의 굶주림은 그보다 심하단다.

마리날레다에서 너의 친구들이

이렇게 누구도 부인할 수 없는 집단적 에너지를 쏟은 노력을 기울이는 동안 겨우 서른한 살밖에 안 된 산체스 고르디요는 앞으로 몇 십 년 동안 오늘날과 같은 사람으로 완전히 바뀌었다. 자신은 지도자들을 못마땅해했지만, 그는 인민의 힘을 단순히 전달하기만 하는 지도자가 아니었다. 이루 말할 수 없는 카리스마로 푸에블로를 이끌었고, 푸에블로 또한 그를 이끌었다. 그곳을 방문한 한 기자는 총회에 모인 사람들이 "거의 종교적일 정도로 말없이" 산체스의 말에 귀를 기울였다고 했다. 침묵을 깨는 것은 터져 나오는 박수갈

채뿐이었다. 총회는 산체스 고르디요가 제발 모두 집에 가서 쉬라고 해야 끝났고, 사람들은 총회를 마무리하며 "안달루시아 만세!"를 힘차게 외쳤다.

단식 투쟁이 진행되면서 오수나와 마르틴 데 라 하라, 아과둘세, 힐레나, 로스 코랄레스 같은 이웃 푸에블로에서도 마리날레다 투쟁에 동조하는 단식 투쟁이 일어났고, 카베사스 데 산 후안에서는 총파업이 일어났다. 110킬로미터 떨어진 에레라에서는 노동자 200명이 농업 회의소에서 농성을 했다. 날이 지날수록 안달루시아 전역에서 더 많은 푸에블로가 집회를 열고 행동과 점거, 시위를 고려했다. 상황이 절박해질수록 그 영향이 밖으로 퍼져 나갔다. '행동을 통한 선전'이라는 아나키즘의 원칙이 진정 성공을 거두는 순간이었다. 내무부 장관이 휴가에서 돌아와 열린 회의에서 얄팍한 약속을 내놓았으나, 마리날레다는 투표를 통해 계속 단식 투쟁을 하기로 결정했다.

단식 투쟁에 참가한 사람들이 의학적으로 위험해지면서 정치적 긴장이 감돌았다. 8월 22일, 하루 꼬박 단식 투쟁을 하던 마지막 날에는 사람들이 정신을 잃고 픽픽 쓰러졌고, 저혈당증과 저혈압의 위험에 시달렸다. 30대인 한 사람은 급기야 세비야에 있는 병원으로 실려 갔다.

마침내 노동부 장관 살바도르 산체스 테란과 사실상 이 지방의 지도자나 마찬가지인 세비야의 민정 장관 이시드로 페레스 베네이토가 위기 해결을 위해 휴가에서 돌아왔고, 수많은 회의 끝에 마리날레다에서 요구한 대로 12월에 올리브를 수확할 때까지 안달루시아 실업자들에게 모두 합쳐 2억 5300만 페세타를 지급하도록 했다. 정치가들은 마을의 요청에 응하면서도 언론에는 모든 것이 과장되었고 농업노동자조합의 이익을 위해 연출되었다고 투덜거렸다. 긴급 지원을 하기로 한 결정에 파업은 전혀 영향을 끼치지 않았다는 믿기 어려운 주장도 했다.

마리날레다 사람들이 회복되는 동안에도 단식 투쟁이 유발한 동요는 계속되어, 다른 곳에서 더 많은 단식 투쟁과 푸에블로 차원의 총파업, 정부 청사 점거가 일어났다. 바스크 지방처럼 멀리 떨어진 곳에서도 연대 시위가 일어났다. 만일 2억 5300만 페세타의 보조금을 지급하지 않았다면, 작은 마을에서 700명이 벌인 단식 투쟁은 완전히 지방 전체가 들고 일어나는 사태로 번질 수도 있었을 것이다.

지난 2012년 12월 어느 월요일 밤이었다. 팔로팔로에 있는데, 레온의 컨트리록 CD가 부드럽게 흘러나오고, 하모니카 소리와 함께 갈망을 노래하는 긴 가사가 스페인어로 들려왔다. 안달루시아에서는 월요일 밤이 언제나 무척 조용하다. 모든 사람이 일요일을 먹고 마시고 어울리며 보내느라, 많은 식당과 술집은 월요일에 문도 열지 않는다. 술집에는 우리 넷밖에 없었다. 친구를 찾아왔다가 집에 가는 여정을 미룬 세비야 출신의 사업가와 술집 주인 레온, 자주 팔로팔로 주변에서 어슬렁거리는 자칭 마이클이라는 중년의 이 지역 사람과 나였다.

텔레비전에서는 세비야와 바야돌리드의 축구 시합이 나오고 있었는데, 경기가 진전도 없고 중계방송도 음악에 묻혀 나는 「마리날레다: 굶주림에 맞선 굶주림 투쟁」 팸플릿을 꺼냈다. 한참 뒤에 역시 축구 경기에 따분해진 마이클이 내가 스페인어로 뭔가 읽는 것을 보고 자신이 봐도 되느냐고 물었다. 그는 가죽 재킷을 입고 약간 슬프고 바보 같은 표정에 쥐 꼬리 같은 머리카락을 뒤로 늘어뜨린 펑크족 머리 모양이었다. 이 때문에 마치 사무 착오로 갑자기 중년이 되어 충격과 비탄에 빠진 사내 같았다. "이건 본 적이 없는데." 그가 팸플릿을 넘기며 중얼거렸다. "아, 그해는 정말 미친 해였어……. 여기 안달루시아에서는 언제나 투쟁을 하지만, 보통은 그때 같지 않아. 우리가 세계적으로 유명해진 것 알지? 정말 미친 여름이었어."

그는 천천히 책장을 넘기다가 뒤에 있는 사진 몇 장에서 낯익은 얼굴들을 발견했다. 그러더니 책장을 계속 휙휙 넘겼고, 그의 작고 날카로운 눈이 어떤 문구에 꽂혔다. 그는 빙그레 웃었다. 나는 그가 그렇게 웃는 것을 처음이자 마지막으로 보았다. "내 그럴 줄 알았어!" 하고 그가 내게 손짓하며 그것을 보라고 했다. "이게 나야! 이 인터뷰는 나, 코르넬리오와 한 거야! 이게 내 본명이야. 난 그때 열한 살밖에 안 되었어." 그는 바 너머에 있는 레온도 불러냈다. "레온, 봐. 이게 나야!"

우리는 함께 읽었다. 그는 아주 다부진 사내 녀석이었다. 의연하게 단식 투쟁에 참여했고, 어린아이들도 부모들 못지않게 흔들림이 없을 거라고 단호히 말했다. "열한 살짜리가 견디기에는 너무 힘든 일 아니니?" 인터뷰 진행자가 물었다. "우리는 견딜 거예요" 하고 그가 대답했다. "그동안 아무것도 먹지 않았어?" "물만 먹었어요. 우리는 일을 줄 때까지 계속할 거예요. 일을 주지 않으면 우리는 이주해야 해요." 그는 믿지 못하겠다는 듯한 진행자에게 열한 살이지만 일할 준비가 되어 있다고 말했다. 목화도 따고 공장에서 무슨 일이든 할 준비가 되어 있다고 했다.

마이클이 한숨을 쉬더니 "물론 마리날레다가 지금은 상황이 많이 좋아졌어. 하지만 우리는 아직도 늘 싸우고 있어. 투쟁, 항의, 시위. 여기 세비야에서는 어디서나" 하고 말했다. 나는 펠리페 왕자가 그들의 편지에 답장했는지 물었다. 그가 살짝 눈을 치뜨더니 "어땠을 것 같아?" 하며 내게 책을 돌려주고는 축구로 눈을 돌렸다.

1990년대 중반에 세비야 대학의 인류학자 펠릭스 탈레고 바스케스Félix Talego Vázquez는 1년 동안 마리날레다에 살며 박사 학위 논문을 준비했다. 이 논문은 논란 많은—적어도 마리날레다에서는—책으로 출판되었는데, 제목이 『노동자 문화와 민중의 힘, 메시아적 지도력Cultura Jornalero, Poder Popular y Liderazgo Mesiánico』이다. 탈레고는 이러한 초창기 투쟁, 특히 단식 투쟁이 산체스 고르디요의 지도력을 확고하게 만드는 데 결정적 역할을 했다고 보았다. 산체스 고르디요가 그랬듯이 정치적 프로젝트를 '목소리 없는 사람들의 목소리'로 규정하고 단식 투쟁처럼 심리적, 감정적으로 의미 있는 일에 나서면 진짜 인민인 '우리'와 저 멀리서 헤게모니를 쥐고 억압하는 '그들'이 더욱 뚜렷이 구분된다. 안달루시아 역사를 보면 그것을 더 뚜렷이 구분할 필요가 있는지는 모르겠다.

단식 투쟁은 분명 이 사람에게 확성기를 주는 데 크게 기여했다. 말 그대로나 비유적으로나 마리날레다의 확성기를 언제나 쥐고 있는 한 사람인 그는 어딜 가나 그것을 가지고 다니는 것 같다. 푸에블로를 대변할 권리와 권한 말이다. 마을에서 그를 지지하는 나이 든 사람들은 목소리가 없었을 때, 한 번도 목소리를 낸 적이 없었을 때 누군가에게 확성기가 있고 그가 그것을 사용할 줄 아는 것이 무척 기뻤다고 말했다.

몇 백 년 동안 마리날레다는 무시당하고 소외당하고 굶주렸는데, 대중 매체의 관심을 끄는 솜씨가 결국 이런 문제를 해결하는 데 도움이 되었다. 단식 투쟁을 하는 동안 마을에 국내 신문 방송뿐만 아니라 영국의 BBC와 독일 텔레비전, 프랑스와 영국, 독일, 카탈루냐 신문에서 몰려왔고, 안달루시아 포크 송 가수 카를로스 카노 같은 유명 인사들도 찾아왔다. 좌파 지식인과 작가, 정치가도 쇄도해 연대를 표시했다.

탈레고는 단식 투쟁이 성공한 것으로 여겨졌다고 썼다. 그러나 블랙 올리브를 수확할 때까지 견딜 보조금을 받게 되어서가 아니라 언론을 통해 안달루시아와 스페인 전역으로 보낸 충격파 때문이었다. "마리날레다 단식 투쟁에 있어 언론은 신부에게 결혼식이 갖는 의미와 같은 것이었다." 산체스 고르디요는 그들을 보고 분명

기뻤을 것이다. 특히 영국과 독일에서 온 외국 기자들을 보고 마음을 놓았을 것이다. "그들은 많은 자료를 모아 거짓말을 하려는 사람들 앞에 내밀었다"라고 그는 단식 투쟁 때 쓴 일기에서 말했다. "정말 다행이다. 만일 그러지 않았다면 부르주아들이 안달루시아 호르날레로의 영웅적 투쟁을 분쇄하고 투쟁에 대한 신뢰를 무너뜨리고도 남을 정도로 중상모략을 일삼았을 것이다."

단식 투쟁으로 마을 자체가 변했다고 해도 과언이 아닐 것이다. 그들은 관심에 우쭐해졌고, 아마 언론에 비친 자기들 모습에 황홀했을 것이다. "사람들이 아침 내내 신문을 읽느라 바빴다"라고 탈레고는 썼다. "자기들이 주인공인 새로운 이야기를 발견하고, 친구들과 지인들이 안달루시아와 스페인 전역에서 보는 사진에 나오는 것을 보고 거의 마법에 걸린 듯한 짜릿함을 느꼈을 것이다." 탈레고는 적어도 이 경우에는 관찰의 대상이 관찰당하는 것에 많이 익숙해졌을 뿐만 아니라 오히려 그것을 즐기게 되었다고 결론지었다.

그때부터 "분명 후안 마누엘이 똑같이 단식 투쟁을 한 나머지 사람들과 다른 특별한 사람이 되었을 것이다"라고 탈레고는 생각한다. 그는 틀리지 않았다. 산체스 고르디요는 그때 자신이 언론에 대한 감각이 있다는 것을 증명했고, 그 뒤로도 계속 그것이 증명되었다. 그런데 왜 언론이 관심을 가졌을까? 왜 독자들이 관심을 가졌을까? 왜 언론의 보도가 완강하게 버티는 정부를 뒤흔드는 데 성공했을까? 아마 사람들이 산체스 고르디요의 확성기에서 나오는 소리를 듣고 싶어 했기 때문일 것이다.

일은 여기서 멈추지 않았다. 1981년 4월에 공동체 고용 기금이 부족한 것을 두고 또 한 번 단식 투쟁이 있었다. 산체스 고르디요가 말한 대로, 기금은 어떤 경우에나 "우리의 존엄성을 앗아 가는" 무익한 것이었다.

이번에는 노동자 315명이 단식 투쟁에 들어갔다. 1981년 첫 세 달 동안 실업자들은 1주일에 이틀치 임금에 해당하는 기금밖에 받지 못해, 그 수입으로 가족이 먹고살아야 했다. 지금 보면 어이없는 일이지만, 아직 인터넷이라는 통신 수단이 없던 세계에서는 세비야의 민정 장관 페레스 베네이토가 신문에 사실은 단식 투쟁이 일어나지 않았다고 말해도 될 거라고 생각했을 정도로 마리날레다는 고립되어 있었다. 그러나 하루만 그 마을에 가서 보면 그의 말에 반박할 수 있었고, 언론은 당연히 그렇게 했다. 언론에서 보도한 것에 페레스 베네이토는 안색이 나빠졌다.

"어느 날 안달루시아에서 모두 불길처럼 일어날 겁니다." 마리날레다의 호르날레로 하나가 몇 푼 안 되는 공동체 고용 기금을 받는 대가로 청소하던 시궁창의 진흙과 잡초를 응시하며 언론에 말했다.

단식 투쟁 1주일 만에 의사들이 더 많은 저혈당증과 실신, 영양실조 사례를 보고했고, 나이 든 여성 하나는 반쯤 혼수상태에 빠졌다. 산체스 고르디요는 안달루시아에서 굶주림이란 "마을을 떠도는 유령이 아니다. 자식을 부양해야 할, 피와 살이 있는 인간의 문제다"라고 말했다. 400명이 지금 총회가 열리는 노동조합 건물에서 농성을 했고, 약한 사람들은 매트리스에 누워 있었다. 테바에서도 단식 투쟁이 일어나 남자 하나가 영양실조와 관련된 합병증으로 죽었다. 이번에는 마리날레다가 일이 없는 사람들에게 1주일에 나흘치 공동체 고용 기금을 지급하겠다는 확약을 받아 냈다.

그러나 그것으로 충분하지 않았다. 산체스 고르디요는 1982년에 『엘 파이스』에 쓴 글에서 "우리에게서 훔쳐 간 존엄을 되찾자!"라며 일다운 일을 강력히 요구했다. 그것은 공동체 고용 기금이나 닭을 훔치는 것을 통해서가 아니라 토지 재분배를 통해서만 이룰 수 있었다.

"안달루시아에 필요한 것은 소수의 지주에게는 부를 낳고 다수의 농업 노동자에게는 빈곤과 실업, 절망을 낳는 농업 구조를 완전히 바꾸는 것이다"라고 그는 썼다.

그들은 그런 농업 구조를 조금씩 바꾸려고 계속 싸웠다. 1980년 초반 내내 물 부족에 항의하는 시위가 있었다. 먹을 물뿐만 아니라 관개를 위한 물도 부족했다. 힐레나와 엘 루비오 같은 이웃 마을과 우물 하나를 같이 써야 해서 지자체 건물을 점거하고 투표용지에 "우리는 물을 원한다!"라고 휘갈겨 쓰는 것으로 대응했다. 23일 동안 오후 8시부터 전깃불을 모두 끄는 상징적인 소등 투쟁도 했다. 날마다 우물에 접근할 수 있는 시간이 서너 시간으로 제한된 것을 빗댄 것이었다.

근처에 우물이 하나 더 있었지만 인판타도 공작의 땅에 있었다. 그들은 공작과 협상을 하여 엘 루비오와 마리날레다가 매달 일정량의 물을 살 수 있기를 바랐다. 그러나 공작이 그들의 청을 거절했다. 그도 자기 올리브 나무에 줄 물이 필요했기 때문이다. 이 지역의 계급 증오의 수준은 이런 일을 염두에 두지 않고서는 이해하기 힘들다. 이것은 꼭 1980년대 서유럽이 아니라 중세 시대에 생명 부지에 필요한 것을 두고 싸우는 양상이다.

산체스 고르디요와 몇 사람이 또다시 시 의회 건물에서 농성을 벌이자, 마을 사람들이 투표를 통해 단식 투쟁을 하기로 했다. 이렇게 며칠을 지나자 해결책이 나왔다. (처음에 산체스 고르디요가 제안했으나 거절당한 해결책이 아니라) 마리날레다와 엘 루비오가 컨소시엄을 결성해 에시하에 있는 우물에서 관으로 물을 운반해 올 수 있게 한 것이다. 몇 달 뒤에는 에스테파에서 새로운 수자원이 발견되어 그곳에 새 우물을 팠다. 새 우물의 공식 개막식 날, 산체스 고르디요가 곧 세비야의 시장이 될 마누엘 델 바예 아레발로에게 말했다. "우리 모두 알다시피 싸움은 병사가 하고 훈장은 장군이 받는군요." 그러자 그가 "맞습니다. 그러나 당신도 장군이잖소"라고 응수했다.

마리날레다 사람들은 계속 싸워 한 번에 하나씩 작은 승리를 얻어 냈다. 그러나 여러 해 뒤에도 여전히 절망스러울 정도로 가난했다. 땅도 없고, 그들이 얻으려는 자율권도 부족했다. 그들은 투쟁이 일어날 때마다 계속 참여했다. 농장과 건물 점거에도 참여하고 파업과 농성, 행진, 집회에도 참여했다. 시위 중에 농업노동자조합 소속 호르날레로들이 체포되자 다시 단식 투쟁을 벌였다. 단식 투쟁을 세비야의 몬살베스 궁전에서도 했다. 안달루시아 정부의 의회 건물 앞에 텐트를 쳤고, 거기서 단식 투쟁을 하던 사람 몇몇이 현관

계단을 오르다 실신했다. 얼마 있지도 않은 일마저 위태로워 보였다. 1983년 1월에는 마리날레다 여성 70명이 올리브 수확 때 기계를 사용하는 것에 항의해 마을 조합 건물에서 농성을 벌였다.

그들의 항의는 창조적이고 기동성 있고 그들의 요구와 상징적으로 연결되어 있었다. 1984년에는 한 달 동안 코르도비야 저수지를 점거하고 (거기서 먹고 잠자고 집회를 열면서) 새로운 댐 건설을 요구했다. 그러면 시에라 수르에 있는 땅 1만 5000헥타르에 물을 댈 수 있다는 것이다. 힐레나 근처에 있는 카냐다 온다 언덕을 점거하고 다시 과실수를 심어 숲을 가꾸자고 요구하기도 했다.

그들은 계속 정치 엘리트들의 분노를 샀다. 스페인 사회주의노동자당(Partido Socialista Obrero Español, PSOE)의 이른바 사회주의 지도자라는 펠리페 곤살레스 총리가 1983년 9월에 안달루시아 농장 노동자들이 공동체 고용 기금을 받아 자동차를 사는 데 쓰고 있다고 말하자, 마을 사람 600명이 문화 회관에서 항의 농성을 하고 또다시 단식 투쟁에 들어갔다. 이후 패턴은 낯익은 길을 따랐다. 정치가가 침묵하면 산체스 고르디요가 언론을 통해 야유를 보내고 선전전이 확대일로를 걷다가 결국 지배층이 굴복했다. 곤살레스는 당혹스러운 나머지 산체스 고르디요에게 전화해 자신의 험담에 대해 사죄하고 그의 말을 끝까지 들었다. 게다가 언론의 관심이 어찌나 컸던지, 산체스 고르디요가 안달루시아 전체를 위한 고용 계획 시안을 보내자 그것을 읽고 고려하겠다고 발표하지 않을 수 없었다.

산체스 고르디요는 금방 언론의 총아가 되었다. 언론은 그의 '거의 메시아 같은 몸짓'과 트레이드마크인 반쯤 열린 셔츠와 예언자의 수염에 관해 말했고, 그의 젊음과 끈기, 언제나 변함없이 뉴스거리가 될 만한 새로운 방식으로 권력자들을 귀찮게 하는 능력에 감동받은 것이 분명했다. 1983년에 한 시사 해설자는 그가 "아마 안달루시아 시골 지역에서 가장 카리스마 있는 인물"일 거라고 썼다.

* * *

1985년에 마리날레다와 이웃 푸에블로인 힐레나와 우트레라의 농업노동자조합 노동자들이 인판타도 공작의 땅을 점거하기 시작했다. 공작은 스페인에서 가장 지위가 높은 귀족 가운데 하나인 스페인 대공보다 땅이 네 배나 많았는데, 안달루시아에 1만 7000헥타르 있었다. 쥐와 고양이처럼 호르날레로들이 호시탐탐 기회를 노려 땅을 점거했다가 치안대에게 쫓겨나기를 반복하는 동안, 산체스 고르디요는 헤닐 강에 댐을 건설하면 6000헥타르의 땅에 물을 댈 수 있고 우모소 농장의 1200헥타르를 수용하면 250가구에 일자리를 제공할 수 있다는 자신의 권고안을 뒷받침하는 두 가지 타당성 조사 결과를 들이댔다. 그 결과의 많은 부분은 안달루시아 땅의 50퍼센트를 2퍼센트의 가족이 소유하고 있다는 자주 인용되는 통계로 이루어져 있었다. 당시 마리날레다는 실업률이 65퍼센트였다.

"왜 당신은 굳이 인판타도 공작의 땅을 골랐지요? 다른 사람의 땅도 있는데?" 내 친구인 미국인 폴렛이 산체스 고르디요에게 물었다. 우리가 2012년에 그를 만났을 때였다. 타당한 질문이다. 아주 작은 공산주의를 건설하려고 할 경우 '평평하고 고르게' 터를 닦는 과정에 분명히 미비한 점도 있을 테고, 그렇게 되면 이 나라에서 아주 작은 부분만 공산화될 수밖에 없다. 그런데 그 선택은 다소 임의적인 듯했다. 산체스 고르디요는 "우리가 공작의 땅을 선택한 것은 공작이 땅을 가장 많이 가진 사람이기 때문입니다!"라고 무뚝뚝하게 말했다. 이러한 태도는 비과학적이고 독단적인 데가 있지만 꽤 신선하다.

길게 줄을 서서 인판타도 공작의 땅을 점거하러 가는 모습을 슈퍼 8밀리미터 필름에 담은 영상이 지금도 남아 있는데, 지금 보면 아주 신성한 느낌이 들고 이 세상 같지가 않다. 적갈색은 마리날레다 주변의 흙 색깔이고, 지글거리며 깜박이는 영상은 그 시절을 한참 더 과거로 데려가는 것 같다. 마리날레다 사람들은 마을에서 우모소 농장까지 16킬로미터를 구불구불 나아갔다. 한 줄에 네다섯 명씩 수백 명이 길게 꼬리를 물고 나아갔다. 그들의 과거 모습에서 현재와 가장 두드러진 차이는 셔츠가 한층 소박한 것이다. 티셔츠에 상표와 그림과 상징이 들어가기 전, 인류가 타락하기 전의 삶의 단순함이 보였다. 그들의 흰 무명옷은 낡은 필름으로 누레졌고, 머리에는 올리브색이나 갈색 베레모를 썼다. 여자들은 아주 얇고 가벼운 푸른색 옷을 입고 아이를 안은 채 커다란 가마솥 안의 감자 스튜를 휘젓는다. 이글거리는 여름 해를 피해 머리에는 하얀 스카프를 두르고 있다.

그때 든 깃발은 안달루시아 삼색기나 장식이 없는 붉은 기다. 제2공화국 기도 없고, 주문 제작한 마리날레다의 유토피아 기도 없다.

저항의 배지는 지역의 정체성이나 공산주의를 나타내는 것이다. 수많은 사람들과 함께 훨씬 젊고 호리호리한 산체스 고르디요가 걸어간다. 머리카락과 수염도 검고, 나이도 아직 서른 초반이다. 지금과 다름없이 길게 줄지어 행진하는 사람들을 이끌면서 확성기로 사람들을 북돋우고 격려한다. 그때는 많은 사람이 성공을 확신하지 않았다. 그러나 어떤 의미에서는 다른 선택의 여지가 거의 없었다. 힘들어도 포기하지 않고 끝까지 가는 수밖에 없었다. 끈질기게 버티는 프로젝트와 지도자의 끈기에 계속 재촉을 받으며. 산체스 고르디요는 최근에 "나는 시간이 지나면서 작은 승리들이 쌓이자 사람들이 그게 가능하다는 걸 믿게 되었다고 믿습니다"라고 회상했다.

오래된 영상에서도 어김없이 나타나는 것은 치안대의 차들이다. 그들은 어떻게든 마을 사람들이 뜻대로 하지 못하도록 막겠다고 했다. 지금은 폐간된 신문 『디아리오 16Diario 16』 1면에 "24시간 안에 두 번 체포"라고 쓰여 있고, 그 아래 머리에 스카프를 두른 마리날레다 여성의 사진이 있다. 스카프가 부끄러운 듯한 얼굴을 카메라로부터 가려 준다. 세비야의 지방 정부에서 계속 그들을 쫓아내라는 명령을 보내고 있었지만, 때로는 법원 명령을 얻는 데 몇 개월이 걸렸다. 사람들은 임시로 지은 거처에서 몇 개월씩 머물며 먹고 잤다. 사실 그들이 지장을 준 것도 별로 없었다. 땅이 어디에도 쓰이고 있지 않기 때문이고, 그것이 바로 그들의 불만이었다. 그들도 놀고 땅도 놀았다. 해결책은 분명했다. 이 1200헥타르의 소유지에서 자라고 있는 것이 사방 몇 킬로미터 안에 밀과 해바라기뿐이었다.

그리고 이것을 돌보는 데는 서너 명이면 족했다.

아일랜드계 이탈리아 작가 마이클 제이콥스Michael Jacobs는 책『안달루시아Andalusia』를 위해 자료 조사를 하다가 우연히 농장 점거 현장과 마주쳤다.

코르티호로 오랫동안 차를 타고 가다가 괭이와 갈퀴를 들고 가는 마을 사람들을 지났다. 여자들은 검은 옷을 입고 있었다. 그들은 1930년대 공산주의 포스터에서 금방 튀어나온 것 같았고, 이런 인상은 그들 모두가 차고 있는 정치적 배지로 인해 한층 짙어졌다. 이 모든 것 속에서 산체스 고르디요가 돌아다니고 있었다. 사자 같아서 금방 알아볼 수 있었고, 톨스토이 시대에 입었음 직한 옷에 붉은 휘장을 하고 있었다. 그리고 내게 느리게 웃음기 하나 없는 근엄한 목소리로 말했다. 그런 태도와 외모 앞에서는 내가 19세기에 안달루시아 시골 지방을 순회하던 메시아 같은 인물 앞에 서 있는 느낌이 들지 않을 수 없었다.

그것은 아래로부터의 토지 개혁이었다. 위로부터가 아니라, 직접 행동을 통해 평화적 방법으로 수행한 것이었다. 그들의 규칙은 쫓아내면 떠난다는 것이었다(그렇다고 해서 무단 침입과 도로 봉쇄 같은 일로 수많은 소송을 당하지 않은 것은 아니었다). 치안대가 매일 같은 시간에 쫓아냈다. 그래서 오후 5시나 6시쯤 쫓아내면 저항하지 않고 그대로 쫓겨나 마을로 돌아갔다가 다음 날 아침 다시 깃발을 높이 들고 16킬로미터를 걸어서 가는 것이 일상이 되었다. 1985년 여름 찌는 듯한 무더위 속에서, 일요일만 빼고 한 달 동안 계속 같은 길을 걸었다. 놀랍게도 그들은 평생의 적과 화기애애한 관계까지 형성했다. 양쪽 모두 계속 반복되는 일상에 익숙해진 것이다. 일이 언제나 그렇게 순조롭게 진행된 것은 아니다. 마을 사람 일부가 체포되어 구속되었고(이로 인해 그들에 동조하는 단식 투쟁이 더 일어났다), 1985년에는 토지를 점거한 사람들 머리 위에 나부끼는 깃발에 총을 쏘는 일도 일어났다. "블라스 인판테에게 같은 짓을 했던 사람들이 같은 의도를 가지고 총을 쏘았습니다"라고 산체스 고르디요가 사진가들에게 탄피를 보여 주며 말했다.

그들은 1980년대에 100번도 넘게 우모소 농장을 점거했다. 90일 동안 밤낮으로 그곳에서 야영한 적도 있었다. 1992년 세비야 만국 박람회가 다가오자 정부는 시민들의 기대감과 자부심을 부추기는 말을 떠들어 댔고, 산체스 고르디요는 언론에서 주목하는 자신의 위치를 이용해 정부가 대대적으로 펼치는 과장된 선전과 안달루시아 시골 지역의 계속되는 빈곤과 박탈을 대비시킬 수 있었다. 그는 1989년에 이렇게 썼다.

이런 인재가 일어나고 있을 때 정부는 호언장담을 일삼으며 우리에게 1992년이 낙원이 시작되는 해가 될 거라고 가르친다. 그러나 그것이 누구에게 낙원인지는 아직 분명히 밝히지 않았다. 우리가 지금도 겪고 있는 시련을 잊기 바라면서 1992년을 새로운 신화로 우리 앞에 제시하지만, 유럽 어느 곳보다도 여기는 실업률과 이주율, 문맹률, 주변화를 보여 주는 온갖 종류의 지수가 높고 심하다.

그들은 세비야에 가서 만국 박람회 위원장 사무실에서 쏘는 물 대포도 맞았다. 세간의 이목을 끄는 이런 허황되고 값비싼 프로젝 트―이미 엄청난 돈을 쏟아부은 데다 수백만 관광객이 예상되 는―에 비난의 초점을 맞추자, 마침내 안달루시아 정부가 손을 들 었다. 닫힌 문 뒤에서 몇 달 동안 협상을 벌인 끝에, 1991년 결국 우 모소 농장의 1200헥타르를 받아 냈다. 인판타도 공작에게는 안달 루시아 지방 정부가 값을 치렀고, 마리날레다 사람들은 마침내 지 주가 되었다. 공작은 결국 별로 싸우지도 않았다고 산체스 고르디 요가 말했다. 정부로부터 보상을 받았고 그동안 그 땅을 거의 쓰지 도 않았기 때문이다. 게다가 어쨌든 그 땅은 그가 소유한 것 가운데 극히 일부분에 지나지 않았다. "솔직히 나는 우리가 공작에게 호의 를 베풀었다고 생각합니다"라고 산체스 고르디요는 천연덕스레 말 했다.

그것은 역사적 승리였다. 산체스 고르디요의 해석으로는―그는 한때 마리날레다에서 시간제 역사 교사 노릇도 했다―5000년 역 사에서 처음으로 안달루시아 농업 노동자들이 마땅히 그들의 것이 어야 할 땅을 받았다.

그들은 승리에 만족하지 않고 1990년대에도 '투쟁'을 계속했다. 문화 프로젝트 기금을 위해 싸우고, 주택 건설을 위해 싸우고, 안달루시아 전역에 있는 형제들을 위해 싸웠다. 중앙은행인 스페인 은행을 점거하고, 고속 열차인 AVE를 막아서고, 말라가와 세비야의 국제공항에 쳐들어가고, 산 텔모 궁*, 카날 수르 라디오 방송국을 점거하고, 단식 투쟁과 시위, 봉쇄도 했다. 시에라 수르와 세비야에서도 했다.

결과가 없지 않았다. 1980년대에 토지를 얻기 위해 싸울 때는 끊임없이 체포와 구타, 재판이 있었다. 지금도 내가 마리날레다에 갈 때마다 산체스 고르디요는 항의나 시위와 관련해서 곧 재판을 받거나 막 재판을 받은 것 같이 보였다. 2012년에 내가 그에게 일곱 번이나 감옥에 간 것이나 파시스트 선동가들이 그를 한 번도 아니고 두 번이나 죽이려고 한 것이 사실이냐고 물었다.

"네, 맞습니다"라고 그가 희미하게 웃으며 말했다. 어떻게 암살기도 한두 번 당해 보지 않고 유명한 사람이랄 수 있겠는가. "첫 번째는 1980년대, 투쟁을 시작했을 때였지요. 프랑스 르펜의 정당 같은 극우 정당인 '새로운 힘Fuerza Nueva' 소속의 한 사람이 내게 총을 쏘았습니다. 차에 있는데 총알이 이쪽 창문에서 들어와 저쪽 창문으로 나갔습니다." 그는 눈이 둥그레져 총알이 자기를 지나 핑 날아가는 시늉을 한다. "또 한 번은 자유조국 바스크(Euskadi Ta Askatasuna, ETA)**에서 미겔 앙헬 블랑코라는 [인민당(Partido Popular, PP)] 바스크 지방

---

* 현재 안달루시아 정부 수반의 관저.
** 바스크 분리주의 단체.

위원장을 죽였을 때입니다. 같은 날 치안대 하나가 자기들 쪽에서 한 명이 죽었으니 좌파도 하나 쏴 죽여야 한다고 했어요. 그들 가운데 하나가 총을 가지고 우리 집에 왔습니다. 그런데 마침 내가 그를 보았고, 그래서 막았지요." 산체스 고르디요는 자신이 받은 형벌에 대해 무심한 듯 태연하게 말했다. 그만큼 오랫동안 권력에 대해 생각하고―권력과 싸우면―권력에 대해 거의 초탈하게 된다.

"감옥에 많이 갔고, 박해는 그보다 더 많이 받았습니다. 나는 비폭력을 신봉하고, 공동체가 싸울 때도 비폭력적 수단을 사용합니다. 권력은 건들지 말았으면 하는 것을 우리가 건들면 폭력을 쓰지요. 부르주아지는 자기 호주머니를 건들지 않을 때만 민주주의에 찬성합니다." 그런데 만일 건드리면? "그러면 이제 민주주의자가 아니지요. 경찰을 보내 전쟁을 시작하고 쿠데타를 일으킵니다. 양심의 가책도 없습니다. 맞습니다. 그들도 평화를 이야기합니다. 그러나 입으로는 평화를 말해도 실제로는 전쟁을 하지요."

*　*　*

다시 올리브유 공장 이야기로 돌아가면, 콧수염 안토니오는 마리날레다가 거둔 주목할 만한 성과에 결코 안주하지 않겠다고 했다. 그러나 1991년 이후 그들이 우리 앞에 펼쳐진 땅을 얻은 뒤에 그에게도 모든 것이 달라졌다.

"우리는 이제 다른 유토피아를 꿈꾸는 수준에 도달했어. 우리가 싸움을 시작했을 때는 굶주리고 있었지. 우리는 오랫동안 싸웠고, 우리가 마리날레다에서 쟁취하려고 했던 소중한 것을 얻었어. 우리는 이제 일이 있고, 이 모든 시설이 있고, 모든 것이 좋아. 우리가 이겼어. 이제 우리는 위기를 해결하기 위해 싸우고 있어. 지금의 위기는 국제적 문제야."

그가 들판을, 그 너머에 있는 에스테파의 산들을 가리켰다. 안개가 우모소 농장의 올리브 나무 숲에서 피어올라 알바 여공작의 땅으로 밀려 들어가 마리날레다와 엘 루비오를 향해 남쪽으로 흘러간다.

"우리는 지금 다른 종류의 유토피아를 위해 싸우고 있어. 미래는 아주 흥미로울 거야."

4

땅　은

일 하 는

농 민 의

것

마리날레다는 삶의 대부분을 밝은 햇살 속에서 지내는 곳이지만, 어두울 때 놀라울 정도로 활동적이다. 해가 뜨기 전과 해가 진 뒤에, 특히 이글거릴 정도로 뜨거운 여름에 그렇다. 여기서는 여름에 기온이 49도까지 올라간다. 2012년 8월에도 그랬다. 어느 마리날레나 여성은 파티오*에서 먼지를 쓸려고 하면 기껏 청소하려는 바닥에 땀이 뚝뚝 떨어진다고 말했다. 해가 져 기온이 35도 정도로 적당히 떨어지기 전에는 무얼 해도 거의 헛수고였다. 모든 일이 불가능할 정도였다. 그러나 안달루시아 사람들은 익숙해져 상관하지 않고 계속한다. 천천히, 찬 음료와 햇빛을 가리는 모자에 의지해서.

겨울 아침 어둠 속에서 새벽 6시에서 7시 사이에 마리날레다 노

---

* 스페인 주택의 안뜰.

동자들이 오렌지색으로 칠한 세다소 제과점 계산대에 옹기종기 모인다. 그들은 서서 진한 커피와 함께 오렌지 주스와 패스트리, 토마토빵pan con tomate을 해치운다. 이 빵은 그야말로 세상에서 가장 훌륭한 아침 식사 가운데 하나다. 커다란 토스트와 함께 올리브유가 담긴 병과 달콤하고 짭짤한 으깬 토마토가 담긴 병이 나오는데, 올리브유를 붓고 으깬 토마토를 부은 뒤 소금과 후추를 뿌리면 들에서 하루를 일할 준비가 된다. 이보다 튼튼한 위를 가진 사람들은 계산대 뒤쪽에 있는 높은 선반에 진열된 야한 색깔의 독주 가운데 하나를 골라 한잔하는데, 시럽 같은, 톡 쏘는 맛의 아니스가 커피 뒤에 마시는 독주 가운데 가장 인기가 많다.

이 제과점 구석에는 스페인 전역에서 선풍적 인기를 누리는, 백만장자가 되게 해 주겠다는 엘 조커El Joker 같은 복권 판매대도 있다. 복권 판매대 뒤에는 유로미요네스EuroMillones의 커다란 광고판이 있다. 유럽 전역에서 운영되는 어마어마한 규모의 복권이다. 최소 당첨금이 1500만 유로다. 포스터에는 갈색 벽돌담 틈새로 열대 낙원과 맑고 푸른 바다, 저녁노을을 향해 나아가는 요트가 보인다. 벽에는 "자유가 상이다"라는 슬로건이 쓰여 있다. 복권이 약속하는 세 가지는 이런 종류의 유토피아, 즉 소비 지상주의적 자유를 꿈꾸어도 좋다고 말하는 것 같다.

마리날레다 협동조합에서 하는 일은 모두 무엇을 얼마나 수확할 필요가 있는가에 따라 달라진다. 한 집단에서 일할 양이 충분하면 전날 저녁에 미리 밴이 마을을 돌며 스피커로 알려 준다. 집에 앉아 밴이 지나가면서 "내일 들에서 일할 집단은 B입니다"라고 알리는 소리를 듣는 것은 소비에트 연방에 있는 듯한 낯선 경험이다. 이 소리는 밴이 마을의 좁은 길을 따라 돌면서 커졌다가 작아진다. 꼭 어떤 사람이 트랜지스터 라디오를 들고 안개 속으로 사라지는 것 같다.

우모소 농장에 일하러 갈 때 타고 갈 차가 없으면 차를 얻어 탈 수 있다. 이 마을의 농사일은 아주 많은 것이 상호 부조와 협동 속에서 이루어진다. 그것이 원칙이고 실제로도 그렇다. 1년에 한 번 올리브를 수확할 때 사진가 친구와 함께 자동차의 도움 없이 농장을 찾아가면서 우리는 하루 종일, 본능적으로 베푸는 호의를 받았다. 우리는 올리브유 공장의 우두머리 마놀로에게 아침 10시에 오전 새참을 먹으러 오라는 초대를 받아 그곳에 갈 방도를 찾으려고 애쓰던 차였다. 1980년대에는 토지 점거자들이 여름의 뜨거운 열기 속에서 매일 아침 그 길을 따라 16킬로미터를 걸었지만, 우리는 누가 태워 주겠지 하는 희망이 있었다. 그러나 마을에 있는 친구들은 모두 바쁘거나 어딘가에서 일하고 있었고, 들에서 일하는 사람들은 모두 동틀 녘에 출발하고 없었다.

하지만 결국 몇 번 전화를 돌린 끝에 우리는 "리베르타드 로에 있는 이 주소로 찾아가서 초인종을 눌러. 페페라는 사람이 태워다 줄 거야" 하는 말을 들었다. 나는 그전에 페페를 만난 적이 없었지만, 그는 아주 기꺼이 자신의 아침 반나절을 포기하고 우리를 농장까지 태워다 주었다. 그는 역사광이었다. 즐겁게 우리에게 옛날이야기를 해 주었고, 출발하기 전에 자기 블로그도 보여 주었다. 우리는 우모소 농장 입구에 있는 올리브유 공장에 도착하자마자 바로 페페가 마놀로를 알고 마놀로의 동생 호세와 콧수염 안토니오도 안다는 것을 알 수 있었다. 그들은 모두 같은 세대였다. 모두 오십이 넘고, 프로젝트가 시작되었을 때부터 마을에 있었다. 페페도 우리와 함께 오전 새참을 먹었다.

땀 흘린 후에 먹어야 하는데 순서가 바뀌어 우리는 고된 육체노동 시간을 보내지 않고 그 보상이어야 할 푸짐한 식사부터 했다. 공장의 주요 시설과 떨어져 있는 오락실에 가니 반짝이는 비닐 식탁보 위에 키친타월이 놓여 있고, 한 사람 앞에 한 덩이씩 럭비공 모양의 빵이 놓여 있었다. 오렌지색 껍질이 쿼터백 선수가 공장 이쪽에서 저쪽으로 던져도 모양이 상하지 않을 것 같은 단단한 빵이었다. 그들이 우리에게 다음에 어떻게 할지 보여 주었다. 빵을 세로로 잘라 커다란 반달 모양으로 두 조각을 낸 다음, 가운데 희고 푹신푹신한 곳을 엄지손가락으로 눌러 공간을 만들고, 그 안에 아무 표시도 없는 올리브유 병에 담긴 기름진 녹색 내용물을 부어 빵에 스며들게 한다. 그리고 이 과일 맛 나는 커다란 반달 빵을 특별한 대에 죔쇠로 고정시켜 놓은 돼지 뒷다리에서 자른 하몬과 얇게 썬 만체고 치즈, 덩어리로 잘라서 먹는, 후추 맛 나는 소시지인 살치촌과 함께 걸신들린 듯 먹으면 되었다. 올리브유는 올리브 나무 숲에 들어가면 나는 향기로운 공기 맛이 났다.

"한잔하겠나? 커피? 아니면 포도주?"하고 마놀로가 제안했다. 우리는 웃으며 커피를 마시겠다고 했다. 토지를 관리하는 호세는 포도주를 마시겠다고 했다. 그의 작업복을 보니 내가 1주일 내내 한 것보다 더 많은 일을 한 것 같았다. 마놀로가 손을 뻗어 커피 기계 뒤에 있는 선반에서 상자에 담긴 백포도주 하나를 꺼내 주둥이를 기울여 작지 않은 크기의 텀블러에 가득 따랐다.

식사를 마치고 우리는 팸플릿 「마리날레다: 굶주림에 맞선 굶주림 투쟁」 주위에 모였다. 그들의 얼굴이 약간 어리둥절하면서도 기쁘고 그러면서도 가슴 아픈 표정으로 빛났다. 전에 '투쟁'에 참여한 노장들에게서 보았던 표정이다. 그들이 사진을 쓱 훑어보더니 이런저런 역사적 총회와 행진을 광각 렌즈로 찍은 사진에서 친구들을 발견했다. 그것은 좀 섬뜩한 일이었다. "이 사람은 죽었어." 마놀로가 마치 축구경기 논평하듯 말했다. "이 여자도 죽었어." 내가 35년 전 일인데도 이 모든 일을 기억하느냐고 물었다. "그럼 물론이지, 나도 저 회의에 있었어. 몇 시간이나 했지." 그가 심호흡을 하고는 동생에게 책을 넘겼다. 그러고는 "저 모든 것과"— 색이 바랜 팸플릿을 가리키며—"이 모든 것이 연결되어 있다는 것을 알아야 해" 하고 힘주어 말했다. "여기 있는 모든 것이 투쟁의 산물이야." 그가 손을 뻗어 주변에 있는 공장을 가리키며 말했다.

마놀로가 계속해서 내게 또 다른 책에 대해 경멸하듯이 말했다. 이 역사를 이해하지 못하고, 그 옛날의 고통과 궁핍을 이해하지 못하는 어떤 사람이 쓴 바보 같은 책에 대해. 그것은 물론 펠릭스 탈레고의 책이었다. 탈레고는 인류학자이지 마을을 무너뜨리려고 비난을 일삼는 우익이 아니지만, 책 제목에 "메시아적 지도자"라는 말이 있어, 협동조합 조합원들, 즉 산체스 고르디요의 지지자들이 왜 그를 싫어하는지 어렵지 않게 알 수 있다. 나는 탈레고에 대해 모른 척했다. 나는 미심쩍어 하며 많은 질문을 하고는 잘못된 답을 선택하는 또 다른 외부자로 비치고 싶지 않았다.

식사 자리가 정리되자 사진가 데이브가 그들에게 자기가 찍은 올리브유 공장 사진 일부를 보여 주었다. 그가 디지털카메라 등에 있는 휠을 획획 돌렸다. 그러다가 골라 놓은 우모소 농장 사진이 모두 끝났는데도 계속 돌리는 바람에 그만 전날 찍은 마리아노 프라다스의 사진이 몇 장 나왔다. 마을의 사회주의노동자당 지도자이며 오랫동안 산체스 고르디요의 적이었던 사람인데, 메모리 카드에서 그것을 지울 짬이 없었던 것이다. 노동자들 사이에서 숨을 깊이 들이쉬는 소리가 났다. "오, 반대파" 하고 마놀로가 말했다. 그리고 얼굴을 찌푸렸다.

서로 연대해서 투쟁하면 경험과 목표를 공유하고 위험과 고난을 함께해 거의 말로 표현할 수 없을 정도로 똘똘 뭉치게 된다. 한 공동체가 수십 년 동안 멀리 있는 적과 싸우면서 '연대'를 실천하면, 그것이 심리 상태가 된다. 여기에 날마다 함께 일하며 투쟁의 산물인 프로젝트를 위해 노력하는 동지애가 결합되면, 단순히 그 둘을 합한 것보다 훨씬 큰 충성심이 생기게 된다. 우리는 이것을 나이 든 마을 사람들이 옛날이야기를 할 때 느끼지만, 그들이 시장과 그의 적을 두고 말할 때는 한층 강력하게 느껴진다. 이 사람들은 처음부터 산체스 고르디요와 함께 있었다.

＊ ＊ ＊

1991년에 1200헥타르의 농장을 얻자 개간이 시작되었다. 새로운 마리날레다 협동조합은 인간의 노동력이 가장 많이 필요해 되도록 일자리를 많이 창출할 수 있는 농작물을 골랐다. 곳곳에서 볼 수 있는 올리브 나무와 올리브유 가공 공장에 더해 다양한 종류의 피망과 아티초크, 누에콩, 깍지강낭콩, 브로콜리를 심었다. 이는 가공해 통조림을 만들고 단지에 담을 수 있는 농작물이어서 마을에 가공 공장을 만들어 2차 산업을 일으키고, 일자리를 늘렸다. "우리의 목적은 이윤이 아니라 일자리를 창출하는 것이었습니다"라고 산체스 고르디요는 설명했다. 이러한 철학은 후기 자본주의에서 '효율'을 강조하는 것과 완전히 대비된다. 효율이라는 말은 신자유주의 사전에서 거의 신성한 지위로 격상되었지만, 현실에서는 주가라는 제단에 인간의 존엄성을 제물로 바치는 것을 완곡하게 표현하는 말이 되었다.

한번은 산체스 고르디요가 알바 집안이 (은행과 전력 회사 주식뿐만 아니라 그들 소유의 광대한 토지에 지급하는 수백만 유로의 농업 보조금으로 얻은) 막대한 부를 일자리 창출에 투자할 수도 있을 텐데 한 번도 그 일에 관심을 보이지 않았다고 넌지시 말했다. "우리는 땅이 거기서 일하는 사람들의 것이어야 한다고 믿습니다. 일하지 않고 노는 귀족의 손이 아니고요." 라티푼디오 소유자들은 그런 이유로 밀을 심는다고 했다. 밀은 기계로 수확할 수 있어 몇 사람만 돌보면 된다. 그러나 마리날레다에서 아티초크와 토마토 같은 농작물을 고른 것은 그런 작물에 많은 노동이 필요하기 때문이다. 그런데 왜 '효율'이 사회에서 가장 중요한 가치가 되어 인간의 삶을 해쳐야 하는가?

마리날레다 협동조합은 이윤을 분배하지 않는다. 잉여가 생기면 모두 재투자해 더 많은 일자리를 창출한다. 협동조합에서 일하는 사람들은 봉급이 모두 똑같다. 하루에 여섯 시간 반 일하고 47유로를 받는다. 많아 보이지 않을지 몰라도 스페인 최저 임금의 두 배가 넘는다. 언제 어떤 농작물을 기를지 결정할 때도 호르날레로의 참여를 장려해, 이것이 자주 마을 총회에서 초점이 된다. 이런 점에서 협동조합 조합원이라는 것은 푸에블로 전체가 돌아가는 데 중요한 역할을 한다는 뜻이다. 한때는 안달루시아의 일용 노동자들이 푸에블로의 경제에서 차지하는 몫이 없어 정치적으로나 사회적으로 소외되었는데, 지금은 앞장서라는 요청을 받는다. 적어도 마리날레다에서는 그렇다. 조합원이 아니더라도 마을의 정치적·사회적·문화적 삶에서 배제되는 일은 없다. 그보다는 협동조합의 일원이면 근무 시간을 넘어 지역 활동에 참여하지 않을 수 없다는 점이 중요하다.

마리날레다에 찾아오는 많은 사람은 자치를 하고 자급자족을 한다니까 이 땅에서 자라는 것을 모두 마을에서 소비하고 수출하거나 수입하는 것은 없을 거라고 생각하는 것 같다. 결코 그렇지 않다. 만일 마리날레다 사람들이 자급 농업의 원칙에 따라 움직였다면 피망이 잔뜩 든 식사를 했을 것이다. 물론 마을에서 생산하는 것은 마을에서 팔린다. 몇 개 안 되는 식료품점의 병과 통조림에서 우모소 농장 로고를 찾을 수 있다. 바스크 지방 소유의 슈퍼마켓 에로스키에서도 찾을 수 있다. 에로스키는 마리날레다에서 '유명한' 대형 슈퍼 체인에 가장 가까운데, 이것도 주요 도시에서 찾을 수 있는 작은 세븐일레븐 규모밖에 안 된다. 또 하나 있는 슈퍼마켓은 코비란인데, 이곳 역시 식료품을 파는 연쇄점이지만 크기는 마리날레다에서 흔히 보는 거실 정도다. 우모소 농장에서 생산되는 것은 대부분 마을 밖에서 팔린다. 스페인 전역과 해외에서도 팔린다.

그렇다고 이를 모르는 방문자들을 나무라는 것은 경우에 맞지 않는 일일 것이다. 결국 협동조합에서 나는 것들이 어떤 독특한 맥락 속에 있는지가 마케팅에서 아주 분명하게 드러난다. "우리 협동조합에서 생산되는 것을 소비하면 일자리를 창출하고 사회 정의를 세우는 데 도움이 됩니다." 웹사이트에서는 이 "대안적 연대 경제"에 지지를 보내주지 않겠느냐고 한다. 산체스 고르디요도 2012년에 비슷한 주장을 했다. 그때 그는 2주 반 동안 베네수엘라를 방문해 수많은 텔레비전 인터뷰와 연설을 하며 보냈고, 마침내 차베스의 참모들을 설득해 협동조합에서 생산하는 올리브유를 사는 데 국가 돈을 쓰도록 했다. 그것은 모든 의미에서 마을에 큰일이었다.

올리브유 공장에서 식사를 마친 뒤에 데이브와 나는 때맞춰 왔으니 올리브 수확하는 것을 볼 수 있겠느냐고 물었다. "물론"이라고 마놀로가 말했다. 이날도 눈부시게 화창한 겨울날이라 걸어가도 되려니 하고 물으니 그가 웃으며 고개를 흔들었다. "1200헥타르면 넓지 않겠어?" 수확은 멀리서, 지나치게 멀리서 하고 있었다. 농장 건물과 도로에서 말 그대로 몇 킬로미터 떨어진 곳에서, 굽이치는 언덕 너머에서, 벽화 너머에서, 지평선 너머에서.

그래서 우리는 푸른 작업복을 입은 일군의 남자들을 지나 안토니오와 함께 진흙투성이인 사륜구동 지프에 우르르 올라타고서 울퉁불퉁하고 질퍽질퍽한 길을 따라 들판으로 나아갔다. 그런데 도중에 어디선가 그만 뒷바퀴가 진흙탕에 빠져 차를 세웠다. 바퀴가 계속 헛돌았지만 뾰족한 수가 없었다. 안토니오가 도움을 구하러 간 사이 우리는 3미터가 훌쩍 넘어 거의 4미터에 이르는 올리브 나무가 좌우 대칭으로 줄지어 선 곳에 파묻혀 있었다. 숲에서 길을 잃은 것 같았다. 그러나 머리 위에 해를 가려 주는 숲 그늘도 없이 온통 파란 하늘뿐이었다. 거의 반 시간이 걸려서야 안토니오가 트랙터와 함께 나타나 진흙탕에서 우리를 끌어냈다. 가다 보니 길에서 400미터쯤 떨어진 곳에서 수확하는 사람들이 눈에 들어왔다. 멀리서 몸을 낮게 구부리고 적갈색 피망을 따고 있었다.

수확하는 곳에 도착하니 마흔 명 정도가 올리브를 따며 더러운 티셔츠와 너덜너덜 해진 청바지에 땀을 흘리고 있었다. 스페인은 어느 나라보다도 올리브를 많이 재배할 뿐만 아니라 두 번째, 세 번째, 네 번째, 다섯 번째로 많이 재배하는 나라들(이탈리아와 그리스, 모로코, 터키)이 재배하는 양을 모두 합친 것보다도 그 양이 많다. 마리날레다의 올리브유는 수작업으로 만든다고 한다. 거의 그렇기는 해도 아주 훌

룽한 기계, 진동 수확기의 도움도 받는다. 호머 심슨이 바트의 목을 움켜잡듯이* 이 장비가 금속 팔을 뻗어 나무줄기를 밑에서 3분의 1쯤 되는 곳에서 붙잡으면, 운전사가 '진동' 단추를 눌러 나무의 목을 미친 듯이 조른다. 그러면 올리브가 수백 개씩 비 오듯이 떨어진다. 두 사람이 3미터 길이의 알루미늄 봉을 들고 거드는데, 그들이 하는 일은 기계가 줄기를 흔들 때 가지를 세게 후려치는 것이다. 기초 물리학이지만 효과가 있다.

이렇게 30초쯤 해서 햇올리브가 폭우처럼 쏟아지다가 주춤해지면 기계가 나무를 풀어 주고 뒤로 물러나서는 방향을 돌려 다음 나무를 공략한다. 그동안 노동자들이 진을 빼는 다음 단계를 위해 들어온다. 이들은 이제 올리브가 수백, 아니 수천 개 담긴 커다란 그물을 그러모아서 묶은 뒤 양손으로 어깨에 걸치고서 몸을 숙여 줄지어 선 나무들 사이로 끌고 간다. 남녀 일꾼들은 세계에서 가장 강한 남자를 뽑는 대회에서 트레일러 트럭을 끄는 사람들처럼 아주 낮은 각도로 땅을 향해 몸을 숙이고서, 트럭이 그것을 받아 가공 공장으로 가져가려고 기다리는 곳으로 간다. 그들이 대회에 나온 사람들 못지않게 결연하게 주위를 둘러보아, 우리는 그들에게 방해가 되지 않으려 했다.

늦은 아침에서 이른 오후가 되자 푸른 작업복을 입은 또 한 친구

---

* 미국의 만화가이며 시나리오 작가인 맷 그로닝의 원작 만화를 바탕으로 제작한 미국 텔레비전 애니메이션 영화 〈심슨 가족〉에 나오는 인물들.

가 생글거리며 우리가 출발했던 농가로 다시 태워다 주겠다고 했다. 우리는 어쨌든 그곳에서 빠져나와야 했으므로 그러기로 했다. 그런데 알고 보니 이번에는 한층 전통적인 방식으로 여행할 참이었다. 올리브를 실은 트럭 짐칸에서 차 옆구리에 매달려 갓 수확한 올리브 수천 개로 만들어진 소박한 쿠션에 의지해서 말이다. "손으로 올리브를 쥐어짜 본 적 있어?" 하고 데이브가 물었다. 올리브를 쥐어짜다가 공교롭게도 갓 딴 올리브의 향기로운 즙이 정통으로 내 눈에 튀었다. 12월의 햇볕을 쬐니 손가락 끝에서 놀라울 정도로 향기로운 냄새가 났다. 잠시 눈이 보이지 않았지만, 조금 위안이 되었다.

농가에 도착해서도 우리는 조금 더 어슬렁거리며 사진도 찍고 한가하게 집에 어떻게 갈지 궁리하고 있는데, 흰색 사륜구동 지프가 또 하나 서더니 커다란 직사각형 옷을 입은 50대 남자가 몸을 내밀고 마을로 돌아갈 거냐고 물었다. 지금은 그의 이름이 기억나지 않지만, 짐작컨대 안토니오라고 해도 과히 틀리지는 않을 것이다. 점심시간이 가까워지고 있었고—스페인 점심시간 말이다. 영국 점심시간은 이미 오래전에 지났다—차는 제대로 가고 있었다. 들에서 일하는 시간은 오후 3시에 끝난다.

털털거리며 다행히 평탄한 길을 따라 마리날레다로 돌아가는데, 멀리 오른쪽으로 에스테파가 언덕 위로 반쯤 올라온 것이 보였다. 나는 주위에 줄지어 있는 올리브 나무를 가리키며 이 땅도 우모소 땅이냐고 물었다. 그렇지 않다, 대부분 이웃 푸에블로인 엘 루비오 사람들의 사유지라고 그가 설명해 주었다. 이런 농장은 가족이 운영하고, 아마 수확기에도 고용 노동자의 도움을 거의 받지 않을 거라고 했다. 우리는 엘 루비오에 가 본 적이 있었다. 나는 그렇다면 사실 마리날레다와 별다를 것 없지 않느냐고 했다. 호르날레로가 많고 타파스 바도 몇 개 있고 사육제도 있는 또 하나의 작은 안달루시아 푸에블로가 아니냐고 말이다.

그가 잠시 도로를 응시하던 얼굴을 돌려 마치 어린애 보듯 나를 바라보았다. "완전히 다르지." 그의 얼굴이 말하고 있었다.

＊　　＊　　＊

마리날레다에서는 토지 ─ 땅과 흙 ─ 를 주권이나 집으로만 여기지 않는다. 깊이 들어가면 토지가 거의 호르날레로의 DNA를 구성하는 요소다. 산체스 고르디요의 화려한 수사에서 토지la tierra는 언제나 숭고한 것이다. 그와 함께하는 정치적 동료와 노동조합, 디에고 카냐메로 같은 사람들의 언어에서도 마찬가지다. 토지는 지리적인 것이기도 하지만 역사적인 것이기도 하다. 토지에 둘러싸여 있으면서 그렇게 오랫동안 토지에 대한 소유권을 부정당하면, 이것이 사뭇 다른 의미를 띠게 된다. 그러나 흔들림 없이 토지를 최종 목표로 삼고 그것에 초점을 맞추면 다른 데 눈을 돌리거나 정신을 팔 여지가 없다. 그래서 일자리 창출에 머물지 않고 더 나아가 유토피아를 지키고 유토피아를 다른 영역으로 확장시킬 수 있지 않을까 하는 제안이나 고려를 하지 않는다. 마리날레다의 모토는 ─ 많은 모토 가운데 하나는 ─ "경작자에게 토지를"이다. 그것이 그들이 푸에블로로서 하도록 되어 있는 일이다. 이는 1991년 투쟁을 그들의 목적론적 종착점에 놓는 철학이다. 그것이 그들에게는 역사의 종말이다.

마을에 사는 영국인 이주자들 가운데는 위기를 고려하면 지금이 갈수록 드높아지는 마리날레다의 명성을 이용해 시청에 기념품 가게 같은 것을 열 때라고 하는 사람들도 있었다. 그들은 그런 가게를 열어 티셔츠와 야구 모자 같은 온갖 잡동사니에 마을 이름과 문장을 선명하게 새겨 팔 때가 아니냐고 했다. 그런 사업을 해도 좋을 정도로 방문객이 많다는 말은 분명히 맞다. 언제나 방문객이 많았지만, 2012년 8월의 슈퍼마켓 습격 이후에는 특히 그랬다. 스페인과 유럽에서 관광객과 여행자가 이 악명 높은 작은 마을을 보러 떼 지어 온다. 팔로팔로에서 열리는 콘서트를 보려고 세비야나 말라가, 발렌시아에서 오는 사람들도 있다. 시장처럼 보이도록 팔레스타인 카피예*와 체크무늬 셔츠, 밀짚모자가 조합된 의상을 살 수 있고 "평화를 추구하는 유토피아"라고 쓰여 있는 마우스 패드를 살 수 있다면 어떨지 상상해 보라고 레온이 웃으며 말했다. 어쨌든 레온은 팔로팔로에서 티셔츠를 판다. "시장은 감각이 있지만 절대 그러지 않을 거야. 시장은 오로지 토지에만 관심이 있어. 하지만 그것은 바보 같은 짓이야! 장담컨대 사람들은 그런 쓰레기를 살 거야."

---

* 아랍 남자들이 머리에 두르는 천.

그런 사기업이 마을에서도 허용된다. 어쩌면 더욱 중요한 것은 그것이 법률적으로만 그런 것이 아니라 **허용된다**는 것, 그것도 삶의 일부로서 받아들여진다는 것이다. 마을에는 개인 소유의 술집과 카페가 일곱 개 있다(신디카토 바는 노동조합 소유다). 마찬가지로 피자 가게 같은 작은 가족 기업을 운영하고 싶다고 해도 아무도 방해하는 사람이 없을 것이다. 하지만 지역 개발 단체나 카르푸나 스타벅스 같은 대형 유통업체의 책임자—잔인한 유머 감각과 마조히즘 성향을 지닌—가 이 작은 마을이 영업을 확대하기에 완벽한 곳이라는 결정을 내렸다면 얼마 가지 못했을 것이다. "우리는 허락하지 않을 겁니다"라고 산체스 고르디요는 내게 대놓고 말했다.

중요한 것은 마리날레다가 경제 운영을 완전히 공산주의식으로 하는 마을이 아니라는 것이다. 소련에 비유하더라도 전시 공산주의라기보다는 신경제정책NEP에 가깝다. 모든 것을 완전히 중앙에서 계획하고 통제하는 경제가 아니라 소규모 사익이 발생하는 것은 허용하는 혼합 경제라는 말이다.

사적으로 소유한 농장도 많다. 그러나 대부분은 한 가족이 소유한 몇 뙈기 되지 않는 땅으로, 확대 가족이 일하며 먹고살 수 있는 정도이지 협동조합 조합원이나 산체스 고르디요의 노여움을 살 정도로 크지는 않다. 드문드문, 보통은 수확할 때 다른 사람을 고용해도 좋을 정도로 일이 있는 몇몇 집이 소유한 토지와 알바 집안이나 인판타도 집안이 소유한 라티푼디오 사이에는 극명하고 널리 알려진 차이가 있다. 이 지역에서는 그 누구도 재산과 이윤을 완전히 부

정하는 절대주의자가 아닌 것 같고, 그 때문에 쿨라크kulak*가 나타
날 일도 없다.

2013년 마리날레다 노동자의 주체성은 바깥세상의 그것과 다르
고, 이를 노동자 스스로 알고 있다. 좌나 우나 이런 예외적 상황을
모르지 않고, 그 밑바탕에는 우모소 농장이 공동의 목표를 위해, 개
인이 아니라 집단의 이익을 위해 일한다는 사실, 그것이 농장 자체
보다 큰 것이라는 사실이 있다. 그렇지만 일상적 의미에서는 일 자
체에 대한 태도가 다른 곳과 다르지 않다. 젊은—그다지 젊지는 않
지만—마리날레다 사람들에게 들에서 일하는 것에 대해 물었을
때 "정말 피곤하고 힘든 일이다"라는 말이 그들 대부분이 보이는
첫 번째 반응이다. "지루하고 반복적이다"라는 묘사가 공장 생산
라인에서의 일에 대한 공통된 설명이다. 이러한 두 가지 평가 모두
전혀 놀랍지 않다. 아무리 사회 정치적 맥락이 달라지고 노동 조직
이 달라져도 일 자체의 성격은 별로 달라지지 않는다.

그러나 내가 만난 사람들은 하나도 빠짐없이 일의 사회 정치적
맥락이나 그 일을 위해 벌인 투쟁의 역사, 위기에 빠진 스페인의 다
른 지역이 처한 위태로운 상황에 대해 언급하는 것을 잊지 않았다.
일이 지루하거나 피곤하거나 단조롭다는 한탄 뒤에 언제나 "그러
나"가 왔다. 그러나 적어도 우리는 **여기에** 일이 있잖아. 그러나 적
어도 우리는 **지금** 일이 있잖아. 그러나 적어도 우리는 **다 같이** 일이

---

* 혁명 후 러시아의 부농층.

있잖아. 그러나 적어도 우리는 **스스로** 싸워 이겼잖아.

2013년 안달루시아의 평균 실업률은 36퍼센트이고, 어떤 도시에서는 50퍼센트가 넘게 치솟았다. 마리날레다 역시 1980년대에 실업률이 65퍼센트였던 역사가 있어, 그 상황이 얼마나 나쁜지 모르는 사람은 없다. 그러나 일에 대한 마리날레다 사람들의 태도를 가장 잘 설명해 주는 것은 마치 일 자체에 어떤 고귀한 것이 있는 양 "분투하기 위해 분투하는 것"이 아니라 자율을 위해, 인간이 자신의 생존을 스스로 통제할 수 있을 때 오는 인간의 존엄을 위해 분투한다는 것이다.

자율이 이 지역 철학의 핵심에 있다. 그것은 이곳에 들불처럼 번졌던 19세기 아나키즘의 본질적 가치인 개인의 자유보다 한층 고양된 것이다. 1980년 단식 투쟁 때 이곳을 방문한 기자는 "이 공동체에서는 일과 자율의 개념이 통합되어 있다"라고 했다. 토지가 없는 일용 노동자인 호르날레로가 자신의 일을 자율적으로 통제할 수 없다면, 일을 얻으려고 수백 킬로미터 이동할 필요가 없는 기본적 안정을 누리지 못한다면 진정으로 자유롭다고 할 수 없을 것이다.

이런 맥락을 염두에 두지 않으면 마리날레다의 태도가 외부자의 눈에는 스타하노프 운동*의 축소판으로 보일 수 있다. 끊임없이 일할 권리를 요구하고, 일을 통해서만 (투쟁에 대한, 집단에 대한, 무엇보다도 푸에블로에 대한) 정치적 충성을 증명할 수 있다고 힘주어 말하기 때문이다.

---

* 구소련에서 높은 성과를 낸 노동자에게 보상을 주어 노동 생산성을 향상하려 한 운동.

1980년대에 스페인 사회 보장이 '공동체 고용'이라는 형태를 띠
자, 마리날레다 사람들은 사법부에서 형벌로 선고하는 것과 다르
지 않은 '정부의 일'을 하는 모욕을 당하느니 토지와 일을 달라고
투쟁하기로 했다. 공동체 고용과 사슬에 묶인 죄수들 사이에는 사
실 물리적 사슬이 있느냐 없느냐의 차이밖에 없었다. 1980년대 내
내 남부에서 실업자가 된 호르날레로들은 가난한 공동체에게 자
주 쏟아지는 비난이 그렇듯이 무기력하다느니 심지어는 사기꾼이
라느니 하는 비난을 받았다. 대개 북부 정치가들이 그런 비난을 했
다. 마리날레다는 이에 대해 돈을 받지 않고 더 열심히 일하는 것으
로 대응했다. 언론을 이용해 사람들의 이목을 끈 첫 번째 사례였다.
1981년 3월에 『엘 파이스』 기사는 이렇게 기록하고 있다.

> 세비야 주에 있는 마리날레다라는 도시의 실업 농업 노동자들은 정
> 말로 일할 의지가 있다는 것을 보여 주기 위해, 사기꾼이라느니 악
> 당이라느니 하는 터무니없는 주장에 항의하기 위해 하루에 여섯 시
> 간 일하도록 되어 있는 공동체 고용을 한 시간 늘려 하루에 일곱 시
> 간 일하기로 했다.

1982년에 공동체 고용 기금이 일시적으로 중단되어 안달루시아
의 많은 도시에서 파업을 했을 때에도 마리날레다는 보수가 없어
도 계속 일하기로 총회에서 결정했다. 산체스 고르디요는 그해 8월
에 세비야에서 농업 노동자 8000명이 모인 집회에서 필요한 것은

진짜 일이지 자선이 아니라고 연설했다. "그들이 이 일을 보고도 우리가 원하는 것은 토지에서 일하는 것임을 이해하지 못한다면 우리는 다르게 행동해야 할 것입니다."

마리날레다에서 상징적으로나 실제로 하는 활동 가운데 가장 유명한 것 하나가 '빨간 일요일Domingos Rojos'이라는 의식이다. 한 달에 한 번─이론적으로는 그렇다─마을 사람들이 일요일 아침에 노동조합 앞에 모인다. 대개 아침 8시에, 저마다 개인의 능력에 따라 모여서, 주민 투표를 통해 가장 시급히 할 필요가 있는 일이 무엇인지 결정한다. 그리고 그날은 참가자들이 마을의 개선을 위해 자발적으로 일하며 보낸다. 공원에서 정원을 가꾸는 일을 할 수도 있고, 벽화를 그리거나 거리를 쓸거나 우모소 농장에서 수확을 돕는 일을 할 수도 있다.

빨간 일요일은 푸에블로와 펠리페 곤살레스 총리가 벌인 논쟁에서 탄생했다. 1983년 연설에서 곤살레스(그도 안달루시아 사람이다)가 안달루시아 농장 노동자들은 게으르다는 먼지 쌓인 낡은 유언비어를 다시 꺼내어 그들이 공동체 고용 기금으로 받은 돈을 자동차 같은 사치품에 쓰고 있다고 비난했다. 마리날레다는 토요일 밤에 총회를 열어 다음 날을 푸에블로를 개선하는 데 쓰기로 했다. 산체스 고르디요가 기자들을 불러 다음과 같이 알렸다.

"우리는 총리가 게으름과 부패를 찾으려면 안달루시아의 호르날레로가 아니라 집에서 더 가까운 곳을 보아야 한다는 것을 증명하고 싶습니다. 그에게 정부가 쉴 때 호르날레로는 일하고 있다는 것을 보여 주고 싶습니다."

다음 날 그들은 몇 시간 동안 길을 고치고 칠을 하고 광장에서 조경을 하기 시작했다. 그것은 바깥세상에 도전하는 퍼포먼스였고, 총리에게 망신을 주는 행위였다.

빨간 일요일은 선전 효과도 있지만, 탈레고는 그것이 이를 넘어 공동체 감수성을 강화하고 푸에블로의 유대를 강화하는 데도 큰 역할을 하며, 그래서 마을에서 추진하는 프로젝트에 대한 참여와 신뢰를 높였음을 발견했다. 탈레고는 이것이 쌍방향으로 작용하지 않겠느냐고 했다. 즉 우모소 농장에서 돈을 지불하는 일을 나누어 줄 때 빨간 일요일에 참여한 적이 있는가 없는가가 중요하지 않겠냐는 것이다. 개인이 시위와 총회, 심지어는 마을 축제에 참여하는 것도 비공식적으로 눈여겨볼 수 있듯이 말이다.

무엇보다 자원봉사는 노동 관계를 바꿀 것이다. 마리날레다는 자본주의 세계에 존재하지만, "우리는 돈이 아닌 이유로도 일할 수 있다"라는 것을 증명하는 것 자체가 산체스 고르디요에게는 자본주의를 전복하는 행위다. 이것은 시장이 우상으로 삼는 사람들의 역사와 맥을 같이하는 것이다. 그의 우상 가운데는 체 게바라 같은 쿠바 혁명의 영웅도 있지만, 소비에트 시대의 인물도 있다.

마리날레다 신화에서 일과 토지가 으뜸인 것이 젊은 세대에게는 그다지 쉽게 다가오지 않는다. 그들은 일과 토지가 허락되지 않았던 마을의 형성기를 겪지 않았고, 일과 토지를 얻기 위해 평생 싸우지도 않았다. 게다가 현대 기술과 교통이 푸에블로의 단단한 경계도 허물고, 직업으로 선택할 수 있는 영역의 협소함도 무너뜨려 버렸다. 100년 전, 아니 30년 전에도 생각할 수 없었던 일이다. 안달루시아 지방 호르날레로의 정체성 ─푸에블로마다 그 독특한 정체성이 반복되었다─ 도 몇 백 년 동안 끈질길 정도로 변하지 않았는데, 이제는 문화와 사람 모두 각 도시의 경계를 놀라울 정도로 쉽게 들락거린다. 값싼 자동차와 비행기 여행, 인터넷이 풍경을 무미건조하게 만들어 버렸다.

어느 날 밤 나는 법과 대학을 졸업한 젊은이 크리스티나와 함께 카니타라는 값싼 라거 맥주를 홀짝거리는데, 그녀는 "한 달에 1000유로면 괜찮아요. 1200유로면 꽤 괜찮고"라고 말했다. 한 달에 1000유로로 그럭저럭 사는 법을 배웠다고 하여 '1000유로 세대'로 불리는 그녀의 세대에 관해 이야기하고 있었다. 스페인의 최저 임금은 대략 월 600~700유로고, 실업 수당은 일반적으로 월 500~600유로다. 크리스티나는 어머니와 함께 마리날레다에 살지만, 에스테파에도 아파트의 방 하나를 빌렸다. 그녀는 에스테파에서 1주일에 며칠을 교사로 일한다. 그녀는 자신이 이중생활을 한다고 말했다. 그녀는 마리날레다보다 큰 푸에블로에서 자기 또래의 다른 사람들과 나누는 삶을 사랑한다. 그것은 불행하게도 길어진 청소년기에서 어느 정도 벗어날 수 있는 탈출구를 제공해 준다. 에스테파에 사는 그녀의 또래들도 같은 이야기를 한다. 그들 가운데 많은 사람이 서른이나 서른이 넘었는데도 아직 부모와 산다.

크리스티나의 부모는 마리날레다 사람들이다. 1960년대에 들에서 할 일이 없어 대이동을 할 때 바르셀로나로 갔으나, 많은 사람과 마찬가지로 1980년대에 돌아왔다. 상황이 달라졌기 때문이다. 오랫동안 그곳을 떠나 있었지만, 그들은 언제나 이 푸에블로의 아들딸이었다. 크리스티나는 프랑코 시대 이후의 새로운 카탈루냐 교육 체제에서 학교를 다녔고, 급우들은 거의 모두 이주자였다. 에스트레마두라나 갈리시아와 안달루시아에서 온 아이들도 있었다. 카탈루냐 사람은 네다섯 명밖에 안 되었다. "이는 내게 세계 시민주의에 대한 큰 믿음을 주었어요" 하고 그녀가 말했다. "사람들이 스페인 전역의 문화를 나누었어요. 어떤 아이는 '우리는 집에서 이런 음식을 먹어' 하고, 어떤 아이는 '아 그래, 우리 엄마는 스튜를 이렇게 만들어……' 하고 말했지요."

저가 항공사 라이언에어와 경제 위기, 인터넷이 한꺼번에 몰려오면서 새로운 종류의 방랑벽이 스페인 젊은 세대에서 감지되는데, 이것이 마리날레다에도 침투했다. 현재 스페인의 '미래 없는 젊은이들' 사이에서는 이주해야 미래를 찾을 거라는 생각이 늘어나고 있다. 크리스티나도 이 나라를 떠나는 것이 유일한 선택지일지 모른다고 생각할 때 절망감―그녀도 전에 실업자였다―과 모험심, 흥분이 뒤섞인 이 같은 시대정신을 보였다. 자기도 런던이 보고 싶다며 전에도 자주 그랬듯이 영어 실력을 고민했고, 어떻게든 나가려면 임박한 영어 시험에 합격해야 한다고 생각했다.

2013년 현재 모두 알고 있듯이, 마리날레다가 완전 고용이라는 것은 신화다. 그러나 사실 그것을 신화라고 하는 것도 공정하지 않다. 오른쪽에서 마을을 비판하는 사람들이 세운 허수아비는 "그들은 실은 완전 고용이 아니다"라고 말한다. 하지만 최근 몇 년 동안 산체스 고르디요는 줄곧 인터뷰에서 "우리는 거의 완전 고용입니다"라고 했다. 안달루시아 지방 정부의 공식 통계에 따르면 맞는 말이다. 마을의 실업률은 5~6퍼센트다.

하지만 상황이 이전보다 더 어려운 것은 분명하다. 어느 날 저녁 야간 강좌가 열리는 평생 교육원에서 「마리날레다 청년 회보」를 집어 들었다. 시청에서 매달 펴내는 4쪽짜리 리플릿이다. 고카트go-kart 경주 대회와 농구 대회, 안달루시아 청년회에서 제공하는 신규 사업자를 위한 '개별 마케팅' 강좌에 관한 공고문과 함께 여름철 일자리와 수확기 일자리, 휴일 리조트 일자리, 워킹홀리데이 일자리, 고등학교를 졸업하고 대학에 들어가기 전에 잠시 일할 수 있는 일자리 등을 소개하는 구직자 웹사이트가 한 쪽에 걸쳐 나와 있었다. 소개된 일자리는 거의 모두 수확기나 휴가 성수기의 해변에서 할 수 있는 일이었다. 뒤쪽에는 맥도널드와 토이저러스, 디즈니랜드의 일자리를 소개하고 있었다. 푸에블로만이 아니라 국경 너머로도 여행할 의지가 있는 사람들이라면 프랑스에서 청소 일을 할 수도 있었다.

어떤 점에서는 늘 비슷한 상황이었다. 프레카리아트precariat*라는

---

* 불안정하다는 뜻의 precarious와 프롤레타리아트(proletariat)를 합성한 조어.

유행어는 노동조합의 뒷받침으로 비교적 안정된 노동 조건과 연금이 보장되었던 평생직장이라는 개념이 서서히 사라진, 후기 자본주의 시대에 갈수록 나빠지는 노동 조건을 경험하는 집단을 가리키는 말이다. 스페인에서는 라호이 총리가 혐오의 대상이 된 2011년 노동 개혁이라는 획기적 발명품을 들고 나와 이러한 과정을 한층 가속화했다(당연히 경제를 위해서였다). 그러나 안달루시아의 호르날레로들에게는 단기 계약과 장기 실업, 지속적인 재무 불안, 빈곤 임금poverty pay*이 몇 백 년간 지속된 일상사였다. 포디즘—미국 포드 자동차 회사가 구현한 표준화된 대량 생산 체제—을 한 번도 경험하지 못한 지방에서 포스트포디즘은 거의 의미가 없는 개념이다. 우모소 농장에서 협동조합 조합원으로 일할 수 없거나 일하고 싶지 않은 젊은이들에게 별로 구미가 당기지 않는 이런 일자리는 1979년 이전에 그들의 조상이 겪었던 노동 조건의 연속일 뿐이다. 디즈니 만화 주인공들처럼 과장되고 거짓된 미소를 띤 새로운 봉건제의 연속일 뿐이다.

나는 소몬테에서 경제 위기 시기에 더 많이 보고 듣게 될 것이라고 예상한 정서를 세련되게 표현한 벽화를 본 적이 있다. 소몬테는 안달루시아 지방 아나키스트들의 토지 수용에 있어 가장 최근에 일어났으며 주목을 가장 많이 받은 곳이다. 하얀 농가 건물 옆에 초록색으로 그려진 벽화에는 커다란 대문자로 "안달루시아 사람들

---

* 생활 임금에 미치지 못해 빈곤을 고착시키는 낮은 수준의 임금.

아, 이주하지 말고 싸워라!"라고 쓰여 있었다. 아래쪽에는 사파타와 맬컴 엑스, 제로니모, 블라스 인판테의 스텐실 초상화가 있고, 그 밑에 인판테의 말이 있었다. "토지는 여러분의 것이다. 되찾아라!"

나는 지금까지 일을 찾아 이주하는 사람들이 분개하는 것을 거의 본 적이 없다. 하기는 니니nini 세대*가 이런 딜레마에 처음 봉착한 것도 아니다. 그들의 부모도 똑같았고, 그전에도 마찬가지였다. 지금은 느리게 달리는 자동차를 얻어 타고 북부에 있는 들이나 공장으로 가지 않고, 값싼 비행기로 베를린이나 런던으로 간다는 것이 다를 뿐이다.

그런데 누가 뭐라 하지 않는데도 떠나는 사람들은 죄책감과 슬픔을 느끼는 것 같다. 스페인 친구 하나가 아주 빠른 영어로 5년 만에 세 번째로 (스톡홀름과 런던에 이어) 베를린으로 떠날 계획이라고 말하던 것이 생각난다. 그가 그렇게 빨리 말해야 했던 것은 영어를 잘 알아듣지 못하는 어머니가 거실에서 우리와 함께 텔레비전을 보고 있었기 때문이다. 아직 어머니에게 떠날 거라고 말할 용기가 나지 않았던 것이다.

마리날레다 밖에서도 안달루시아 젊은이들의 상황은 형편없다. 한번은 에스테파에 있는 술집에서 헤수스라는 젊은이가 우리와 자리를 함께했다. 나는 모든 사람에게 하는 폭넓은 질문들을 그에게

---

* nini는 ni trabaja, ni estudia의 준말로, 취업하지 않고 취업을 위한 공부도 하지 않는다는 뜻이다.

도 했다. 경제에 관해, 정부에 관해, 미래에 관해 물었다. 그가 한 손으로 자신의 얼굴을 감싸 안았다. 그는 몹시 지쳤으나 버티고 있었다. 꼭 강풍에 흔들리는 화물선 같았다. "모든 곳에서 갈수록 사정이 나빠지고 있어요. 지금은 임금도 낮아지고 계약 기간도 짧아졌어요. 대학을 졸업하면 일자리를 얻으러 독일이나 미국, 영국으로 가야 해요." 스페인은 유럽의 어느 나라보다도 대학 졸업자 비율이 높다. 헤수스는 두 가지 선택지가 있다고 말했다. 부모와 함께 살며 일자리를 찾는 데 모든 시간을 쓰고 가끔 나가서 시위를 하거나, 서둘러 스페인을 빠져나가는 무리에 끼어 두뇌 유출에 동참하거나.

대안으로 마리날레다는 어떨까? 그는 어깨를 으쓱했다. 거기서는 공짜로 집도 얻고 일자리도 얻을 수 있어 좋지만 그것이 대단한 것은 아니라고 말했다. "거기서는 일요일에도 일해야 하잖아요."

세비야에서는 엠마라는 20대 중반 여성이 자기 친구의 90퍼센트가량이 실업자이고, 그들 대부분이 몇 년 동안 잠시 성인의 자유를 누리다가 다시 집으로 돌아가야 했다고 말했다. "나는 온갖 종류의 사람들에 대해 말하고 있는 거예요. 그들 가운데는 자격증이 없는 사람도 있지만, 석사 학위가 있는 사람, 학위가 두 개인 사람도 있어요." 하고 그녀가 계속 말했다.

"여기는 정말, **정말** 사정이 안 좋아요. 이른바 '벽돌 위기' 전에는 세비야에 건설 회사가 아주 많았어요. 그런데 건설 쪽에서 일하는 것 말고는 다른 기술이 없어 실업자가 된 젊은이와 별로 젊지 않은 사람들이 아주 많아요. 짓다 만 아파트가 수천 채이고, 이 건물들이 짓다 만 채로 그대로 내버려져 있어요.” 이런 후기 자본주의의 유물들이 지금 스페인의 풍경을 망치고 있다.

친구들 가운데 열다섯 살에 학교를 떠난 아이들도 많다고 엠마가 말했다. 그러나 당국에서는 전혀 개의치 않았다. 할 일이 있고 그 일을 할 사람이 필요하다는 것을 알았기 때문이다. “정부에서는 ‘그래, 학교를 그만두고 가!’라고 했어요. 그래서 지금 남부에는 아무 기술도 없는 젊은 실업자가 많아요. 그러나 집이 있고 가족이 있고 부채가 있고 모든 것을 지불해야 해서 학교에 돌아갈 수 없어요. 그들에게도 책임이 있으니까요. 그런 상황에서 당신이라면 어떻게 하겠어요?”

사실 그런 상황에서 달리 할 일이 거의 없다. 광장에 나가는 수밖에는. 나가서 빈둥거리든 조직을 하든. 매달 지급되는 실업 수당도 모두 받을 수 있는 게 아니다. 관료 체제가 새로운 신청자의 접근을 가로막는다. 정부의 긴축 정책으로 모든 실업자에게 실업 수당을 줄 수 없기 때문이다. 실업자가 너무 많은 것이다.

다시 마리날레다로 돌아와서 우리는 마을 사람들이 직접 지은 집인 카시타에 초대를 받았다. 위기 시대의 일자리 시장이라는 현실에 직면해 있는 장성한 자식이 둘 있는 집이었다. 초청은 하비의 스물일곱 된 친구 에세키엘을 통해 이루어졌다. 내가 런던에서 한 번 만난 친구다. 그때 그는 대도시에서 길을 잃은 소심한 젊은이였다. 영어가 달려 말이 없었고, 내가 잘 알려지지 않은 작은 자기 마을에 열정을 보이자 약간 어리둥절해했다. 그의 가족 이야기도 흔한 이야기다. 크리스티나의 부모처럼 그의 조부모도 1950년대에 일을 찾아 북부로 이주했다. 그의 아버지는 바르셀로나에서 태어났으나 자신의 뿌리인 마리날레다로 돌아왔다. 토지를 얻기 위한 투쟁이 시작되었을 때 일을 찾아서 왔고, 얼마 안 있어 에스테파에서 온 에세키엘의 어머니를 만났다. "많은 사람이 남부로 돌아오지 않았어"라고 하비가 설명했다.

에세키엘은 세비야에 있는 호텔 프런트에서 일하는데 이삼 일 휴가를 얻어 부모 집에 돌아와 있었다. 그가 우리를 따뜻하게 맞이해 주었다. 안달루시아인의 유전자 풀 위로 어렴풋이 유들유들한 미소가 번졌다. 집은 아주 훌륭했다. 아담하지만 충분히 컸고, 깨끗하지만 사람 사는 냄새가 났다. 산체스 고르디요의 지도 아래 건설된 350채의 카시타는 저마다 90제곱미터의 건물과 100제곱미터의 파티오나 정원으로 이루어졌고, 그 안에 침실 세 개와 화장실, 거실, 부엌, 뜰이 있다. 거실에서 가장 눈에 띄는 것은 아주 높은 책장과 커다란 새장이었다. "'고르디요' 해 봐!" 하비가 짐짓 준엄하게 지시했다. 그러나 앵무새는 무표정하게 그를 바라보며 가슴을 폈다. "'공산주의' 해 봐!" 하고 말했지만, 새는 명령을 거부했다.

에세키엘도 유토피아와 더 넓은 세상 사이에서 갈등하는 많은 마리날레다 젊은이 가운데 하나다. 그는 협동조합의 혜택이 무엇이든 농사보다 신나는 일을 하고 싶다고 했다. 그렇지만 주중에는 대부분 세비야에 있는 호텔에서 일하며 영어 실력을 기르고 거기 있는 아파트의 작은 방 하나를 빌려 살고 있으면서도, 아직 유토피아에 대한 미련을 완전히 버리지 못했다. 주말에는 거의 부모 집에 와서 지냈고, 방랑벽에도 불구하고 마리날레다에 자기 카시타를 짓기 위해 대기자 명단에 이름도 올려 두었다. 그의 푸에블로에서는 주택 담보 융자금으로 한 달에 15유로만 내면 새 집을 가질 수 있는데, 그것을 가지고 왈가왈부하기는 어려울 것이다. 스페인이 주택 대란에 있는 것을 감안하면 특히 그렇다.

여기서 자라서 좋았느냐고 내가 물었다. "물론이지요. 그렇지만 들에서 일하고 싶지 않으면 무엇을 할까요?" 하고 그가 말했다. 글쎄, 무엇을 할까? 아마도 대도시로 떠나거나 해변으로 가야 할 것이다. 사람들은 여기서 공산주의자로 자라느냐고 내가 물었다. 그는 어떻게 말해야 할지 모르는 것 같았다. "많은 사람이 공산주의자가 되어요. 그러나 일하고 싶어서, 또는 집을 갖고 싶어서 그러지 공산주의자라서 그러는 것은 아니에요. 그들이 집에서 카를 마르크스를 읽는 것은 아니에요."

어떤 점에서는 에세키엘도 그 나이 또래의 어느 스페인 젊은이와 다르지 않았다. 그도 산체스 고르디요의 투쟁에 관한 진지한 시보다 신나게 돌아다니며 모험할 수 있는 가능성에 더 끌렸다. 그도 부모가 혁명에 가담하려고 카탈루냐에서 돌아온 것은 인정했다. "아, 그러나 이 세대는, 이 친구들은 공산주의에 관심이 없어." 하비가 끼어들며 에세키엘이 이데올로기적으로 이단인 것을 놀렸다. 하비의 농담에는 어느 정도 진실이 있었다. 나는 유토피아를 물려받은 사람들은 유토피아를 건설하려고 싸운 사람들처럼 유토피아에 경의를 표하지 않을지 모른다는 소리를 마을에서, 주변에서 두세 번 들었다.

그렇지만 에세키엘의 경우에도 어느 정도의 연대 의식이 무의식 속에 자리 잡고 있는 것 같았다. 중급 정도의 영어 실력임에도 자기가 태어나기 전에 일어난 토지 점거의 역사를 영어로 분명하게 이야기해 주었다. 그는 인판타도 공작이 "말을 타고 돌아다닐 때 마리날레다에서는 사람들이 굶주리고 있었어요"라고 했다. 그러고는 두번 생각할 것도 없이 바로 "수탈당했다"라는 말을 자연스럽게 했다.

영국 사람들은 대부분 '수탈'이라는 말을 모른다고 내가 말했다.

5

빵 과

장 미

Marinaleda

한여름의 뜨거운 열기를 제외하면 마리날레다는 오후에 가장 유토피아 같다. 오후la tarde는 정오에 시작되지 않고, 일을 마무리하고 점심 식사와 시에스타를 하기 시작하는 오후 2시에서 4시 사이에 시작된다. 그러면 마을에 있는 얼마 안 되는 가게와 작업장이 문을 닫고, 노동자들이 들과 공장에서 서서히 돌아오고, 연금 생활자들이 카드 게임을 마치고, 부모들이 초등학교 교문 밖에 서서 한가하게 잡담을 하고, 아이들이 그들 다리 주위에서 빙글빙글 돌며 논다.

어떤 사람들은 집에 가는 길에 한잔하러 들러서 헤르바시오 바 앞에 있는 해가림 정자 밑이나 수르 바 밖에 있는 테이블에서 작은 잔(대개 약 190밀리리터)으로 카니타 맥주를 홀짝거린다. 절대 오후 3시 이전에 시작되는 법이 없는 점심 식사는 음식이 몇 접시나 나올 정도로 아주 긴 코스로 이루어진다. 빵을 큼직큼직하게 잘라서 식탁에 놓고 그 옆에 구운 닭고기나 돼지고기, 콩으로 만든 진한 스튜, 부채꼴 모양의 만체고 치즈, 물기 많은 연한 상추에 참치와 옥수수를 섞은 요리를 낸다.

스페인의 푸에블로에서는 집은 밥을 먹는 곳이고, 줄리언 핏리버스가 『시에라의 사람들』에서 말한 대로 사교의 중심지는 문밖 거리다. 오후 동안 리베르타드 로와 나란히 달리며 마리날레다 지구와 마타레돈다 지구를 잇는 넓은 가로수 길에서는 온갖 활동이 벌어진다. 시끌벅적한 중년 여성 넷이 어깨를 나란히 하고 걸어가고, 이제 막 머리가 희끗희끗해지기 시작한 남자들이 짝을 지어 조깅을 하고, 자전거를 탄 10대 청소년들이 오로지 10대만이 할 수 있는 방식으로 반쯤 서서 부드럽게 페달을 밟으며 자전거를 타고 가면, 그 뒤에서 여자아이들이 웃으며 걸어간다. 그보다 나이 많은 젊은이들은 멋진 젊은 운동선수처럼 차려입고 경량 오토바이와 함께 멋지게 포즈를 취하거나 자동차 문에 기대어 운동복을 뽐낸다. 어디서나 우두머리 수컷이 되고 싶은 사내들처럼.

점심 식사와 짧은 시에스타가 끝나고 한낮의 열기가 식으면 이런 광경이 되풀이된다. 연금 생활자들이 금속 녹색 벤치에 지팡이를 기대 놓고, 체격이 다부진 남자들이 둘씩 짝을 지어 근사한 바지와 카디건에 베레모를 쓰고 늘 그렇듯이 계속 수다를 떨며 산책을 한다. 이때쯤이면 주변에 있는 올리브 나무에서 새들도 심각한 토론에 열중한다. 카시타 밖에서는 꼬마들이 개를 산책시키며 축구공을 쫓고, 롤러스케이트를 타는 10대 초반 아이들이 떼 지어 리베르타드 로를 따라 날듯이 달려서 마을 공원으로 들어가 실외 체육관을 지나간다. 체육관은 운동하는 어른들과 그곳을 정글짐으로 이용하는 아이들로 가득하다. 그보다 어린 아이들은 벤치에서 엄마 무릎에 앉아 바삭바삭한 과자를 먹는다. 마을을 한 바퀴 돌고 반 시간 뒤에 돌아와도, 벤치마다 모여 있는 사람들의 배치는 조금 달라졌어도 원리는 그대로다.

그러나 시청과 마타레돈다 사이에 펼쳐진 짙푸른 들판은 오후 햇살 속에 미동도 하지 않는다. 어쩌다 가끔 풀을 뜯는 백마 두 마리가 정지된 풍경을 흩트릴 뿐이다. 마침내 해가 지면, 서쪽으로는 엘 루비오가 분홍빛 황혼에 도시의 새하얀 벽이 매혹적인 복숭앗빛으로 물들고, 남쪽으로는 산 중턱에 에스테파가 예쁘게 앉아 있다. 아주 드물게 구름이 한 50퍼센트 덮여 있을 때는 저녁놀이 자줏빛이 도는, 깊은 바다 속 같은 진한 군청색을 띠어 기분이 한층 가라앉지만, 그림이 따로 없다.

아직도 나투랄 공원 벽에 걸려 있는 약간 찢어진 산체스 고르디요 선거 포스터가 "우리는 계속 싸워야 할 충분한 이유가 있다"라고 선언한다. 그들이 싸워서 지켜야 할 것은 그들의 일만이 아니다. 그들의 생활 방식도 지켜야 한다. 거의 모든 경우에 그것은 그들이 얻은 공간에서 스스로 창조한 것이다. 경제적 힘을 주는 토지 투쟁을 통해서만이 아니라 마을의 크기에 비해 문화·사교 생활을 위한 기반 시설을 의도적으로 많이 건설함으로써.

고르디요주의자Gordillista들은 기회만 있으면 마리날레다의 삶의 질과 마을이 벌인 투쟁의 연관성을 사람들에게 상기시킨다. 2011년 선거 공약집 한가운데서 "정말 투쟁 없이도 우리가 이 모든 것을 이룰 수 있었을 거라고 믿는가?"라고 따지듯 물으며, 축제와 공휴일, 공동체 활동, 스포츠 팀과 시설, 어린이와 연금 생활자, 그 사이에 있는 모든 사람을 위해 마련한 재미있는 일들을 찍은 사진을 수없이 보여 준다.

거리가 사교의 중심지라면 늘 깨끗이 하는 것이 중요하다. 그래서 모든 집의 정면은 티 하나 없이 깨끗하고, 대다수가 하얗게 반짝인다. 노란색이나 오렌지색, 아름다운 무어식 모자이크 타일로 덮인 불한당은 소수다. 아침에 마을을 한 바퀴 돌다 보면 현관 앞에서 여자들 몇이 빗자루로 인도에서 먼지와 잔가지를 쓰는 것을 쉽게 볼 수 있다. 한 여장부는 아홉 가닥 채찍 같은 것으로 먼지를 털어낸다. 먼지가 아직 공기 중에 조금 떠 있을 때면 흐릿한 햇살이 한층 겹겹이 퍼진다. 오토바이가 리베르타드 로를 달리며 기름기 있는 연기를 내뿜고 대형 트럭이 달리면서 공기를 휘저어 먼지를 말아 올릴 때면, 그것은 끝없는 투쟁이 된다.

일요일에는 페데리코 가르시아 로르카 거리에 있는 한 집이 말그대로 빨래를 내다 건다. 보도에 있는 오렌지 나무 사이에 줄을 걸고 젖은 빨래를 넌다. 하지만 아무도 개의치 않는다. 공공장소는 협상이 이루어지는 공간이라, 만일 이웃이 그것을 사용하는 방식에 문제가 있으면 직접 이야기할 것이다. 이 지역 사람들은 화끈해서 부아를 내며 수동적, 공격적으로 혼자 투덜거리는 데 시간을 낭비하지 않는다.

집에서 그날의 가장 중요한 식사를 하지 않을 거라면 마을에 있는 바에서 썩 괜찮으면서도 엄청나게 싼 타파스로 한 끼를 해결할 수 있다. 보통 한 사람당 1유로밖에 안 든다. 맥주나 포도주, 커피 한 잔 값이다. 바로 마을의 경계에 마리날레다로 들어가고 있음을 보여 주는 도로 표지판 근처에 식당 라 보데가가 있다. 지나는 차량이나 지역 사람 모두 이용할 수 있는 제대로 된 넓은 패밀리 레스토랑이다. 평일 점심시간인 오후 3시 30분쯤이면 거의 가득 차고, 밖에는 승용차와 대형 트럭, 트랙터 15대 정도가 주차해 있다.

대가족이나 직장 동료, 은퇴자가 열 명 넘게 같이 식사를 하는 일도 많다. 그들은 식사를 하며 괜찮은 붉은 포도주도 마시고, 흙으로 빚은 냄비에서 닭고기와 감자를 직접 가져다 먹기도 한다. 건축에서는 플라멩코 팝이 흘러나오고, 경쟁하듯이 천장에서는 선풍기가 윙윙 소리를 내며 돌아가고, 구석에 높이 걸린 텔레비전에서는 스페인어로 더빙한 〈심슨 가족〉이 방영된다. 그곳에는 뚜껑 없이 열어 놓고 나무를 때는 구식 난로도 있고, 화분으로 쓰이는 사람 크기의 거대한 암포라*도 있다. 선반에는 포도주 병이 어지럽게 잔뜩 쌓여 있고, 바 뒤에는 햄이 매달려 있다. 이곳 분위기에는 절대 서두르지 않는 안달루시아 사람들의 윤리가 반영되어 있다. 사람들은 절대 서두르지 않는다. 해산물로 만든 걸쭉한 수프인 소파 데 마리스

---

* 고대 그리스와 로마 시대에 쓰던 양쪽에 손잡이가 달리고 목은 좁은 큰 항아리.

코sopa de marisco가 '오늘의 정식menú del día'에 없으면 나오는 데 30분 넘게 걸리지만, 지역 들판에서 거두어 소금물에 절인 반쯤 부서진 올리브와 좋은 책, 탄산이 든 카니타만 있으면 정말 느긋하다.

길게 이어지는 점심 식사도 할 수 있지만, 저녁에는 편하게 기름진 쇠꼬리 요리인 라보 데 토로rabo de toro와 마블링이 좋아 촉촉한 돼지고기 요리 세크레토secreto, 스카치 에그*와 소시지 롤을 혼합한 독특한 안달루시아 요리인 플라멩킨flamenquín 같은 타파스를 먹기도 한다. 금요일 밤에 하비와 그의 친구들이랑 식사를 하는데, 그들은 내게 어학원에서 가르치지 않는 중요한 현대 스페인어를 가르쳐 주었다. 검은 돈이라는 뜻의 '디네로 네그로dinero negro'나 라호이 정부가 최근 이 나라의 부패한 사업가들에게 주었다는 '암니스티아 피스칼(amnistía fiscal, 세금우대)' 같은 말이었다. 이는 그들이 더러운 돈을 국내로 다시 가져와 10퍼센트만 세금을 내면 심문도 받지 않고 고발도 당하지 않고 세탁할 수 있다는 말이다. 그래서 여러 고위 정치가들이 다양한 부패 스캔들에 휘말렸다는 소문이 있었다. 나는 어느 것이 어느 것인지를 따라가느라 진땀을 뺐다. 뉴스마다 어찌나 많은 사건이 나오는지 헷갈린다.

이렇게 약간 가벼운 저녁 식사를 하고 나면 저녁 9시나 10시쯤 되는데, 성인 가운데 젊은 축에 드는 사람들에게 주말 저녁은 술을 좀 더 하는 것을 뜻했다. 그들은 마을이나 이웃 푸에블로에서 이 집

---

* 삶은 달걀을 다진 고기로 싸서 빵가루를 묻힌 뒤 튀겨서 차게 먹는 음식.

저 집 술집을 전전하다가 결국 춤을 추었고, 실은 나이 든 사람들도 그런 경우가 많았다.

데시벨로 보면 마리날레다는 대체로 조용한 마을이다. 그러나 축제가 있을 때는 역시 마을의 크기에 걸맞지 않게 아주 시끌벅적하다. 해마다 열리는 주요 축제—대부분 가톨릭에서 기원한 것이지만 지금은 거기서 종교 의식과 성상이 모두 사라졌다—에는 이웃 마을은 물론 그 너머에서까지 수천 명이 찾아온다. 주로 사육제, 7월에 일주일 동안 열리는 페리아feria, 성주간semana santa*을 문화 주간semana cultural으로 바꾸어 즐기는 축제에 그렇다. 게다가 봄과 여름에 팔로팔로나 야외 축제장에서 유명한 록 콘서트도 열려, 이때는 마을의 규모가 두 배가 되는 일이 빈번하다.

스포츠와 신체 활동에도 비슷한 열정을 쏟는다. 마리날레다에는 나이와 수준별로 축구팀이 여럿 있다. 1986년에 창설된 우니온 데 포르티바 마리날레다Unión Deportiva Marinaleda도 그 가운데 하나다. 이 팀은 최근까지 스페인 4부 리그에서 기대 이상의 성적을 올렸다. 큰 야외 수영장과 네 개의 테니스 코트, 실내 체육관과 실외 체육관도 있고, 500명을 수용할 수 있는 다목적 스포츠 센터(체 게바라의 얼굴로 장식된 거대한 흰색 건물)에서는 농구와 배구, 체조, 유도, 핸드볼 등을 할 수 있다. 여름철 저녁에는 영화를 상영할 목적으로 지은 원형 극장에서 영화를 무료로 볼 수 있다. 극장은 나투랄 공원에서 안으로

---

* 부활절 전의 일주일.

쑥 들어가 있다. 영화를 상영하는 날 밤에는 수백 명이 집에서 방석과 먹고 마실 것을 가져와 차분하게 영화를 즐기고, 그동안 아이들은 근처에서 뛰논다. 이 모든 것이 산체스 고르디요 시대에 성취되었다는 것을 말해 두어야겠다.

마리날레다 시민들은 마을의 규모에 비해 다섯 배 이상 레저를 즐길 기회와 시설이 있는데, 이것은 우연이 아니다. 이것은 주의를 딴 데로 돌리기 위한 것일까, 아니면 보상일까?

전자라고 주장하려면 건강하지 못한 수준의 냉소주의가 필요할 것이다. 여기에는 사회주의의 상징인 '빵과 장미'에 대한 분명하고도 진정한 이데올로기적 헌신이 있다. '빵과 장미'는 제임스 오펜하임의 동명의 시에 나오는 말로, 그 시에서 가장 중요한 행은 "몸도 마음도 굶주린다네/ 우리에게 빵을 달라, 그러나 장미도 달라!"이다. 1980년대의 투쟁은 토지를 위한 것이었지만 문화와 정신의 양식을 위한 것이기도 했다. 배 못지않게 정신도 부르기 위한 것이었다. 기쁨도 인민의 권리라고 산체스 고르디요는 자주 말했다.

1985년에 토지 점거 투쟁이 격렬해졌을 때 그는 자신의 직관과 철학에 반해 페리아를 취소했다. 페리아는 모든 푸에블로에서 해마다 열리는 중요한 거리 축제로, 거의 일주일 동안 열린다. 마을의 경제 상황이 심각해 축제를 하는 척할 수 없다고 판단했다. 아무리 그래도 그렇지, 좀 선동적이고 별난 조치 아닌가 하는 생각도 들지만, 여느 때와 마찬가지로 그것도 총회의 승인을 받았다. 마을 사람들도 그 선전 효과를 이해했다. 페리아를 취소하는 것이 뉴스거리라고 생각했다. 산체스 고르디요만이 아니라 전국 언론도 그렇게 생각했다.

산체스 고르디요는 언론에 발표한 엄숙한 선언문에서 "기쁘지 않으면 축제를 할 수 없다. 일이 없으면 절망과 체념뿐이다"라고 말했다.

물론 마리날레다뿐만 아니라 스페인 사회가 대부분 프랑코 시대 내내 수십 년 동안 기본권을 박탈당했다. 1970년대에 마리날레다에서는 조직의 제1원칙 가운데 하나가 문화적·사회적 생활에서 자유와 자율을 재발견하자는 것이었고, '마드리드 모비다la movida madrileña'*로 알려진, 쾌락주의적인 창조적 열기를 불러일으킨 것도 이와 같은 자발적인 문화적 카타르시스였다. 이 운동이 일어났을 때 마드리드는 파티와 위반을 통해 정치적 선언을 했다. 자유화의 정신이 예술 전반에 퍼졌고, 마약을 처벌 대상으로 삼지 말자는 디오니소스적 정신과 이전에 억압받은 모든 유형의 하위문화가 번성한 것도 밑바탕에는 그런 정신이 있었다.

나라 전체에서 문화적·사회적 풀뿌리 반란이 일어났다. 몸만이 아니라 정신까지 야수로 만든 독재 정권에 대한 반발이었다.「마리날레다: 굶주림에 맞선 굶주림 투쟁」의 저자들은 "프랑코주의자들은 안달루시아의 민속 문화를 왜곡해 스페인의 모든 지역에 퍼뜨리려고 했다. 이는 누구에게나 똑같이 획일적으로 작용하는 '스페

---

* 프랑코가 죽은 뒤 민주주의로 이행하면서 마드리드를 중심으로 분출한 반문화 운동.

인 문화'를 만들겠다는 취지였다. 그들은 그렇게 안달루시아인을 엉뚱하게 그려서 왜곡된 민속 문화를 이용해 푸에블로에서 다른 문화가 나타나는 것을 막고 짓밟으려고 했다"라고 통탄한다.

1970년대 말 혁명적 사고방식에는 이렇게 억압적인 중앙―푸에블로 밖으로부터―의 통제에서 벗어나고 싶은 간절함이 있었다. 녹색과 흰색으로 된 깃발을 흔드는 안달루시아 민족주의자들이 누구보다도 먼저 인정하듯이, 스페인에 단 하나의 문화만 있는 것이 아닌 것처럼 안달루시아에도 하나의 획일적 문화만 있는 것이 아니다. 푸에블로마다 독특한 특성과 의식, 축제가 있었는데, 프랑코가 죽고 그가 세운 중앙 집권적 억압 체제가 무너지자 이들이 다시 융성하기 시작했다.

산체스 고르디요에게는 1970년대 말에 선도적으로 그들의 전통적 적에게서 '축제를 되찾을' 필요가 있었다. 프랑코와 국가, 친정부적 부르주아지, 누구보다도 논란이 많은 가톨릭교회가 그 적이었다. 안달루시아에서는 성주간이 되면 기도와 행진 같은 의례와 의식을 위해 일상생활을 거의 완전히 접는다. 세비아에서는 나사레노nazareno*로 불리는 참회자들이 마치 연극 무대에 선 배우들처럼 두건을 깊숙이 눌러쓰고 화려하게 장식된 성상을 따라 대개는 맨발로 중세 도시의 거리를 10시간 넘게 행진하며 그리스도의 수난을 찬미하지만, 마리날레다에서는 이것이 완전히 세속적인 의식으

---

* 성주간 행렬에서 수난자로 가장한 사람.

로 바뀌었다. 산체스 고르디요의 문화 주간은 비종교적 대안 축제로, 콘서트와 연극으로 이루어졌다.

마리날레다에서 7월에 열리는 페리아도 흥청망청 먹고 마시던 옛날 공동체의 축제를 되살린 것이지만 프랑코 시대의 전형적인 축제를 의식적으로 전복한 것이기도 하다. 프랑코 시대에는 축제도 담으로 둘러싸인 운동장에서 조용히 치렀다. 프티 부르주아(소지주, 의사, 성직자)와 치안대 외에는 거의 들어갈 수 없도록 비싼 입장료를 받았다. 물론 오늘날에는 모든 의미에서 담이 사라졌다. 그리고 페리아마다 미학과 결합된 새로운 정치적 주제가 있다. 그것은 총회에서 결정되고, 지금까지 농지 개혁과 주택 위기, 체 게바라 등이 선정되었다.

페리아는 이처럼 다소 피상적인 좌파의 미사여구로 장식된 정치적 축제이지만, 그 정치적 의미는 한층 깊다. 그것이 집단의 자발적인 노동과 열정 없이는 일어날 수 없을 것이기 때문이다. 자원봉사자 수백 명이 먹고 마실 것을 내놓고, 무대를 짓고, 나이와 소득 수준에 상관없이 마을 사람 모두가 1주일 동안 동이 틀 때까지 먹고 마시고 춤추며 공짜로 즐길 수 있게 준비한다.

마리날레다가 시에라 수르의 문화적 보석으로서 떨치는 악명은 한편으로는 마을이나 안달루시아 노동자조합SAT의 좋은 수입원이 되기도 한다. 이는 누가 공식적으로 행사를 주관하느냐에 따라 달라진다. 2013년 2월 야외 축제장에서 열린 기금 모금 콘서트에서는 한 장에 15유로 하는 티켓이 5000장 팔렸다(마을의 인구가 2700명임을 기억하라). '억압에 맞선 콘서트'라는 홍보 포스터가 지방 전역에 붙었고, 수익금은 모두 안달루시아 노동자조합의 법적 투쟁 기금으로 쓰일 예정이었다. 지난해에 벌인 파업과 직접 행동으로 많은 사람이 체포된 탓이었다.

이런 축제는 마을에 돈도 갖다주지만, 프로젝트를 알리는 썩 좋은 홍보 수단이기도 하다. 나는 안달루시아 밖에서도 이런 공연이나 축제를 보러 마리날레다에 간 사람들을 만났다. 정치가 아니라 파티로 마을을 아는 사람도 한둘 있었다. '빵과 장미'에 대한 강조는 프로파간다를 훌륭하게 보완해 주는 것인 동시에, 집단의 삶을 향상시켜야 한다는 산체스 고르디요의 진정한 믿음의 근거이기도 하다.

그는 2012년에 "우리는 공공복지에 한계가 있어서는 안 된다고 믿습니다"라고 내게 말했다. "개인의 복지도 마찬가지입니다. 그러나 공공복지, 일부에게만 더 좋은 것이 아니라 모든 사람에게 좋은 것, 인민의 복리, 그것에도 한계가 없어야 합니다." 그러고는 가격별로 편의 시설을 줄줄이 열거했다. "무선 인터넷은 무료입니다. 공공 수영장 이용료는 1년에 3유로고요. 놀이방은 한 달에 12유로인데, 아이들이 거기서 먹기도 합니다." 이런 시설의 상당수는 시위를 통해 얻어 냈다. 내가 처음 산체스 고르디요를 만났을 때도 그는 다음번에 마리날레다의 레저 생활에 덧붙일 것에 관해 이야기했다. 그것은 대규모 실내 수영장 시설이었고, 예술가들의 설계는 이미 승인을 받아 놓은 상태였다. 만일 안달루시아 지방 정부에서 비용을 기꺼이 부담하려고 하지 않으면, 그들이 항복할 때까지 시위를 해야 할 것이라고 말했다.

마리날레다와 국가의 관계는 기이하게도 역설로 가득 차 있다. 그들은 국가의 개입을 혐오하고, 국가가 그들의 자유와 권리, 지역 문화를 짓밟고 역사적으로 푸에블로의 자율성을 적대시한 것을 혐오한다. 그러면서도 중앙 정부에 호소하고 지방 정부에도 호소한다. 게다가 단호하게 상당한 금전적 요구도 한다. 그러면서 또 국가에 욕을 하고 국가의 기능을 방해하고 반복해서 작심하고 국가의 법을 어긴다. 그 가운데서도 산체스 고르디요가 목청 높여 경찰을 없애겠다고 하는데도 안달루시아 정부나 스페인 정부가 항의하지 않는 것이 가장 놀랍다.

"그들은 아무 말도 하지 않았습니다!"라고 그는 주장했다. "법에 따르면 인구수에 따라 여기에 경찰이 네 명에서 일곱 명 정도 있어야 합니다. 그러나 우리는 경찰을 원하지 않습니다. 경찰이 한 명 있었는데, 총을 소지할 수 없었습니다. 그가 은퇴했을 때 마을에서 쫓아내거나 하지는 않았지만 새 경찰을 고용하지도 않았습니다. 우리는 경찰이 필요 없으니까요. 우리는 자발적으로 일하고, 파티도 함께 많이 하고, 함께 싸우고, 함께 살아가기 때문에 이웃끼리 사이가 아주 좋습니다. 나무를 심을 때도 같이 심습니다."

서양의 주류 정치가들이 '공동체'라는 말을 얼마나 분별없이 공허하게 사용하는지를 생각해 보면, 그 단어의 의미에 대한 산체스 고르디요의 설명은 매우 명확한 것이다.

안달루시아 땅에는 국가에 대한 의심, 중앙 집권화된 권력의 연장선상에 있는 모든 것에 대한 의심이 무성하지만, 지난 30년 동안의 독특한 투쟁으로 마리날레다에서는 그 의심이 특히 심해졌다. 물론 언제나 치안대가 있다. 때로 그들이 리베르타드 로를 따라 느리게 차를 타고 가는 것도 볼 수 있다. 멀리 있지만 파괴적인 권력의 이 의심스러운 감시병들은 지금도 왕관 밑에 검과 파스세스 fasces*가 교차되어 있는 상징으로 장식된, 흰색과 녹색으로 된 차를 타고 순찰한다.

그러면 술집 밖에 서 있는 젊은 여성들이 입술을 비쭉 내밀거나 중얼거리듯, 목소리가 크지 않게 조심해서 욕을 내뱉는다. 치안대는 전국 규모의 경찰 병력으로, 지금도 관할 구역이 있다. 지역 경찰서는 10킬로미터 떨어진 에레라에 있다. 만일 갑자기 잔인한 살인 사건이 일어난다면 이들이 문제를 처리하기 위해 호출될 것이다.

2007년에 마리날레다에 있는 두 학교에서 강도와 공공 기물 파손 행위가 반복되었을 때도 에레라에 있는 치안대를 불렀다. 몇 사람이 학교에서 스포츠 용품을 훔치고 깨진 유리와 밀쳐서 부서진 문과 창문, 교사들을 향해 휘갈겨 쓴 욕지거리를 흔적으로 남겼고, 사람들은 대체로 규율 문제가 있어 수업에도 잘 들어오지 않는 일부 학생들 짓이 아닐까 생각했다.

---

* 도끼를 끼운 막대기 다발 형상으로 로마 집정관의 권위를 표시하는 것이었고, 훗날 이탈리아 파시스트당의 상징이 되었다.

그러나 보통은 이런 문제가 생겨도 치안대까지 문제가 확산되게 두지 않는다. 내가 들은 이야기에 따르면, 지역 청소년들이 패를 지어 심심풀이로 돌을 던지고 폭죽으로 우편함을 날려 버리는 짓을 저지르자 피해를 입은 주민들이 산체스 고르디요에게 말했다고 한다. 그랬더니 그가 자기 휴대 전화 번호를 주며 다시 그런 일이 일어나면 연락을 하라고 했다. 그래서 어느 날 밤 11시에 전화했더니 그가 5분 뒤에 차를 타고 나타났고, 아이들이 달아났지만 그들이 누구인지 알아내어 부모에게 말했고, 그 뒤로는 그런 일이 일어나지 않았다.

젊은이들은 작은 마을에서는 어디서나 그렇듯이 때로 심심하고 따분해진다. 그래서 몰래 담배나 마리화나를 피우기도 하는데, 어른들과 멀리 떨어진 들에서는 몰래 피우지도 않고, 문화 회관 계단에서는 여럿이 함께 옹송그리고 서서 피우기도 한다. 부모의 집에서 금지된 오락이나 취미 활동이 문제를 만든다. 최근에 마리날레다에 갔을 때 산책을 하다가 학교 옆 주말농장과 뜰에 붙어 있는 표지판을 보았다. 거기에는 완곡하게 말하려는 시도는 전혀 없이 대놓고 "이 공원은 즐기는 곳이지 성교하는 곳이 아니다"라고 쓰여 있었다. 젊은이들이 심심하고 따분해질 수 있지만—이는 그들이나 그들의 부모나 모두 인정하는 바다—문제가 심각해질 수 있다. 그들에게는 스포츠를 즐길 수 있는 수많은 대안이 있고, 집에는 무료 와이파이가 있고, 어울려 놀 수 있는 공원과 수영장이 있고, 문화 회관 인터넷 카페에는 무료 컴퓨터가 있으며, 전반적으로 인구가

3000명이 안 되는 대부분의 마을에서보다 아주 많은 일이 벌어진다. 성인이 되면 스페인 다른 곳의 또래 대부분이 가질 수 없는 일과 집 소유권도 가질 수 있다.

그들의 할머니 할아버지도 할 일이 많다. 적어도 평생 교육원에서는 그렇다. 이곳의 읽기 쓰기 교실에서는 정식으로 학교 교육을 마칠 기회가 없었던 노인 세대에게 교육을 해 준다. 이곳은 사교 활동의 중심지이기도 해, 특히 나이 든 여성들에게 인기가 있다. 마을에 이주해 온 사람들에게 3주 동안 저녁에 스페인어를 가르치는 교실도 있다. 이주민은 주로 영국 사람이고, 그 외에 더러 프랑스, 루마니아, 세네갈에서 온 사람들도 있다. 이 야간 교실에서는 학기마다 그라나다의 알람브라 궁전 같은 지방 명소로 당일치기 단체 여행을 다녀오기도 한다. 내가 방문했을 때 한번은 크리스마스 전에 식사하는 자리에 초대를 받았는데, 여자들이 미가스migas를 만들어 주었다. 농민들이 즐겨 먹던 이 음식은 완전히 기름에 튀긴 빵 부스러기로만 되어 있어 느끼한 맛이 가시게 오렌지 조각과 함께 나온다. 꼭 들판의 흙처럼 되고 묵직한 느낌이 들었다. 아마 그때도 나는 하루 종일 들에서 일하지 않아 식욕이 별로 없었을 것이다. 디저트로는 또 다른 별미인 가차스 둘세스gachas dulces가 나왔는데, 이것도 풀처럼 끈적하고 무거울 정도로 되직했고 모두들 아주 맛있다고 했다.

식사를 마치자 노부인들이 접시에 얼마 남지 않은 빵 부스러기를 떼어 내려고 플라스틱 수저로 접시 뒤를 탕탕 쳤다. 즉흥 타악기 연주에 귀가 먹먹할 정도였는데 모두들 재미있다는 듯 킥킥 웃어 댔다. 또 일종의 커스터드 튀김인 레체 프리타leche frita에 대한 이야기가 이러쿵저러쿵 오가더니, 아이처럼 예민한 감수성을 지닌 30대 후반의 친절한 남자 교사인 라파가 활짝 웃으며 노부인들의 구호를 이끌었다. "우리는 레체 프리타를 원한다! 우리는 레체 프리타를 원한다!" 노부인들이 박자에 맞추어 접시를 두드리며 구호를 외치는 소리는 점점 커졌고, 그러다가 결국 와그르르 웃음을 터뜨렸다. "늘 이래요"라면서 영국인 앨리가 사랑스럽다는 듯 웃으며 어처구니없어 했다. "정신병자들이 정신 병원에 들어가면 꼭 이럴 거야."

다시 한바탕 소동이 진정되어 내가 「마리날레다: 굶주림에 맞선 굶주림 투쟁」을 꺼내니 모두들 모여들어 사진을 보았다. 올리브유 공장에서 만난 '투쟁'의 투사들처럼 그들도 전에 사진을 본 적이 없었다. 다시 한 번 집회와 굶주림, 열기, 그 뒤에 세상을 떠난 친구들을 추억하고 회상하는 자리가 펼쳐졌다. 1980년 8월이 얼마나 멀고 낯선 시공인지 사람들이 이마를 쳤다. 그 뒤로 주목할 만한 세상을 창조했지만, 그들도 그 안에서 성장한 것이다. 한 나이 든 여성이 셋째 아이를 들에서 낳은 일을 떠올렸다. 이 출산의 가장 결정적 특징은 들에서 아이를 낳은 것이 아니었다. 그것은 놀랍지 않은 일이었다. 그녀의 기억을 일깨운 것은 그날 비가 내리고 있었다는 것이었다. "아 맞아!" 하고 친구가 응수했다. "그날 비가 내리고 있었어."

뒤에 라파가 마을 도서관을 보여 주려고 나를 맞은편 건물로 데려갔다. 내가 마을의 기록물 보관에 관해 물었더니 그가 한탄하듯이 정말 기록물이라고 할 만한 것이 없다고 했다. 안달루시아 지방 정부의 공식 통계연감―모든 지역 도서관에 있는 무미건조하기 짝이 없는 두꺼운 책―을 훑어보았지만, 거기에도 마을 사람들이 볼 만한 기록이 전혀 없었다. 정치적인 책도 별로 없었다. 사실 안달루시아의 투쟁에 관한 것을 빼면 있는 것이라고는 레닌의 『무엇을 할 것인가』 딱 한 권밖에 없었다.

그렇게 두드러진 역사를 지닌 마을과 지방치고는 정말 역사가 제대로 기록되어 있지 않았다. 시청에도 의미 있는 기록물이 없기는 마찬가지다. "놀랍지요, 나도 알아요." 상냥하고 싹싹한 직원 마놀로가 내게 말했다. "무엇보다도 지방 정부가 관료적이라서 그래요." 도서관 바로 아래층은 연금 생활자들의 사교 클럽이다. 여기서 노인들은 1유로짜리 커피와 카니타 맥주를 마시고 신문을 읽고 카드놀이를 하며 하루의 대부분을 보낸다. 역사는 위층에 있는 도서관이 아니라 그들에게 있고, 어떻게 투쟁했는지 들려주는 이야기와 다시 실천하는 투쟁을 통해 대대로 전달된다.

자신의 활동을 기록해 잡지 같은 화보로 펴내는 지역 조직은 스페인 역사에서 오랫동안 지도자 역할을 해 온 조직, 바로 교회다. 그런데 인터넷에서 마리날레다에 관한 짧은 글 하나만 읽어 보아도 1979년 이후에 마을에는 교회의 역사가 별로 없을 거라는 생각이 들 것이다. 실제로 내가 기독교 축제와 가톨릭 전통과 신앙에 대한 마을의 태도에 관해 물었을 때 산체스 고르디요는 자신 있게 "우리는 종교적이지 않습니다"라고 했다. 하지만 그때도 그게 약간 주제넘은 일반화로 보였다. 스페인의 거의 모든 마을에는 교회가 있다. 아무리 작은 마을도 마찬가지다. 마리날레다에도 실은 교회가 각 지구에 하나씩 모두 두 개가 있다. 그는 "맞습니다. 교회가 있습니다"라고 인정했으나 내가 뭘 모른다는 식이었다. "그러나 교회에 신부가 없습니다. 신부는 위험해요. 우리는 신부가 없어 정말 다행이라고 곧잘 말합니다."

1979년부터 산체스 고르디요가 노동자의 신조에서 가톨릭 신앙을 제거하자고 주장했어도, 그전에 존재한 가톨릭 신앙이 모두 사라진 것은 아니다. 그래서 '우리'는 종교적이지 않다는 그의 말과 문화 주간이 표면적으로 성주간을 대체한 사실에도 불구하고, 신을 숭배하는 일은 물론이고 스페인 가톨릭의 1년 행사 가운데 가장 중요한 행사인 성주간도 아직 마리날레다에 존재한다.

가톨릭의 부활절 전통도 푸에블로의 거리에 남아 있다. 그것은 종려 주일*의 행진과 함께 시작되는데, 이때 아이들이 사도 차림으로 행진을 하고 이들 가운데 한 아이가 예수 그리스도의 차림새로 당나귀를 타고 간다. 부활절 행사는 성주간의 금요일인 성금요일에도 진행되어 마을 북서쪽 모퉁이의 큰길 안으로 쑥 들어가 있는, 17세기에 지어진 희망의 성모 마리아 교구 교회에서부터 그리스도

---

* 부활절 직전의 일요일

의 성상 가두 행진이 펼쳐진다. '희망의 성모 마리아'는 마을의 수호성인이다. 마을에 거주하지 않는 마누엘 마르티네스 발디비에소 신부와 함께 매주 미사도 본다. 그는 엘 루비오의 주재 신부다. 그와 산체스 고르디요는 서로 피하는 사이인데, 신부가 한번은 자기는 마을 사람 모두의 신부이지만 산체스 고르디요는 그를 뽑은 주민 절반의 시장일 뿐이라고 신랄하게 말했다고 한다.

유토피아가 세속적이라는 산체스 고르디요의 주장은 절반의 진실이다. 마리날레다는 분명 많은 이웃 푸에블로보다 종교 의례를 잘 지키지 않고, 교회와 노동자들이 곧잘 폭력적으로 충돌하고 적대한 긴 역사 속에 자리 잡고 있다. 교회는 전통적으로 국가의 대리자였다. 프랑코 독재 시대 이전에도 그랬고, 어떤 의미에서는 이후에도 그랬다. 최근까지도 스페인 사람이 내는 소득세의 일부가 가톨릭교회를 유지하고 성직자들의 봉급을 주는 데 들어갔다. 1988년에야 사회주의노동자당이 소득세 신고 서식에 의사 표시를 할 수 있는 칸을 만들어 이를 선택할 수 있는 길을 열어 놓았다.

그러나 순회 신부인 발디비에소의 말도 맞다. 정기적으로 교회에 가는 사람들은 신중하게 비공개를 전제로 마을의 공식 문화에서 자기들은 소외되었다고 불평했다. 아무도 미사에 간다고 경멸하지 않지만, 시청과 마리날레다 텔레비전 방송에서 마을의 모든 종교 행사를 무시하는 것은 많은 것을 말해 준다.

교구 교회의 고리타분해 보이고 특이한 웹사이트는 성명서―조악한 종교적 클립아트로 둘러싸여 있다―에서 마리날레다에 "성주간이 존재한다", "종교 단체도 있고, 단체의 임원들은 마을에서 숭배를 받는다"라고 주장한다. 마리날레다에서도 닫힌 문 뒤에서는 아직도 숭배가 흔했던 시대—사실 프랑코 시대에는 숭배가 국가가 승인한 문화의 핵심에 있었다—의 유산을 볼 수 있다. 숙소 주인 안토니오의 집을 둘러봐도 벽과 선반에 가톨릭교회의 성상과 자질구레한 장신구가 가득하다. 저질 종교화가 아니라 세련된 그림과 작은 조각상, 성경에 나오는 구절이 든 액자 들이다.

마을에 처음 왔을 때 나는 그런 것들을 보고 안토니오가 산체스 고르디요에 반대하는 사람인 줄 알았다. 마치 종교를 믿는 관습적인 사람이냐 새로운 메시아를 숭배하는 사람이냐를 선택해야 하는 것처럼 생각한 것이다. 어느 날 밤 저녁을 먹고 이야기를 하다가 그가 어느 쪽도 아니라는 것을 알았다. "문화 주간에 여는 헤비메탈 콘서트는 여기서 아주 인기가 많아." 그는 흔들의자에 앉아 말하고는 일어나서 난로에 석탄을 더 집어넣었다. 내가 그 기회를 이용해 벽에 있는 성상에 관해 물었다. "아냐, 아냐, 그것들은 모두 어머니 물건이야. 내가 그대로 둔 거야" 하고 그가 말했다. 그러고는 덧붙이기를, 마을 사람 대부분이 가톨릭 신자 대신 공산주의자가 되었다며 그것은 가톨릭을 완전히 대체한 새로운 신앙이라고 했다.

나는 그에게 새로운 종교를 믿느냐고 물었다. "아니!" 그가 망설임 없이 분명히 말했다. "나는 정치도 좋아하지 않아. 아무것도 안 믿어. 나는 허무주의자이고 실존주의자야. 나는 그냥 살고 싶고, 철학도 필요 없어. 여기에 친구들이 있고, 어딜 가나 사람들이 인사해. 범죄도 없어. 경찰과 신부도 필요 없고, 정치가도 마찬가지야." 나는 약간 허풍이 있지만 놀라울 정도로 매력적인 이 70대 노인에게서 책에서 읽은 안달루시아 고유의 아나키즘을 발견한 느낌이 들었다. 개인의 자유와 자율성을 다른 모든 것 위에 놓고, 모든 종류의 권위적 인물에 알레르기를 일으키는.

"사육제는 1년 중 내가 가장 좋아하는 축제예요." 크리스티나가 몇 달 전부터 정말 신이 나서 내게 말했다. "크리스마스보다, 문화주간보다, 페리아보다 좋아요." 사육제는 전통적인 가톨릭교회의 사순절 전 축제다. 40일 동안 자기희생을 하기 전에 마지막으로 실컷 즐기는 때다. 마리날레다에서는 축제는 고집해도 그 뒤에 종교적 참회는 하지 않는다. 사육제 기간에 유일하게 논의되는 것은 의상과 분장뿐이다. 마치 놀기 좋아하는 아나키스트 집단이 직접 행동을 위해 모인 것처럼, 친한 친구들끼리 15명까지 패를 이루어 집단적 테마를 선정하고 어떤 의상과 분장을 할지 함께 논의한다.

이때는 시에라 수르의 푸에블로 전체가 사육제 기간이라, 말로 표현할 수 없을 정도로 흥분된 분위기가 공기 중에 감돌았다. 내 침실 창문이 흔들릴 정도로 레게톤 음악을 크게 틀고 굉음을 내며 리베르타드 로를 달리는 청소년 오토바이족도 평소보다 많은 것 같았다. 사순절 전 토요일에는 에스테파, 엘 루비오, 에레라와 주변에 있는 나머지 마을 전체에서 축제를 하는데, 예외가 둘이다. 페드레라는 주 중에 그들만의 독특한 재의 수요일* 사육제를 한다. 그다음으로 토요일은 마리날레다 순서다. 이때는 사순절이 시작된 후라 사순절 전의 왁자지껄한 분위기를 즐길 때는 아니지만, 이날을 택한 것은 다른 모든 축제와 경쟁하기보다 이 지방 사람이 모두 오면 좋겠다는 단순한 생각에서다.

내가 2013년에 참석했을 때는 떠들썩한 축제가 마을을 한 바퀴 도는 행진과 함께 시작되었다. 모두 토요일 밤 7시에 시청 주차장에 모이라고 했다. 나는 일찍, 그러니까 정각에 도착했다. 참석자가 4분의 1밖에 안 왔는데도 이미 장관이었다.

한껏 차려입는 사람들의 나이는 주로 다섯 살에서 서른다섯 살까지다. 콜라에 럼주를 섞어 마시든 콜라만 마시든 신나게 취할 수 있는 사람들이다. 모든 패거리가 술병과 믹서, 플라스틱 컵을 가득 실은 손수레를 밀고 다녔다. 그들 가운데는 곤충과 다람쥐 떼, 할리퀸도 있고, 녹색 바디 페인팅에 자주색 가발을 쓴 외계인도 열두 명쯤 있었다. 훌륭한 솜씨를 발휘하는 어릿광대와 의사, 간호사도 있고, 암탉도 몇 마리 있었다. 약간 의심스러운 게이샤와 아메리카 원주민, 『오즈의 마법사』에 나오는 허수아비도 있고, 투우사도 한둘 있고, 시끌벅적한 히피도 있었다. 우스꽝스럽게 생긴 사람들이 들어와서 군중이 불어나자, 마을의 나이 든 사람들은 주차장 가장자리로 물러나 빙 둘러서서 따분한 갈색과 회색 평상복을 입고 구경을

---

* 사순절이 시작되는 첫날.

하고, 부모들은 자랑스럽게 아이들 사진을 찍어 주었다. 우리가 한 시간 동안 천천히 마을의 거의 모든 거리를 돌기 전부터 이미 노래하고 서로 건배하고 마을을 위해서도 건배하고 들떠서 신나게 웃고 떠드는 소리와 열기가 뜨거웠다. 인간답게 즐길 권리를 작정하고 행사했는데, 그것은 바로 진탕 마시는 것이었다.

　제일 분장을 잘한 무리에 주는 상도 있었고, 몇몇은 선정한 테마를 아주 인상적으로 완벽하게 표현했다. 한 무리는 거의 판지만 써서 움직이는 커다란 코끼리를 만들어 맹수 사냥 테마를 꾸몄다. 그것은 국왕 후안 카를로스 1세가 초록색으로 위장하고, 같이 사냥 온 사람들과 어설프게 초록색 치마를 입고 얼굴을 검게 분장한 '원주민' 부부에 둘러싸여 마리날레다 텔레비전과 인터뷰를 하는 것이었다. 왕으로 분장한 남자가 어찌나 왕과 똑같이 생겼던지 처음에 나는 그가 누군지 알아보지 못했다. 올리브유 공장의 콧수염 안토니오였다. 그런데 정말 충격적이게도 그의 부적 같은 콧수염이 없었다. 이날 행사를 위해 민 것이다.

　멕시코의 거리의 무법자로 분장한 두 젊은이도 있었다. 이들은 약간 진부한 의상과 분장을 진짜 살아 있는 동물을 타는 것으로 보완해, 한 사람은 백마를 타고 한 사람은 당나귀를 탔다. 그러나 가장 훌륭한 분장은 교황 베네딕토 16세 수행단이었다. 교황이 사임을 발표한 지 1주일밖에 안 된 시점이었는데, 교황이 값싼 담배를 피우고 가짜 황금 술잔에 보드카와 콜라를 탄 칵테일을 마시며 골프 카트를 개조해서 굴러가게 만든 차를 타고 돌아다녔다. 교황 차는 역시 사치스럽게 차려입은 추기경들 가운데 하나가 몰았다.

내 머릿속에 가장 오래 남을 이미지는 온통 검은색으로 차려입은 어린 소녀의 모습이다. 소녀는 오큐파이 운동으로 널리 대중화된, 영화 〈브이 포 벤데타〉에 나오는 가이 포크스* 가면을 쓰고 빨대로 큰 팩에 든 오렌지 주스를 마셨고, 어깨에 두른 검은 망토가 바람에 날려 가볍게 펄럭였다. 소녀는 모두 여성으로 이루어진 공연단 속에 있었다. 열 명이 넘는 공연단은 나이도 키도 다양했는데, 모두 가이 포크스 가면을 썼고, 카트도 검은색으로 꾸몄다. 체제에 맞서 싸운 과거의 유산이 대중문화라는 필터를 거쳐 가장행렬이라는 오래된 의식이 되었다.

행진이 끝나자 팔로팔로와 헤르바시오, 신디카토 바, 디스코 펍 헤사를 중심으로 자리를 잡고 앉아 밤새도록 먹고 마시고 춤을 추었다. 임시 가판대와 음식을 파는 밴에서는 밴드 티셔츠와 사탕과 초콜릿, 꼬치구이, 와플을 팔았다. 스물한 살 미만은 신디카토 뒤에서 자기들끼리 모여 부모 눈을 피해 술을 마시고, 마리화나를 하고, 10대들처럼 자동차 트렁크에 설치된 음향 기기에서 쾅쾅 울려 퍼지는 세 가지 음악에 맞추어 떼를 지어 빙글빙글 돌았다. 싸구려 테크노와 어디서도 피할 수 없는 레게톤, 그리고 〈강남 스타일〉이었다. 특히 〈강남 스타일〉은 영상과 음향이 계속 반복되는 것 같았다.

---

* 가톨릭교도에 대한 탄압에 저항해 웨스트민스터 궁전을 폭파하려다가 발각되어 처형당한 영국인. 훗날 그가 거사한 날을 기념해 짙은 콧수염이 그려진 가면을 쓰고 즐기는 축제가 생겼고, 문학과 영화 등에서도 저항의 상징으로 그려진다.

디스코 펍 헤사는 더 많은 글로벌 팝 뮤직과 춤의 본거지였다. 세대를 가로지르는 춤도 있었다. 바로 바깥에는 가로등 기둥에 묶인 당나귀가 서 있었다. 부모들이 마시는 동안 어린아이들도 자지 않고 밖에서 가장행렬 차림 그대로 한밤중까지 축구를 했다. 새벽 2시에 아기 옷을 입은 채 술에 취한 20대 후반 남자도 많았지만, 술집 밖에 유모차도 그에 못지않게 많았다.

그 시간에도 한바탕 시끌벅적하게 마시려고 다른 마을에서 오는 사람들이 있었는데, 그 가운데는 분장을 한 사람들도 있었다. 그 와중에 내가 마지막으로 마을에 관해 진지한 대화를 나눈 것이 자정 무렵이었다. 갈수록 읽기 어려워진 내 공책에 따르면 그랬다. 이제 중년기에 접어든 똑똑하고 진지한 파코는 마을에 대한 평가가 공평했다. "위기는 여기에만 있지 않고 모든 곳에 있어⋯⋯. 우리가 새로 만들어 다시 시작한다면 이 위기는 세상의 불빛이 될 수 있어. 새로운 유토피아는 다른 유토피아야."

"내가 (1980년대에) 처음 바르셀로나에서 마리날레다로 돌아왔을 때 집회에 갔는데 그의 말이 여기 와 닿았어" 하고 파코가 자기 가슴을 톡톡 쳤다.

잘 준비된 재미와 놀이도 푸에블로의 활기에 반드시 필요하지만, 잘 준비되지 않은 것도 마찬가지다. 국경일인 제헌절 바로 전날인 12월의 어느 목요일 밤 10시에 친구와 조용히 한잔하러 나갔다. 헤르바시오 바에는 일곱 명밖에 없었다. 젊은 여성 둘과 따로 무리 지어 술을 마시는 20대 초반 남자 다섯이었다. 축구 경기를 틀어 놓았고, 난로가 상당히 크고 따뜻했으며, 색다른 일은 없었다. 시간이 지나자 청년들은 가벼운 카냐*가 아니라 큰 잔인 코파를 들이켰다. 독주 세 잔, 네 잔, 또는 다섯 잔에 콜라와 레모네이드를 얹어서(누가 알랴, 세계의 이 조그만 마을에서는 재는 법이 없으니).

한밤중이 되자 청년들이 술집 주인 헤르바시오를 설득해 바 뒤에 있는 그의 노트북에서 대형 텔레비전으로 뮤직비디오를 방송하도록 했다. 새벽 2시까지 술을 마시고 태평해져서 아무려면 어때 하는 마을 전반의 분위기에 설복당해, 다섯 청년뿐만 아니라 우리도 일어나서 〈마카레나〉에 맞춰 춤을 추었다. 우스꽝스러운 춤 동작 하나하나까지 완벽하게, 엉덩이를 찌르고 돌리면서. 산체스 고르디요가 말하는 '투쟁'은 우리에게 내재해 있어 억누를 수 없는 인간의 존엄함이 마침내 승리를 거두는 순간을 달성하기 위한 장엄한 투쟁이다. 하지만 이것이 그런 순간 가운데 하나는 아니었을 것이다.

값싼 대중음악은 예나 지금이나 이 지역에서 줄곧 인기를 누렸다. 요란하게 위그필드의 〈새터데이 나이트〉에 맞추어 춤추고 노래한 뒤에는 〈마카레나〉만큼 인기를 누리고 있지만 그보다 덜 지역적인 싸이의 〈강남 스타일〉이 울려 퍼졌다. 한국에서 폭발적 인기를 끌고 있는 대중음악이, 30년 전에는 시장이 아메리카 원주민 보호구역과 비교할 정도로 외딴 곳이었던 이곳 주민들에게 그렇게 익숙하다니 정말 놀라웠다. 이 젊은이들의 할머니 할아버지는 대부

---

* 가늘고 긴 술잔.

분 평생 바다를 본 적도, 남쪽으로 한 시간 드라이브를 간 적도 없었다. 하물며 1만 킬로미터나 떨어진 나라의 음악을 즐기고 춤 동작까지 즐기는 일이야 말해 무엇 하랴.

그다음에 이어진 것은 〈강남 스타일〉을 패러디해 긴축과 삭감을 비판하여 큰 인기를 끄는 〈나는 실업 수당을 받고 있지En el paro estoy〉라는 제목의 노래였다. 이것은 일상 대화에서 흔히 하는 이야기를 가사로 만들어, "더 이상 어찌해야 할지 모르겠어. 이제는 다시 부모 집에 가서 살아. 할머니는 빙고 게임도 하러 가지 못해. 여자 친구는 떠났어"라며 노란 야광 재킷에 보호용 헬멧을 쓴 젊은 남자가 비아냥거리듯 씩 웃으며 싸이의 카우보이 춤을 추고 돌아다니고, 그러다 바닥에 떨어진 유로를 주우며 절망한다. 그리고 후렴으로 "라호이, 내게 일을 줘!"라고 한다. 이미 패러디인 것을 패러디하는 것은 저급한 예술이고, 거기에는 블루스, 아니 그보다는 플라멩코의 깊은 고통과 슬픔 같은 것도 없지만, 이 노래는 유튜브에서 900만 명의 심금을 울렸다.

나중에 이 모든 흥분과 열기로 조금 피곤해지자 술집에 있던 젊은 남자들이 음악에서 빠져나와 럼주에 콜라를 섞은 칵테일 잔을 다시 채우고 유튜브에 올라온 카탈루냐 지방의 짧은 코미디 프로그램인 〈폴로니아Polònia〉를 틀었다. 이것은 프랑코 정권régimen de Franco에 관한 것이었다. régimen은 정권이라는 뜻도 있지만 체중 감량을 위한 다이어트라는 뜻도 있으므로 이 기발한 코미디 프로그램은 과거를 풍자한 패러디다. 깜박이는 흑백 화면에 노쇠해 힘이 없는데도 지나치게 열심인 프랑코가 나와 자기 정권에 다이어트를 빗댄다. 프랑코 정권에서는 부활절 주간에 고기도 못 먹고 섹스도 못하고 마리화나도 못하고 카탈루냐어도 못하니, 이 모든 것으로 인해 살이 빠질 거라고 장담한다. 그러고는 이 다이어트를 따르면 더 나은 외모를 갖게para tener mejor facha 될 거라고 결론을 내리는데, 용모, 풍채를 뜻하는 facha는 파시스트라는 뜻도 있으므로 의미가 또 한 번 뒤집힌다.

자정을 넘어 새벽 4시가 가까워졌을 때 헤르바시오가 뒷방으로 사라졌다가 조금 뒤에 영락없는 치안대의 복장을 하고 다시 나타났다. 이상한 녹색 삼각모까지 갖추어 완벽했다. 그러자 젊은이들이 배꼽을 잡고 데굴데굴 굴렀고, 한참 웃다 일어나서는 서로 그와 사진을 찍겠다고 아우성이었다.

다음 날 밤 크리스티나가 또래 젊은이들이 술에 취해 엄지를 치켜들고 가짜 치안대와 함께 포즈를 취하고 있는 내 사진을 보고 웃으며 분장이 풍자적인 캐리커처라고 했다. 젊은이들의 한바탕 소동은 인민의 적에게 보내는 애정 어린 찬사가 아니라 조롱이었다. 이는 그날이 제헌절 전날 밤인 것과도 관계가 있었다. 제헌절은 마드리드와 중앙 정부, 치안대로 상징되는 것을 기념하는 날이었다. 과장과 우스꽝스러운 풍자를 표현하는 캐리커처는 카디스의 사육제가 증명해 주듯이 인기 있는 형식이다.

헤르바시오가 실천하는 습관 가운데 내가 좋아하는 것이 또 하나 있다. 크리스티나와 내가 전날보다 조금 조용한 밤을 보낸 뒤 계산을 하자—여기서는 언제나 마지막에 술값을 낸다—술을 한 잔 더 돌렸다. 나는 이제 우리가 나갈 거라고 생각했는지라 어리둥절했다. 그런데 알고 보니 헤르바시오가 우리를 '초대'한 것이었다. 경제 위기와 상관없이 마리날레다에서는 술집 주인들이 곧잘 그렇게 한다. 계산을 하면 술집에서 공짜로 술을 한 잔 대접하는 것이다.

팔로팔로의 주인 레온은 누구보다도 후하게 이런 인심을 베푼다. 내가 그의 술집에서 몇 번이나 공짜 술을 먹었는지 셀 수 없을 정도다. 그의 술집은 마을에서도 가장 중요한 랜드마크 가운데 하나다. 10년 넘게 문을 열었고, 마을 너머에서까지 유명하다. 세간의 이목을 끄는 공연과 황량한 서부를 테마로 한 별난 장식 덕분이다. 벽과 문에 가짜 통나무까지 붙였다. 외부는 더 두드러진다. 폭이 넓은 입구 위에 길이가 6미터가 넘는 기타가 있고, 기타의 몸통이 안달루시아 지도하고 똑같이 생겼다.

팔로팔로는 록 음악이 전문이다. DP 에볼라와 앤빌 오브 둠 같은 저명한 밴드들과 출연 계약을 한다. 한 비평가가 비아냥거리듯이 투덜댄 대로, "팔로는 펑크, 하드 메탈, 다크 메탈, 새터닉 메탈 등 아주 다양한 취향을 가지고 있다."

레온은 처음 만났을 때부터 나를 마음에 들어 했다. 그때 영국인 영화 제작자 우즈마가 들렀는데, 우리와 함께 럼주를 몇 잔이나 마셨다(그의 주장으로는 공짜로). 시계가 째깍째깍 새벽 3시를 지나자 블루스 기타리스트가 열 명도 안 되는 군중을 위해 프랑스와 스페인, 영국의 록과 팝 음악을 섞어서 연주하는 소리에 그가 몸을 흔들었다.

레온이 재떨이를 끌고 오더니 점점 취해 고개를 박으며, 안달루시아는 국경이 없는 나라, 서로 다른 사람과 문화가 많은 나라라고 했다. 안달루시아는 무어인의 나라이기도 하다고 말했다. 그는 자랑스럽게 말했고, 나는 마리날레다 사람들이 자기들 혈통을 안달루시아만이 아니라 알안달루스라고도 말하는 것을 들은 적이 그때가 처음이 아니었다. 아마 그는 조금은 우즈마에게 과시하고 싶은 마음도 있었을 것이다. 우즈마가 인도 아대륙에서 온 조상을 두고 있어 마을에서는 비교적 드물게 백인 얼굴이 아니었기 때문이다. 그러나 그의 말은 진심이기도 했다. 그가 "국경이 없어!" 하고 외쳤다. "내게 안달루시아는 그냥 사람들이야." 그가 이스라엘과 팔레스타인, 인도와 파키스탄, 스페인과 모로코 이야기를 꺼냈다. 그들은 모두 형제자매야, 하고 그가 말했다.

이야기가 정치 쪽으로 흐르자 레온이 허공을 향해 손가락을 찌르며 진지하게 이야기하다가 다시 의자 위에서 몸을 흔들며 이를 드러내고 크게 웃다가 했다. "나는 사회주의자나 공산주의자가 아니야." 그는 마침내 집게손가락을 흔들며 선언했다. 그럼 당신의 철학은 무엇이냐, 당신은 무엇을 위해 건배하겠느냐고 내가 물었다.

그가 뒤로 휘청하더니 몸을 획 돌려 새로 돌린 달콤한 캐러멜 럼주 잔을 움켜쥐고는 마치 방 안에 있는 사람들에게, 세상 사람들에게 중대한 발표라도 하듯 팔을 뻗어 술잔을 높이 들고 말했다.

"자유."

6

유토피아의
적　들

Marinaleda

마리아노 프라다스가 마타레돈다의 맨 끝자락에서 우리를 만나자
고 했다. 마을을 큰 쪽과 작은 쪽으로 나누면 작은 쪽 끝에서 갑자
기 드넓은 들판이 펼쳐지는 곳이었다. 마을의 간선 도로인 리베르
타드 로는 여기서 두 갈래로 갈라져, 하나는 남쪽으로 에스테파로
내려가고 하나는 동쪽으로 에레라로 향했다. 우리는 이 나들목 옆
에 있는, 포장도 안 된 일시 정차 가능 구역에 차를 세웠다. 날이 하
도 화창해서 차에서 내려 그가 나타날 때까지 차 옆에 서 있었다.
왠지 마약 거래나 인질 교환을 기다리는 듯한 느낌이 들었다. 지나
가는 차에 탄 사람들이 고개를 돌려 호기심 어린 눈초리로 오후 한
낮에 마을 변두리에서 빈둥거리는 젊은이 넷을 힐끗 쳐다보았다.
나는 에스테파에 사는 하비와 마리날레다에 사는 에세키엘, 런던
에서 온 사진가 데이브를 데리고 갔다.

드디어 마리아노가 차를 세워 우리 옆에 주차하고 모든 사람과 조심스럽게 우호적이면서도 정중하게 악수를 했다. 우리는 악수를 마치고 다시 차를 타고 그를 따라 구불구불한 올리브 숲을 지나 도시 밖으로 나갔다. 15분쯤 뒤에 그가 갈림길을 가리켰다. 올리브 숲으로 곧장 들어가는, 돌이 많은 비포장 도로였다. 어찌나 좁은지 유리창 밖으로 손을 뻗어 나무에서 올리브를 딸 수 있을 정도였다. 구불구불 천천히 덜컹거리며 완만한 경사지를 오르니, 높은 철망 위에 가시철사를 얹은 울타리 뒤에 작은 집이 있었다. "와, 이게 반대파의 아지트인가 봐?" 데이브가 반은 농담으로 중얼거렸다. 그때 개 세 마리가 대문으로 뛰어올랐다. 한 마리는 엄청 큰데 두 마리는 우스꽝스럽게 작았다. 덕분에 약간 어색했던 분위기가 누그러졌다.

작은 집 안 식탁에 앉으니 마리아노가 싱크대 위에 있는 블라인드 하나를 올렸다. 우리는 이렇게 어슴푸레한 곳에서 그대로 두세 시간 앉아 이야기를 나누었다. 우리는 부러 그런 것도 아닌데 꼭 몸을 숨기고 있는 것 같았다.

나는 마리아노 프라다스가 마리날레다에서 부당하게 비난받고 있다는 느낌이 들었다. 그는 마리날레다에서 선출된 사회주의노동자당 의원 둘 가운데 하나다. 산체스 고르디요의 좌파연합IU 의원은 아홉 명이다. 그는 마을에서 살금살금 조심스럽게 움직이는 경향이 있다. 내가 마리날레다에서 화요일 사육제 날 밤에 비교적 인기 없는 (그래서 비교적 빈자리가 많은) 한 마을 카페에서 친구와 저녁 식사를 하는데 마리아노가 혼자 들어왔다. 그는 뭔가 찔리는 데가 있는 듯한 눈빛으로 주위를 쓱 둘러보더니 성질 나쁜 사팔뜨기 주인과 조용히 무슨 이야기를 금방 나누고는 다시 슬며시 사라졌다. 그와 또 한 명의 사회주의노동자당 의원 호세 로드리게스 코바초는 마을의 문화 행사에 좀처럼 참여하지 않는다. 그들 말로는 환영받지 못하는 느낌이 든다고 한다. 그런데 결정적으로 두 사람 모두 마리날레다에 살지 않는다. 둘 다 저 산봉우리에 있는 에스테파에 산다.

2012년 지역 선거 뒤에 산체스 고르디요는 승리의 연설을 시작하면서 기다리는 군중에게 마치 축구 경기 득점수를 전달하듯이 "마리날레다 9, 에스테파 2"라고 했다. 그러고는 우레와 같은 박수를 받았다. 안달루시아 사람들의 삶에서 믿을 수 없을 정도로 끈질기게 사라지지 않는 저 중요한 측면, 즉 당신이 곧 당신의 푸에블로라는 생각을 이보다 분명하게 보여 주는 것은 없을 것이다. 따라서 사회주의노동자당을 대표하는 사람들이 에스테파에 사는 한, 마리날레다의 삶에 대한 그들의 헌신과 이해는 의심받을 것이다.

그러면 프라다스가 자신도 마리날레다에서 태어나 마리날레다에서 자랐고 가족도 마리날레다 출신이라고 반박할 것이고, 그것은 맞는 말이다. 그도 저 옛날 나빴던 시절, 독재 치하에 살면서 매일 싸웠던 때를 기억한다. 마을이 1980년대 이전에 처했던 끔찍한 상황에 대한 그의 분석도 산체스 고르디요의 분석과 다르지 않다. 그의 말대로 라티푼디오에 둘러싸인 지독히 가난한 푸에블로였고, 정치 엘리트들의 무관심 탓에 사람들은 굶주림에 시달릴 수밖에 없었다.

나는 명색이 사회당인 그의 당 사람들이 어떻게 오랫동안 토지를
얻기 위해 성공적으로 싸운 호르날레로의 투쟁을 반박할 수 있는
지 궁금했다. 당연히 프라다스도 투쟁이나 토지 점거를 고려할 가
치가 없는 것으로 치부할 정도로 경솔하지 않았다. "어떤 부분에서
는 그것도 좋은 일이지요" 하고 그에 대해서는 할 말 없다는 식으로
말했다. "이제는 호르날레로들도 얼마간 토지가 있고, 그것은 좋은
일입니다. 그러나 그들이 주장하듯이 토지가 모든 사람에게 그렇
게 많은 일을 주는 것은 아닙니다. 여기는 완전 고용이 아니에요. 그
근처에도 가지 못해요. 진짜 문제는 안달루시아에는 산업이 없다
는 사실입니다." 노동자 단결을 위한 집단과 안달루시아 노동자조
합이 토지를 얻는 데만 몰두한 것은 근시안적 집착이었다면서, 그
는 1980년대를 이렇게 이야기했다. "진보를 하려면 다른 것도 많이
필요합니다. 들만이 아니라요."

단식 투쟁은 어떠냐고 내가 물었다. "진실을 원하나요?" 그가 자
기도 모르게 피식 웃었다. 단식 투쟁을 둘러싼 전설을 비웃거나 존
중하지 않는 웃음이 아니라 불손한 웃음이었다. "진실은 그것이 대
단히 감상적으로 다루어졌다는 겁니다. 대다수 사람은 그것과 관
계가 없어요." 그가 펠릭스 탈레고의 분석을 되풀이했다. 단식 투쟁
은 산체스 고르디요가 언론에 보도될 것을 알고 노조와 당의 도움
을 받아 위에서 조직해 낸 잘 연출된 작품이라는 것이었다.

"마리날레다는 둘로 나누어진 푸에블로예요. 그동안 산체스 고
르디요가 총회와 텔레비전 방송국 등을 통해 둘로 나누어지도록

열심히 노력했지요. 자기편이 아니면 오른쪽에 놓고 파시스트로 만들었어요. 그래서 공격을 받고 모욕을 당하고 위협을 받게 했어요." 그는 만일 사회주의노동자당이 마을 의회의 통제권을 얻게 된다면 제일 먼저 할 일이 사상의 자유를 되찾아 사람들이 시장에 대한 '지지'나 '반대'만 표명하지 않고 스스로 결정할 수 있도록 하는 것이라고 했다. 우모소 농장을 어떻게 운영할지 생각하고, 그 뒤에 산체스 고르디요의 마리날레다가 지닌 다른 측면도 모두 다시 생각해 볼 것이라고 했다.

프라다스는 물론 비밀 투표와 자유 투표를 할 수 있지만 비민주적인 마을에서의 삶에는 다른 측면도 있다고 했다. 사람들이 누가 산체스 고르디요 편인지 아닌지 안다는 것이다. "사람들은 당신이 분명히 광신도가 아니라면, 그 반대일 거라고 생각해요." 그럼 총회는? "총회는 민주주의의 피상적 표현일 뿐이에요. 고르디요주의자가 아닌 사람들은 아예 총회에 갈 생각을 하지 않을걸요. 집회에 참석하는 사람들은 대부분 고르디요주의자고, 그들이 그러는 것은 그래야 우모소 농장에서 일을 얻는 데 도움이 된다는 것을 알기 때문이에요." 그는 지금도 카시케의 시대와 다르지 않다고 했다. 마음에 드는 사람들에게만 일을 주고 호의를 베푸는 비공식적 편향이 있다는 점에서 그렇다는 것이다.

당신이 시위와 파업에 참여하는지 참여하지 않는지가 알려지고 기록된다. 참여하면 호의가 베풀어질 공산이 크고, 그렇지 않으면 파시스트로 몰린다.

"위협이 꼭 물리적일 필요는 없어요." 그가 침통하게 말했다. "많은 사람이 불편함을 느껴 마을을 떠나 에스테파나 다른 곳으로 가야 했어요."

과거에 마을에 있는 그의 여동생 집에 누군가 '파시스트'와 '범죄자'라고 휘갈겨 써 놓은 적도 있다고 말했다. 프라다스 자신도 의회 회의에서 산체스 고르디요에게 파시스트로 몰린 적이 있고, '정치적 이유'로 차가 파손된 적도 있었다. 고발은 계속 이어졌다. 시장이 〈직통 전화Línea Directa〉라는 자신의 토요일 텔레비전 프로그램에서 성주간 때 행진하는 사람은 누구나 파시스트라고 했다고 말했다. "시장은 종교를 믿는 사람은 분명히 파시스트일 거라고 생각해요. 그에게는 좌파이면서 종교적인 사람은 있을 수 없어요. 시장은 자유에 대해 많이 이야기하지만, 종교의 자유가 어디에 있습니까? 개인적으로는 나도 별로 믿음이 없지만, 성주간의 전통은 존중합니다."

누군가 제기하는 혐의와 그것에 반박하는 주장 가운데 많은 것이 그렇듯이 사실에서 가십을 가려내기는 거의 불가능하다. 그러나 확인된 사건도 몇 가지 있다. 1986년 11월에 사회주의노동자당 지방 지도부가 마을에 당사를 열려고 왔을 때 마을 사람 50명이 떼 지어 그들의 차 유리창을 깨고 차제를 긁어 손상을 입혔다.

인터뷰 뒤에 우리는 곧 무너질 것 같은 사다리를 타고 올라가 프라다스의 집 지붕에 서서 지평선을 바라보았다. 그런데 이런저런 잡담을 하며 굽이치는 산봉우리들 속에서 우리가 알아볼 수 있는

랜드마크를 찾다가 나는 약간 쓸쓸해 보이는 프라다스의 둥근 얼굴이 자음을 삼켜 버리는 것을 발견했다. "데스푸에스despúes" 같은 말이 그의 볼에 씹혀 "뎁웨"가 되었다. 그는 재미있는 인물이지만, '반대파'를 대표하는 얼굴로서는 완전히는 아니어도 거의 한계에 이른 사람이었다. 고르디요주의자에 대해 주장하고 설명하면서 약간 기진맥진해 하다가 약간 재미있어 하다가 했고, 그 주장들은 본질적으로 그들이 수십 년 동안 해 온 것이었다. 그리고 카시케의 시대에도 그랬듯이 그 가운데 많은 것이 그와 그의 적 사이의 개인적 갈등으로 설명되었다. 나는 만일 산체스 고르디요가 정치에 전혀 관여하지 않았으면 어떻게 되었을 것 같느냐고 물었다. 그랬다면 어떤 다른 사람이 똑같은 역할을 하지 않았겠느냐, 그가 시장에서 물러나도 이 프로젝트가 계속 진행되지 않겠느냐고 물었다.

그는 "절대 그렇지 않아요. 고르디요 없는 고르디요주의는 불가능해요"라고 한 번 생각해보지도 않고 말했다. "내게 그의 정치는 공산주의도 아닙니다. 그것은 아주 개인적인 정치예요. 산체스 고르디요가 내려오면 다시 사업이 잘될 겁니다. 그래야 우리 모두 전진할 수 있어요."

* * *

수십 년 동안 투쟁하면서 산체스 고르디요는 마리날레다 이야기를 확고한 형태의 내러티브로 정착시켰고, 온라인에서 그런 내러티브가 수없이 많은 글에서 다양한 언어로 거의 동일한 형식에 따라 반복되는 것을 읽을 수 있다. 그들은 유럽의 거의 모든 나라는 물론 그 너머의 많은 곳에서도 언론인과 활동가, 영화 제작자, 사진가를 끌어모을 수 있을 정도로 오랫동안 투쟁에 참여했다. 잠시 머물지 말고 시간을 좀 더 갖고 지역의 피상적인 기억을 넘어 좀 더 깊이 파고들어야 산체스 고르디요의 내러티브가 얼마나 빈틈없이 짜여 있고 얼마나 초점이 협소한지 깨닫기 시작한다.

여기에 나쁜 의도가 있는 것도 아니다. 산체스 고르디요는 수십 년 동안 자기 분야의 정상에 있어 똑같은 인터뷰를 되풀이해야 하는 베테랑 록 스타와 비슷하다. 인터뷰가 조금 따분한 일이 되었지만, 그래도 빼먹지 않는다. 그랬다가는 문제가 커질 수 있기 때문이다. 그래서 거의 기계적으로 같은 이야기를 줄줄 풀어내고, 내러티브에서 강조하는 핵심 포인트도 같다. 그들이 당과 노조를 만들었고, 단식 투쟁에 나섰고, 들을 점령했고, 들을 얻었고, 범죄나 경찰·종교 없는 공산주의 유토피아를 세웠고, 그게 모든 사람에게 일과 집과 여가를 주었다고 한다. 그러나 아무리 선의로 보아도 이 단순한 공식 내러티브가 진실을 모두 이야기하지는 않는다는 사실을 피할 수 없다. 산체스 고르디요 비판자들이 거기서 금방 구멍을 발견하고 큰소리치는 것도 피할 수 없다.

스페인 우파는 마리날레다를 '공산주의 테마파크', 쿠바나 북한의 축소판, 금이 간 민주주의를 체의 얼굴로 가린 실패한 미니 국가로 말하기를 좋아한다. 토지 점거는 '무가베식'이고, 지도자는 모든 공산주의자가 하는 짓을 하는 절대 권력자, 개인의 잠재력과 재능을 지우고 낫으로 솟아오른 사람들을 잘라 버리고 망치로 나머지 사람들을 후려치는 독재자다. 그러나 다른 것은 몰라도 마리날레다를 소련 위성 국가의 축소판이라고 공격하는 것은 이 지방의 역사를 완전히 무시하고, 그동안 마리날레다 사람들에게 지향점이 되었던 정치를 완전히 무시하는 것이다. 여기서는 언제나 개인의 자유가 가장 중요했고, 그것이 오늘날에도 마을에 남아 있다. 마리날레다가 스페인 선거법은 철두철미하게 지켜도 경찰을 두지 않음으로써 국법을 어긴다는 사실은 되풀이해 말할 가치가 있다. 마을의 많은 술집에서도 스페인의 금연법은 간단히 무시되고 재떨이가 테이블에 놓여 있다. 좋든 싫든 이것은 결코 통제 국가나 권위주의 국가가 아니다.

벽화는 국제 사회의 다양한 대의를 표현하고 있어, 그것들을 보면 분명 쿠바 느낌이 들 것이다. 벽화는 지역 사람에게나 방문객에게나 정치적 정체성, 또는 다양한 정체성의 표현이다. 한 비판자가 주장하듯이, 벽화는 세속적 교리 문답서이기도 하다. 신자들에게는 신앙 고백이지만, 외부인과 불신자들에게는 의식적으로 도발하는 선언문이다. 리베르타드 로를 딱 5분만 걸어도 그것은 산체스 고르디요의 신조를 시각적으로 잘 요약해서 보여 준다. 농지 개혁만이 농촌의 빈곤을 없앨 것이고, 자본주의 텔레비전은 선전이고, 평화는 군국주의에서 올 수 없다. 마리날레다는 지금도 스페인 제2공화국에 충실하고, 모든 곳에서의 파시즘에 반대하고, 바스크 지방과 카탈루냐, 남아메리카와 중앙아메리카, 서사하라와 팔레스타인 사람들과 연대해서 싸운다.

19세기 안달루시아 아나키즘을 비판하는 사람들의 일부는 그 안에서 천년 왕국설 같은 요소를 보았다. 피할 수 없는 노동자 혁명만이 과거에 가톨릭교회가 그들에게 약속한 신세계를 건설할 수 있다는 불타는 믿음으로 역사적인 기독교 신앙을 대체했다는 것이다. 단언컨대 그러한 경향이 아직 일부 남아 있는 것도 사실이다. 마을의 문장에 있는 이미지와 일부 벽화에서 그러한 상징체계를 볼 수 있다. 벽화에는 마리날레다가 황금빛 태양 아래 푸른 들판과 깨끗한 하얀 집들이 있는 목가적인 유토피아로 그려져 있다. 그러나 그러한 이미지가 정말로 메시아적인 공산주의, 천년 왕국설 같은 공산주의의 증거일까? 들판이 정말 푸르고, 집들이 정말 하얗고, 태양이 정말 황금빛으로 찬란하게 빛나는데?

2011년 11월에 신문 『디아리오 데 세비야Diario de Sevilla』와의 인터뷰에서 산체스 고르디요는 "나는 정신적 지도자입니다. 여러분이 그렇게 부르고 싶다면"이라고 했다. 분명 그가 말한 대로 그를 따르는 무리들은 그를 신뢰한다. 지도자에 대한 믿음이 강하고 헌신도도 높아, 상황이 요구하면 신체적 위험도 감수하며(예를 들면, 스페인 경찰과 싸워서라도) 그가 지지하는 신조를 지킨다. 그러나 이것은 특별한 경우다. 고르디요주의는 광신적 사이비 종교가 아니다. 천년 왕국설을 믿는 것은 더더욱 아니다. 벽화를 '쿠바적'이라고 비난하는 것도 따져 볼 필요가 있다. 벽화는 시청에서 의뢰해서 그린 것이 아니다. 전 세계에서 온 사람들이 그렸다. 만일 이것이 교리 문답서라면, 그것은 위에서 지시해서 만든 것이라기보다 누구나 기여할 수 있는 개방된 교리 문답서일 것이다.

　시장 집무실의 쿠바스러움은 아마 작은 마을이라면 어디에나 필요한 시설인 자체 라디오 방송국과 텔레비전 방송국에 한층 분명하게 표현되어 있을 것이다. 두 방송국은 각각 1980년대와 1990년대에 설립되어 산체스 고르디요가 "주인의 목소리"라고 부르는 것, 즉 외부에 있는 자본주의 미디어에서 새어 들어오는 것에 맞선 대안을 제공해 준다.

　마리날레다의 미디어 중심지는 인상적인 문화 회관에 있는 벽화의 벽과 시청 사이에 있고, 제작 데스크와 편집실 몇 개와 전문 스튜디오 두 개로 이루어졌다. 여기서 산체스 고르디요가 진행하는 전화 시민 참여 프로그램이 만들어지고, 지역 활동과 축제, 시위와 집회 장면을 내보내는 생동감 있는 프로그램은 매주 한 시간 반 동안 방송된다. 내가 처음 방문했을 때는 편집실에 줄지어 있는 전화기 위로 흐릿하게 보이는 텔레비전 스크린이 시장을 클로즈업한 정지 화면으로 가득 차 있었다. 그것은 약간 눈물 나는 장면이었다. 스튜디오의 배경에 있는 야한 붉은색과 녹색이 고르디요의 선명한 오렌지색 재킷과 너무나 어울리지 않았다.

　시민이 전화로 참여하는 프로그램인 〈직통 전화〉는 일부는 지역 이슈를 다루고 나머지는 그보다 큰 그림을 다룬다. 그것은 안달루시아에서 일어난 일일 수도 있고, 팔레스타인에 관한 이야기일 수도 있다. 때로 언급되는 영감의 원천은 우고 차베스의 대본 없는 토크 쇼 〈여보세요 대통령〉으로, 차베스가 베네수엘라 국민과 길게 이야기를 나누었던 프로그램이다. 〈직통 전화〉는 스튜디오에 방청객을 위한 의자들이 있어도 대개 카메라가 산체스 고르디요에게만 고정되어 있어, 이 프로그램이 가장 큰 시각적 즐거움을 주는 눈요깃감은 아니다. 게다가 처음에는 세 시간 동안이나 방송되어, 제작팀이 시장에게 조금 잘라 낼 필요가 있을지도 모른다고 조심스럽게 말해야 했다. 때로는 산체스 고르디요가 카메라에 대고 직접 시를 읽어, 우모소 농장의 목가적인 장면이 삽입되기도 한다. 시는 낯익은 주제들로 꾸며지는데, 사실 "우파는 진정으로 피와 살이 있는 사탄이다" 같은 시구로 인해 그의 비판자들과 트러블이 생기기도 한다.

내 숙소 거실에는 거의 언제나 텔레비전이 켜져 있었는데, 집주인 안토니오는 내게 줄곧 익살스럽게 과장된 라틴 아메리카 텔레비전 연속극만 보여 주다가 가끔 마리날레다 방송을 보게 해 주었다. 그것은 대개 짤막짤막하게 최근 활동이나 시위, 곧 있을 스포츠 활동에 관한 정보를 전해 주었다. 후자는 다음 달 열리는 청년 탁구 시합에 참여할 사람은 등록하라는, 뭐 그런 것이었다. 마리날레다에 살면 텔레비전에 나오지 않을 수가 없다. 시위를 하러 가거나 축제 때 나가면 어김없이 찍힌다.

15분짜리 프로그램에서는 머리카락이 파란 아르헨티나 히피의 방문을 기록했다. 마을의 연금 생활자들에게 별관에서 뉴에이지 댄스와 신체적 상호 작용을 강습하러 온 사람이었다. 부드러운 음악이 흐르는 가운데 그녀가 그들에게 어색하게도 서로 얼굴을 쓰다

듬도록 부추겼다. 이 프로그램이 내 기억에 꽂힌 것은 안토니오가 자신의 친구와 이웃인 참가자들이 누가 봐도 불편해하는 모습에 웃음을 참지 못했기 때문이다. 다음은 소몬테에서 최근에 비어 있던 정부 농장을 점거한 것을 짤막하게 다룬 프로그램이었다. 그것은 안달루시아 노동자조합에 큰 이야기였고, 당연히 마리날레다에도 그랬다. 이 프로그램은 배경 음악으로 스페인 펑크punk와 펑크funk를 썼다. 마지막은 여자들이 무표정하게 볶은 후추를 쌓아 올리고 씨를 빼고 생산 라인에서 일하는 장면을 짜깁기한 것으로 시간을 채웠다. 여기에는 더없이 행복한 레게 음악인 지미 클리프의 〈이제 확실히 볼 수 있어I Can See Clearly Now〉가 흘렀다. 그것은 상당히 초현실적이었다. 그날 방송할 거리가 바닥나자 쿠바 국영 텔레비전의 국제 방송인 '쿠바비시온 인테르나시오날Cubavisión Internacional'의 적갈색 도는 방송을 실시간으로 내보냈다.

마리날레다 방송은 선전으로서는 아주 소규모이고 영향력도 크지 않지만 시청 범위가 약 15킬로미터여서 잠재적으로는 에스테파와 에시하, 오수나를 포함해 6만 명이 시청할 수 있다. 하지만 마을 안이나 밖에서 시청률이 얼마나 되는지는 알 수 없다. 이 방송국을 이웃 마을에서는 대개 짜증 나는 골칫거리로 여긴다. 다른 채널의 방송을 가로막는 탓이다. 다른 큰 방송사 소유의 주파수를 변조해 무단으로 방송을 수신한다고 검사들이 법적 절차를 밟은 것도 한두 번이 아니다. 소문에 따르면 그런 큰 방송사에는 디즈니 채널도 포함된다고 한다.

방송에서 내보내는 것들 가운데는 정보 제공 기능이 있는 것들도 있다. 라디오와 텔레비전 방송국은 노조 웹사이트, 전화 연결망, 이웃끼리 전하는 말과 더불어 곧 있을 시위와 토지 점거를 위해 사람들을 동원하는 데 쓰인다. 그러나 대부분의 내용은 마을에서의 삶을 짤막하게 소개하고 '우리'가 상징하는 것을 일깨우는 것들로 이루어졌다. 그렇지만 그것은 마을의 다원성 또는 다원성의 결여 같은 문제도 일깨운다. 내가 말라가에 가는 버스에서 만났던 똑똑한 젊은이 파코 마르토스는 미디어 허브의 얼마 안 되는 풀타임 직원 가운데 하나였는데, 그들이 마리날레다의 시청과 세계관을 공유한다는 사실에 대해 변명하지 않았다. 시청에서 동의할지 모르지만, 중요한 것은 그들의 지시를 받지 않는다는 것이라고 주장했다.

우익이나 자유주의자들이 마리날레다를 기괴한 선동적 독재 체제로 그리는 데는 한 가지 큰 문제가 있다. 산체스 고르디요가 선거에서 계속 이긴다는 사실이었다. 한두 번도 아니고 몇 번이나 계속해서, 게다가 다툼의 여지가 있을 정도로 아슬아슬하게 이기는 것도 아니고, 유엔 선거 감시인단을 파견해 달라고 하고 싶을 정도로 믿기 어려운 표차로 이기는 것도 아니다. 이번 위기로 주요 정당인 우파 인민당PP과 사회주의노동자당PSOE에 대한 남은 신뢰마저 모두 무너지면서 마리날레다는 노동자 단결을 위한 집단CUT과 산체스 고르디요가 속한 좌파 정당 연합인 좌파연합IU에 아주 소중한 존재가 되었다.

스페인 지방 의회 선거는 정당 명부식 비례 대표제로 결정되어, 투표할 때 자신이 선택한 정당의 명부를 봉투에 넣어 투표함에 넣는다. 그래서 좌파연합이 득표를 많이 할수록 그 후보자 명부에 있는 사람들이 더 많이 선출된다. 2012년 3월 지방 선거에서 평생 교육원에서 개표를 진행할 때, 마을 사람들은 극적으로 익명의 투표 용지를 하나하나 펼쳤고, 좌파연합 표가 나올 때마다 방 안의 고르디요주의자들이 환호성을 질렀다. 좌파연합이 의원을 또 한 명 낳을 수 있을 만큼 표가 모일 때마다 시장 지지자들은 작은 교실에서 뛰어나가 "우리가 일곱 명 얻었다!" "이제 여덟 명이다!" 하며 매번 환호했다.

정치적 유사성(과 그와 관련된 색채 조합, 깃발, 영웅, 아이콘)이 아주 중요하게 여겨지는 마을에서는 선거 운동 기간이 신나는 기간이다. 비록 한쪽에서만 신나지만 말이다. 시장 얼굴이 마을 곳곳에 붙는 포스터에 나오고, 사람들의 창문에도 걸리고, 심지어 리베르타드 로를 가로지른 장식용 깃발에도 나온다. 여기서 중요한 결정은 산체스 고르디요와 그의 정당, 프로젝트와 계속 갈 것인가 말 것인가 하는 것뿐이다. 그리고 후자라면 그렇게 외치고 다니지 않는다. 가장 충실한 고르디요주의자로 손꼽히는 마리날레다 노부인들은 마을에 새로 온 사람들에게 선거가 어떻게 이루어지고 그동안 어떻게 이루어졌는지를 친절하고 상냥하게 설명해 주는 것으로 유명하다. "시장에게 투표할 거지요? 시장에게 투표해야 하는 것 알지요?"

선거는 자유롭고 기본적으로 공정하지만, 실제로는 프로젝트에 대한 헌신을 재확인하는 시간이다. 산체스 고르디요가 연단에서 그동안 투쟁을 통해 무엇을 성취했고 다음에는 무엇을 성취할지 길게 늘어놓고, 가뿐히 재선된다. 2012년 1월에 산체스 고르디요를 처음 만났을 때 그가 내게 준 화려한 64쪽짜리 노동자 단결을 위한 집단/좌파연합 선거 책자는 최고 수준의 선전물이다. 내가 마을의 역사를 조사한다고 했을 때 도서관 사서인 라파가 또 불쑥 내민 그 책자는 무엇보다도 산체스 고르디요의 주장과 선전의 주요 목적을 모두 달성하는 데 성공했다. 그것은 시장의 프로젝트를 마을 전체와 일체화해, 둘을 구분하기 어려운 하나로 본다. 마리날레다는 프로젝트가 펼쳐지는 마을이 아니라 프로젝트 자체다.

2011년 5월 선거 때 산체스 고르디요의 정당은 마을이 결국은 사회주의노동자당에 넘어갈 거라는 소문에 시달렸다. 득표율이 2003년에는 71퍼센트였는데 2007년에는 61퍼센트로 떨어져, 사회주의노동자당이 마리날레다의 의석 11개 중 4개를 차지했기 때문이다. 당시 산체스 고르디요의 한 지지자는 "경종이 울리고 있다"라고 썼다. 아무래도 마을 젊은이들이 이 고리타분한 공산주의 타령에 식상한 것 아닐까? 사회주의노동자당이 시장이 몰두하는 토지 경작에서 한 걸음 더 나아가고 싶은 마음을 이용할 수도 있지 않을까? 그런데 이 정당은 추잡한 선거 운동 방식을 택했다. 외국인 혐오증에 기댄 포퓰리즘을 이용해 안달루시아에 일자리가 부족한 것을 불법 이민자들 탓으로 돌렸고 대패했다. 산체스 고르디요의 정당이 73퍼센트를 득표해 다시 의회에서 9 대 2로 다수가 되었다.

결국 프로젝트가 다시 한 번 강력한 지지를 받았고, 그에 걸맞게 축하 행사는 쿠바식이었다. "선거 날, 결과에 한껏 도취되어…… 대중의 환호로 다음 날 일하지 않고 계속 큰 잔치를 벌여 승리를 축하하기로 결정했다. 토지에서 나는 올리브와 살모레호salmorejo*, 햄과 찬 맥주로"라고 한 블로거는 썼다. 이것은 꼭 〈아스테릭스〉의 끝 같다. 좋은 쪽이 이기고, 마을이 다시 하나가 된다. 빠진 것은 나무에 묶인 카코포닉스**뿐이다. 21세기 선거 결과에 보이는 반응치고는 참 유별나다.

2000년대 중반까지 마리날레다는 '철의 띠cinturón de hierro'로 알려진 것에 둘러싸여 있었다. 이웃 도시인 에스테파와 에레라, 에시하, 엘 루비오를 장악한 사회주의노동자당의 '철의 띠'였다. 이 마을들은 특히 안달루시아 사회주의노동자당의 투자를 집중적으로 받았다. 그들은 작심하고 자기들 세력권 한복판에 있는 당혹스러운 극좌파를 뿌리 뽑으려고 했다. 이러한 노력은 계속 실패했지만 마리날레다는 여전히 고립되어 있다. 푸에블로의 경계를 넘어서면 시에라 수르 지방에서는 페드레라와 힐레나만 노동자 단결을 위한 집단이 의회에서 다수를 유지하고 있다.

마리날레다가 정말 유토피아라면 어떻게 그곳의 원리가 근처 도

---

* 빵과 달걀, 토마토, 피망, 마늘을 잘게 다져 물을 넣고 소금으로 간을 한 차가운 수프.
** 〈아스테릭스〉에 나오는 마을의 음유 시인. 노래하기를 즐기지만 잘하지 못하여, 승리 축하 잔치에서 노래하지 못하게 묶어 놓는 바람에 마을 사람들이 흥겹게 먹고 마시는 것을 지켜볼 수밖에 없는 인물.

시로 수입되지 않았겠느냐고 한 우익 블로거는 말했다. "마리날레다의 천국 같은 오아시스에서 뭔가가 실패한 게 틀림없다. 어쩌면 그곳은 오아시스이기는커녕 나머지 세계와 단절된 섬일지도 모른다." 이것은 공정한 지적이며, 엘 루비오 같은 이웃 마을 사람들이 한 번도 실험을 모방하려고 하지 않았다는 문제를 제기한다. 그렇지만 모든 푸에블로는 저마다 독특한 전통과 개성, 정치로 이루어져서, 서로 같은 길을 가는 것은 안달루시아 푸에블로의 성격에 맞지 않는다. 그들은 이웃을 모방하려고 하기보다는 이웃과의 차이로 자신을 정의할 가능성이 높다.

안달루시아에서 가장 최근에 있었던 2012년 3월 지방 선거는 마을의 다원성 수준에 대해 흥미로운 통찰을 제공해 준다. 1199명이 산체스 고르디요의 좌파연합에 투표하고, 331명이 사회주의노동자당에, 222명이 인민당에, 24명이 기타 정당에 투표했다. 이러한 결과는 2008년 이후에 사회주의노동자당에서 좌파연합으로 표가 약간 이동했음을 보여 준다. 마리날레다에는 좌파와 산체스 고르디요에 투표하지 않는 사람이 적어도 500명은 있다. 그리고 이들 가운데 200명이 보수 정당인 인민당에 투표한다. 술집이나 마을의 역사에 대한 공식 내러티브에서는 그들의 견해를 거의 들을 수 없다. 그렇지만 그들 가운데 아무도 안전을 위해 도피할 필요를 느끼지 않는다. 그들은 주로 교회에 가는 사람들, 말쑥하게 차려입은 사람들이고, 아마 공산주의자들 가운데도 친구가 많을 것이다. 그들은 보통 자신들의 차이를 마을 사람들과 산체스 고르디요의 관계에 대해 회의하는 형태로 표현한다. 나는 그가 추진하는 프로젝트의 성공을 "사람들이 이름만 공산주의자다. 그저 일이 필요하기 때문이다"라는 주장으로 설명해 버리는 경향을 한 번 이상 보았다.

신디카토 바 뒤에 있는 회의장에는 진정으로 민주적인 포용과 참여의 분위기가 있다. 그것은 어쩌면 산체스 고르디요가 믿게 하고 싶은 만큼 혁명적이지 않을지도 모른다. 피라미드를 뒤집어 놓은 것만큼 유례없이 새로운 것이 아닐지도 모른다. 전 세계의 타운홀 미팅,* 세입자 협회에, 심지어는 지역주의가 강한 자경단에도 이런 종류의 민주주의가 있다. 시간과 관심이 있는 사람은 누구나 올 수 있고, 확신이 있는 사람은 무엇이든 말할 수 있고, 누구나 보복을 당하지 않을까 두려워하지 않고 화를 낼 수 있다. 총회에는 고르디요주의자만 오는 것은 아니다. 분명 그들이 대다수이기는 하지만, 이는 토론이 주로 우모소 농장의 발전과 운영을 중심으로 이루어지기 때문이다. 인민당이나 사회주의노동자당에 투표하는 사람들은 총회를 협동조합원끼리 말잔치를 벌이는 곳으로 치부하는 경향이 있다.

가까운 푸에블로의 불신자들에게 다가가려는 시도가 늘 성과가 있었던 것은 아니다.

---

* 정책 결정권자나 선거 입후보자가 지역 주민과 만나 정책이나 주요 이슈에 대해 설명하고 의견을 듣는 비공식 회의.

2012년에 전국에서 두 번 총파업이 일어났는데, 3월에 첫 번째 총파업이 일어났을 때 고르디요와 안달루시아 노동자조합이 이웃 마을들로 피켓 시위를 갔다. 아무도 일할 꿈조차 꾸지 않을 마리날레다에서 피켓 시위를 하는 것은 별로 의미가 없을 것이었기 때문이다. 이 총파업 때 눈에 보이지는 않아도 모든 곳에 확고한 피켓 라인이 있었다. 어떤 상황에서 보더라도 일을 한다는 것은 라호이와 인민당을, 긴축과 기득권층을 지지하는 것을 뜻했다. 마리날레다에서 5분 거리에 있는 엘 루비오에서 돌아다니며 피켓 시위를 하던 사람들은 지역의 중등학교가 문을 닫지 않은 것을 발견했다. 학생은 한 명밖에 나타나지 않았는데, 교사는 열여섯 명이 교무실에 앉아 있었다.

산체스 고르디요가 확성기를 들고 이론적으로는 '홍보 피켓 시위'를 지휘하며 시위대를 이끌었다. 여느 때처럼 맨 앞에 서서 "법을 어기지 마라, 싸우지 마라, 공격하지 마라"라며 폭력이 아니라 설득으로 직장 문을 닫으라고 했다. 그런데 모두 합쳐 서른 명쯤 되는 일부 젊은이가 학교 뒤에 있는 담을 넘었고, 학교 건물에서 교실마다 돌아다니며 소리치고 문을 사납게 두드렸다고 한다. 그날 교사 열여섯 명이 모두 에레라에 있는 지역 치안대에 고소장을 냈고, 몇몇 안달루시아 노동자조합 조합원을 상대로 한 소송이 지금도 진행 중이다. 같은 날 엘 루비오에서 공격적인 피켓 시위로 초등학생들이 겁에 질렸다는 고발과 일부 사업체를 '강제 폐쇄'하는 동안 파업에 참가한 사람들이 500유로를 훔쳤다는 고발도 있었다. 사람들이 몇 번 치안대를 불렀으나, 그때는 범인이 사라진 뒤였다.

마리날레다에 사는 한 영국인은 "산체스 고르디요가 말없이 고개와 윙크로 그때 일어난 일을 승인했는지는 말하기 어려워요" 하고 말했다. "그가 계속 분명히 '법을 어기지 마라, 싸우지 마라'라고 했으니까. 그래도 그에게 어느 정도 책임은 있지요." 카사리체에서 한 사업체를 점거했을 때는 그가 확성기로 "커피를 마셔라, 그렇지만 마시면 돈을 내라"라고 했다. 그가 방조했는지는 아주 모호한 문제다. 그러나 스페인 언론의 눈에는 산체스 고르디요가 비난받을 이유가 아주 분명하고, 아마 치안대의 눈에도 그럴 것이다. 그들은 다른 이웃 마을인 바돌라토사에서 파업을 막은 교사의 차에 페인트로 크게 '파시스트'라고 쓴 사건과 시장을 연결시켰다.

데모와 피켓 시위를 할 때마다 산체스 고르디요는 늘 확성기를 들고 그곳에 있었다. 그는 주민들의 관심사에 사람들의 주의를 돌리는 인간 확성기이고, 그래서 사랑받지만 그만큼 미움도 받는다. 2012년 3월에 그들이 이웃 푸에블로로 어찌 보면 쳐들어간 것도 왜 일부 이웃 마을 사람들이 마리날레다를 진실로 경멸하는지를 여실히 보여 준다. 마을에 사는 영국인 앨리는 에시하에 있는 슈퍼마켓에서 생판 모르는 사람에게 공격받은 일을 떠올린다. 앨리가 마리날레다에서 왔다는 것이 밝혀지자, 느닷없이 한 여자가 "어떻게 마리날레다에서 살 수 있어? 그들이 공산주의자라는 것 몰라?" 하고 소리쳤다. 어쩌면 에시하가 2011년에 사회주의노동자당의 철의 띠에서 벗어나 인민당의 마을이 된 것이 큰 의미가 있을지 모른다.

개인을 그 사람이 사는 푸에블로와 동일시하는 것이 아무리 역사적으로 뿌리 깊은 안달루시아 전통이라도, 그것이 어떤 곳에 대한 정확한 그림을 제공해 주지 않는다. 마리날레다에도 인민당에 투표하는 사람들이 있다. 마찬가지로 에시하에도 분명 공산주의자가 있을 것이다. 앞에서 마리날레다의 종교 의식과 관례에 관해 살펴보았듯이, 이곳을 방문하는 언론인들에게 산체스 고르디요가 재탕하는 이야기에는 많은 것이 빠져 있다. 어떤 푸에블로도 완전히 통합되거나 한결같을 수 없다.

오아시스, 공산주의 테마파크, 또는 정말 작은 마을에 살면 밀실 공포증을 느낄 수 있다. 그래서 잠시 벗어나 조금 멀리서 보는 것이 좋다. 다시 에스테파에서 안달루시아의 발코니에 올라 하루 이틀 한층 차갑고 건조한 공기로 산소를 보충하고 짭짤한 셰리의 도움으로 유토피아를 정리하니 아주 개운했다.

나는 에스테파 사람들이 아래 골짜기에 있는 지역 명물에 대해 전반적으로 자부심을 느끼는 것을 발견했다. 그러나 그러한 자부심은 대개 회의적 시각에 물들어 있었다. 일부 나이 든 에스테파 사람들은 마을의 이상과 현실에 간극이 있다고 생각했다. "시장은 완벽하지 않아. 마리날레다는 완벽하지 않아" 하고 그들은 계속 말했다. 편안한 중년의 통통하고 박식한 사업가는 손을 굳게 잡고 반갑게 악수하며 특히나 마리날레다에 대해 내게 (익명으로) 말하고 싶어 했다. 그는 내가 시에라 수르를 방문하러 그렇게 먼 길을 온 것에 재미있어 하며 고마워했고, 산체스 고르디요에 대해 감탄하면서도 단서를 많이 달았다. 하지만 그것은 감탄이었다. 내게 펠릭스 탈레고의 책도 보여 주었다. 아마존처럼 아주 빈틈없는 웹사이트에도 알려지지 않은 두꺼운 학술서인데도 내가 만난 지역의 여러 역사광들처럼 그도 그것을 찾아냈다.

그는 백과사전 같은 그의 두뇌 일부에서 먼지를 털어 내고 산체스 고르디요의 1980년 책을 인용했다. "Si la trabajas con tus manos y la riegas con tu sudor, tuya es la tierra, trabajador." 이 구절을 별로 시적이지 않게 번역하면 이렇다. "당신의 손으로 일하고 당신의 땀으로 씻으면 그 땅은 노동자 당신의 땅이다." 이것은 마리날레다의 철학이 함축된 말이다. 사업가 프랑코가 죽은 뒤에 스페인 사람들이 어쩔 줄 몰라 했다고 말했다. 갑자기 가부장이 사라진 것이었다. 감당하기 어려운 겁나는 시기였다. 그런데 스페인 사람들 대부분이 "머리 없는 닭처럼 우왕좌왕할" 때, 산체스 고르디요는 위에서 인용한 것과 같은 열변으로 노동자 계급을 사로잡았다. 그 말을 들으니 그 사람이 약간 냉소적인 기회주의자 같아서 시장을 어떻게 보느냐고 물었다. 그는 "아니 오해하지 말아요. 나는 마을이 아주 멋진 숭고한 이상에 토대를 두고 있다고 생각해요. 그러나 현실은 그렇게 완벽하지 않아요"라고 했다.

나는 완벽하기를 기대하는 것은 조금 지나치지 않느냐고 했다. 그러자 당연하다, 그들이 완벽하지 않다고 공격해서는 안 된다, 에스테파도 결코 완벽하지 않다고 했다. "산체스 고르디요가 말하는 것을 모두 믿어서는 안 된다는 말일 뿐이에요. 그와 싸웠다가는 마리날레다에서 계속 살기 어려워요." 물론 강제 노동 수용소가 있는 것도, 옛 동독 비밀경찰이 운영하던 것 같은 유치장이 있는 것도, 여론 조작을 위한 공개 재판이 있는 것도 아니지만, 거기서 살기 어렵다, 사람들이 험담을 하면 아주 소소하게 삶이 어려워지지 않겠느냐고 했다. 그렇지만 그게 사실은 이데올로기적인 것이라기보다 소도시에서 사는 어려움이 아닐까? 그런 규모의 푸에블로에서는 누군가가 뭔가를 말하면 모든 사람이 말하게 된다. "물론이지요. 외면과 배척, 험담이 무엇보다 위험하지요. 사실은 그게 유일한 위험이에요." 하고 그가 말했다.

나는 그렇게 시장에게 반대했다가는 '문제'가 생길 수 있다고 빈정대는 말을 에스테파 사람들에게서 몇 번이나 들었다. 내가 만난 한 사람은 그저 빈정거리고 암시하는 것을 넘어 에스테파에 마리날레다에서 '망명' 온 사람이 둘 있다는 제보를 해 주었다. 나는 자세한 정보를 얻고 전화도 해서 마침내 하비의 도움으로 이 반체제 인사라는 사람과 그의 아내의 주소를 알아냈다. 쥐 죽은 듯 조용한 주택가에서 오후 서너 시경, 자갈이 우리 아래 골짜기로 떨어질 때 초인종을 눌렀더니 어떤 여자가 응답했다. 여자는 우리를 따뜻하게 맞이했다. "아, 영국 사람이군요!" 그러나 우리가 방문의 목적을 설명하고 마리날레다 운운하자 여자가 출입구로 조금 물러섰다.

경솔하게 말했다가 목숨을 잃지는 않겠지만 우정을 잃을 수는 있다. 신중해야 한다는 명분을 내세워 나는 멀리 서 있고, 하비가 그녀와 남편의 익명성을 보장하겠다, 나를 믿어도 된다고 열심히 설득했다. 여자가 "남편이 여러분에게 이야기하겠다고 할지 모르니 전화번호를 주세요"라고 했다. 그러나 표정은 '남편이 절대 그럴 리 없지만'이라고 말했다.

그 집에서 걸어 나오면서 하비는 말하기를 꺼리는 이유를 설명하려고 했다. 스페인에는 "똥을 헤집지 마라. 냄새만 더 난다"라는 말이 있다. 과거의 좋지 않은 일은 그대로 덮어 두라는 것이다. 이 말은 내전과 파시스트 독재 정권에 대해 공식적으로 '잊기로 한 약속'을 지키며 30년을 지낸 국민에 대해 많은 것을 말해 준다. 이제야 비로소 프랑코에게 죽음을 당한 사람들의 공동묘지에서 유해를 발굴해 제대로 장사를 지내고 있다. 마리날레다 같은 좌파 공동체는 그렇게 쉽게 잊지 않았다. 마리날레다 라디오 방송국의 한 프로그램 제목은 〈기억하지 않으면 역사도 없다〉이다.

물론 대량 학살과 고문을 서슴지 않은 프랑코의 백색 테러를 은폐하는 것을 묵인하고 방조한 스페인 엘리트층과, 주민들의 투쟁을 단순화하고 위협 같은 동지들의 상식 밖의 행동을 못 본 체했을지 모를 마을 시장이 같다고 볼 수는 없다. 그러나 고르디요주의자들이 스페인의 최근 역사에 대한 불편한 질문을 꺼린다고 국민을 당당하게 책망하면서 자신들의 마을이 완벽하지 못한 것을 감추는 것도 부끄러운 일이다.

아니나 다를까 망명객은 전화를 하지 않았다.

7

세 상 에

맞 선

마 을

Marinaleda

2013년 3월 안달루시아 해안 도로를 따라 서쪽으로 말라가에서 헤레스까지 달리는데, 바다를 바라보고 굽이굽이 펼쳐진 깊고 울창한 산들이 지역에서 '벽돌 위기'라고 부르는 것이 남긴 흔적으로 흉한 몰골을 드러낸다. 이번만은 코스타 델 솔이 태양의 해안이라는 이름에 걸맞지 않게 평생 태양을 한 번도 본 적이 없는 곳 같다. 짙은 안개에 싸여, 안개인지 비인지 파도의 비말인지 알 수 없을 정도로 가는 보슬비가 사방을 적시고 있다. 불길한 청회색 하늘 아래 낮은 산들이 거의 불가사의한 모습을 드러낸다. 여기저기 콘크리트 건축물이 제멋대로 바위를 뚫고 들어가 있다. 이런 주택 건설 프로젝트 가운데 어떤 것들은 겨우 막 시작된 상태로 녹이 슬어 서서히 부식되는 철골 구조물만 덩그러니 세워져 있다. 건축 과정이 그보다 더 진행된 것들도 있다. 죽 늘어선 집들이 칠도 하고 지붕도 얹었는데, 아직 창문이 없고, 어떤 것들은 완공된 채 비어 있다.

갑자기 바람이 바뀌어 새로운 기후 전선이 모든 것을 그 자리에 그대로 얼어붙게 한 것 같다. 그 수를 정확히 밝히기는 어렵지만, 믿을 만한 추계에 따르면 스페인 전체에 비어 있는 건물의 수가 400만 채에 이르고, 그 가운데 90만 채가 새로 지은 것이라고 한다. 모두 합치면 이 나라 전체 주택 보유량의 16퍼센트가 비어 있는 셈이다. 경제 붕괴 뒤에 무려 40만 가구가 주택 담보 대출 기관의 조치로 퇴거를 당했고, 2만 명이 넘는 사람들이 거리에 있다(2008년에 그 수가 두 배가 되었다). 지금 빈집을 무단 점거해서 사는 사람 수도 헤아릴 수 없을 정도다. 일부 부동산 중개인은 빈 부동산에 '팔려고 내놓은 집'이라는 팻말을 잘 세우지 않으려고 했다. 그랬다가는 무단 점유자들이 몰려들까 무서워서다.

런던처럼 인구가 많고 비좁은데 사방이 그린벨트에 꽁꽁 묶여 있는 곳에서 자란 사람들은 스페인에 건물을 지을 수 있는 빈터가 얼마나 많은지 상상이 잘 안 될 것이다. 이 나라는 땅덩어리는 영국의 두 배인데 인구는 더 적다. 도처에 공간이 있어서 그곳에 건물을 지었다.

성장에 집착해 위기를 낳은 그 지속 불가능한 성장 숭배는—스페인의 다른 모든 것과 마찬가지로—물리적 행위였다. 유럽의 나머지 지역에서는 은유로 만족했을 것이 스페인에서는 문자 그대로 되어야 했다. 스페인은 불확실한 기반 위에 번영을 쌓아 올렸고 미래는 생각지도 않았다. 지금 일을 마칠 돈은 없고, 침체와 쇠락뿐이다. 내가 지난 몇 년 동안 안달루시아에서 만난 모든 사람은 건설 산업에서 일자리를 잃은 사람을 알고 있다. 말할 것도 없이 관련 직종에 있는 사람들―유리 끼우는 사람, 지붕 얹는 사람, 사무 보는 사람, 측량하는 사람―도 그 파급 효과에 시달렸다. 국외 거주자와 관광객을 먹여 주고 재워 주며 온갖 애정을 베풀어 한때 번창하던 사업도 마찬가지다. 스페인의 파티오는 지금은 텅 비어 공허한 메아리뿐이다. 가족이 모여 시끄럽게 어울리던 전통적인 공간에는 말라 버린 분수밖에 없고, 이 나라에 강요된 무기력으로 정적만 흐른다.

이 후기 자본주의의 잔해는 스페인의 풍경에 상흔을 남겼다. 스페인에는 오래전부터 무서울 정도로 놀라운 수의 유령 도시가 있었다. 사람들이 목숨을 부지하려고 도망갔다가 다시 돌아오지 않은 내전 때부터, 농촌의 빈곤을 피해 일자리를 찾으러 간 1950년대와 1960년대부터 그랬다. 1960년대에 마리날레다 인구가 이런 이유로 30퍼센트 감소했을 때, 다른 작은 마을들은 완전히 버려져 다시는 사람이 살지 않았다.

미국 디트로이트의 불탄 공장과 버려진 집을 찍은 극적이면서도 매혹적인 사진이 유행하면서 '폐허 포르노ruin porn'라는 신조어가 만들어졌다. 스페인에서는 이에 상응하는 말이 '투기 포르노 speculation porn'로, 신문 양쪽 면에 펼쳐진 새로운 마드리드 교외 주택 단지 사진이 그런 예다. 거침없는 성장을 가정하고 지었다가 붕괴 직전에 완성한 주택 단지 사진이다. 이런 현대의 유령 마을은 디트로이트와는 다른 극심한 공포에 시달린다. 전에 번창했던 공동체가 쇠락해서 오는 공포가 아니라 토대 없는 팽창이라는 어리석음이 낳은 공포다. 그런 도시 공간이 한 번도 쓰인 적이 없고 앞으로도 절대 쓰이지 않을 거라는 공포다. 어떤 건축가의 상상도가, 맹목적인 낙관주의가 낳은 청사진이 3차원으로 스케치되었다가 지금은 버려졌다. 대문은 녹이 슬고, 정원에는 마른 풀이 나뒹굴고, 가로등은 텅 빈 거리를 비추고, 완전히 새것인 거리 표지판은 아무 데도 가리키지 않는다. 영원히 텅 빈 공간이다.

지난 몇 년 동안 '위기'가 스페인에서는—마리날레다의 경계 너머에 있는 저 먼 땅에서는—영원한 상태가 되었다. 뉴스 기사와 일상 대화에서 어찌나 자주 듣는 말이 되었는지, 거의 그 의미를 상실했다. '위기'는 순간이 아니고, 오랫동안 지속되는 불쾌한 사건도 아니다. 그것은 상태다.

2011년 5월과 6월에 사회주의노동자당 정부가 피할 수 없는 몰락을 향해, 실업과 압류, 하늘 높은 줄 모르고 치솟는 부채를 향해 머뭇머뭇 나아가고 있을 때, 사람들이 처음으로 위기에 진지하게 반응했다. 지금은 유명한 '분노한 사람들' 운동이 마드리드에서 시작된 것이다. 사람들이 수도의 상징과도 같은 중앙 광장 푸에르타 델 솔을 점거했고, 불과 몇 주 만에 운동이 스페인의 주요 도시로 퍼졌다. 이 운동은 결국 전국적인 현상이 되어, '5·15 혁명' 또는 '스페인 혁명'으로 명명되었다. 5·15 야영지에서 나온 많은 요구를 가장 넓게 표현하면 '지금 진짜 민주주의를'이다. 그 다원적 반자본주의와 수평주의, 평화주의, 총회, 실무진은 미국과 그 너머에서 일어난 전 세계적인 오큐파이 운동에 본보기가 되었고 직접 영감을 불어넣어 주었다. 조사 기관인 입소스 퍼블릭 어페어스Ipsos Public Affairs에서 실시한 연구에서는 그해 여름에 인구 4800만 명인 나라에서 거의 600만 명에서 850만 명에 이르는 사람들이 운동에 참여했다고 말한 것으로 나타났고, 여론 조사에 응한 사람들 가운데 75퍼센트가 그들의 요구가 합리적이라고 응답했다. 시위에 반대한 사람은 7퍼센트뿐이었다.

특히 상직적 의미가 있는 5·15 슬로건은 "우리는 좌도 우도 아니다. 우리는 밑에서 오고 있고 맨 위로 가고 있다"라는 선언이다.

세비야는 역사적 명성을 지닌 도시, 전 세계적인 주요 관광지, 안달루시아의 주도일지 몰라도 크기는 그렇게 크지 않다. 마드리드의 4분의 1도 안 된다. 그런데도 2011년 5월 29일, 처음 시위대의 봇물이 터지던 날 3만 명이 넘는 사람들이 이 대도시에서 쏟아져 나와 스페인 광장에 모였다. 이 광장은 1929년 세비야에서 열린 이베로 아메리카 박람회 때 주요 전시장이었다. 전 세계가 붕괴되기 직전에 지은 거대한 박람회 기념물이다. 어찌나 넓고 탁 트였는지 숨이 멎을 정도이고, 주위를 둘러싼 호화로운 타일로부터 눈길을 떼게 하는 것은 중앙에 있는 분수뿐이다. 그래서 이곳은 가장 좋은 빈 공간, 사람들로 채워져야 할 광장이다. 광장에 모인 사람들은 북소리가 울려 퍼지자 초여름의 눈부신 햇살을 받으며 세계에서 가장 큰 성당을 지나고, 무어 양식의 히랄다 탑을 지나고, 시청이 있는 누에바 광장을 지나 마침내 민관 합작으로 완공한 지 얼마 안 된, '버섯'으로 널리 알려진 아주 크고 흉물스러운 건축물이 펼쳐진 곳에서 멈추었다. 거기서 한 달 동안 야영이 계속되었고, 그동안 수천 명이 온전히 경험하고 싶어서, 연대를 몸으로 느끼고 싶어서 한 달 내내 또는 얼마 동안 거기서 밤을 보냈다.

이들은 영고성쇠를 거듭한 세비야의 역사에서 새로운 것을 요구했다. 만일 이들이 슬로건에서 요구한 대로 '지금 진짜 민주주의'를 시작할 수 있었다면, 그것은 수평적 조직과 대중 집회, 합의에 기초한 의사 결정에 초점을 맞추었을 것이다. 포스트모더니즘의 아이러니가 난무하는 속에서 다시금 진정성이 되살아나는 것 같았다. 뉴욕에서도 마찬가지였다. 두 경우 모두 사람들은 진지했다. "그들은 그것을 진지하게 받아들이기를 바랐어요." '분노한 사람들' 무리에 있던 엠마는 말했다. 그해 말에 내가 그녀를 만났을 때였다. "음주가 금지되었어요. 그것이 파티가 되어서는 안 되었으니까. 새벽 한두 시에 조용히 정치에 관한 이야기를 나누었고, 아니면 그냥 잠을 잤어요. 여러 가지 주제가 나왔어요. 팔레스타인이나 사하라 사막 이남 지역 사람들을 돕고 싶어 하는 사람들도 있었어요. 날마다 일정이 있고, 많은 행사와 토론이 있었어요. 사람들이 집에서 '버섯'으로 음식을 가지고 왔어요. 세비야 밖에 있는 가까운 마을과 도시에서 온 사람들도 있었고, 그 안에는 마리날레다 사람들도 있었어요."

엠마는 경험 많은 활동가가 아니었고, 그래서인지 그것이 얼마나 폭넓고 유례없는 운동이었는지, 그것을 보고 자신이 얼마나 놀랐는지를 내가 정말 이해했으면 하는 것 같았다. 5·15는 독특하고 특별한 것이었다. 새로운 가능성에 더할 나위 없이 기쁘고 힘이 솟구쳤다. 이것은 새로운 수준의 참여였다고 엠마는 말했다. 흔히 그런 데서 볼 수 있을 거라고 생각하는 아나키스트나 히피, 좌파 정당이나 사회주의 노동조합 같은 곳만 참여한 것이 아니었다.

"물론 5·15에는 마리날레다에서 온 대규모 대표단도 있었어요" 하고 엠마가 계속 말했다. "그들은 모두 세비야에 올 수 있도록 큰 버스까지 대절했어요. 마리날레다는 우리에게 정말, 정말 중요했어요." 왜냐고 내가 물었다. "여기 사람들은 너무 조용한데 그들은 그렇지 않으니까요. 그런데 당신이 그곳에 간다니 정말 좋겠어요" 하고 그녀가 진심으로 말했다. 마치 거기 가면 내가 좋아할 만한 것이 있을 것처럼.

"마리날레다에 가기 전에는 그곳이 아주 혁명적인 곳일 거라고 생각했어요. 실제로도 그렇지만……. 그런데 실은 나이 든 사람들만 그런 것 같았어요. 가서 보니 젊은 사람들은 자기들이 얼마나 운이 좋은지, 자기들이 가진 게 모두 얼마나 행운인지 모르는 것 같았어요. 정말 이상해요. 그들은 비눗방울 같은 데서 살고 있어요. 세상이 어떤지 몰라요."

그래서 그들이 그런 비눗방울 같은 곳을 떠나지 않는 걸까?

"음, 나는 마리날레다 출신 가운데 실제로 거기서 살지 않는 사람은 만나 본 적이 없어요. 가 보면 그곳이 정말 지적인 곳은 아닐 거예요. 내 말은 평생 일하며 산 사람들이라는 거지요. 그러나 전에는 그들이 대지주를 위해 일했어요."

몇 세기 동안 스페인 남부에는 라티푼디오에 대한 분노가 있었다. 여기서 엠마가 힘주어 말했다. "그러나 마리날레다에서는, 마리날레다 사람들은 화만 내지 않았어요! 대문을 부수고 안으로 들어가 문을 두드리고 말했어요. '우리는 땅이 필요하다'고." 마리날레다 사람들이 그저 계급 전쟁을 이야기하는 데 그치지 않고 그것을 직접 수행했다는 그녀의 찬사에는 지식인인 체하는 도시 사람들의 거들먹거리며 가르치려 드는 기미가 전혀 없었다. 목소리에 정치적 진정성에 대한 갈망이 있었다. 사실 직접 행동을 통해 문제를 해결하려는 경향은 안달루시아 푸에블로들의 역사와 맥을 같이한다. 산체스 고르디요도 나중에 내게 자신의 정치에 가장 크게 영향을 끼친 아나키즘의 개념이 '행동을 통한 선전'이라고 했다.

5·15 참여자들은 위기로 인해 끔찍한 상태에 빠진 것에만 항의하지 않았다. 기존의 원내 정당들에 대한 불신도 표명했다. 의회 정치가 이런 문제들을 해결할 수 있을 거라는 믿음이 전혀 없다고 했다. 그래서 2011년 11월 총선에서 무능과 당면 위기를 초래한 책임으로 인해 명색만 중도 좌파인 사회주의노동자당이 우파 정당인 인민당에 밀려 쫓겨날 수밖에 없었다. 산체스 고르디요의 당이 속해 있는 좌파연합이 이전보다 두 배 많은 표를 얻어 전국에서 7퍼센트를 득표했지만, '분노한 사람들'의 에너지와 수가 게임을 바꾸는 반

발표로 전환될 거라는 기대는 그들의 분노의 성격을 오해한 것이었다.

그들은 대부분 기권하고, 사회주의노동자당의 득표율이 44퍼센트에서 29퍼센트로 추락하고, 나머지 유권자들이 마리아노 라호이를 2004년 이후 최초의 인민당 총리로 선출했다. 그때 후안호라는 5·15 참여자는 내게 무슨 일이 있어도 인민당에 투표하는 사람이 1000만 명 있고, 나머지가 손을 떼면 그들이 이길 거라고 했다.

5·15 운동은 스페인뿐만 아니라 전 세계에 스페인 사람 수백만은 위기를 용납할 뜻이 없음을 알렸다. 그리고 간절히 현 체제에 대한 대안을 찾았는데, 그들 속에 이미 하나의 대안이 작동하고 있었다. 전에는 무시하면서 수염이 덥수룩한 괴짜가 운영하는 진기한 농촌 마을이라고 웃어넘겼을지 몰라도, 이제는 그럴 수 없었다. "요구하는 게 뭐야? 대안이 뭐야?" 하고 자본주의적 현실주의의 개들이 짖어 댔다. 하지만 이제 특히 남부에서는 '분노한 사람들'이 "음, 마리날레다는 어때?" 하고 대꾸할 수 있었다.

너무 명백해서 말할 필요도 없지만, 마리날레다는 인구가 3000명도 안 되는 마을이다. 정당도 아니고 혁명적인 전국 운동도 아니고, 그 자체로는 이데올로기도 아니다. 마리날레다가 스페인의 모든 문제에 대답할 수는 없다. 마리날레다는 그럴 능력이 없고, 이는 과거나 지금이나 마찬가지다.

그렇지만 마리날레다 사람들은 5·15가 제공한 작은 연단을 열정적으로 훌륭하게 이용했다. 2011년 내내 산체스 고르디요는 모든 기회를 이용해, 스페인 사람들이 자본주의 위기로 인해 부당한 벌을 받고 있으며 마을이 그동안 해 온 것처럼 이제는 저항할 때라는 메시지가 텔레비전 전파를 타고 신문에 실리고 안달루시아 의회에 전달되도록 했다.

그러다가 2011년 말에 마리날레다가 가장 최근에 벌인 공적 논쟁인 스페인 귀족과의 한바탕 설전이 일어났다. 이번에는 알바 여공작의 아들까지 싸움에 나섰고, 분명 싸움을 건 쪽은 귀족이었다. 올림픽 승마 경기에 출전한 살바티에라 공작(카예타노 루이스 마르티네스 데 이루호 이 피츠제임스 스튜어트)이 마리날레다 사람들을 분노케 하는 도발적인 발언을 공개적으로 한 것이다. 카예타노가 먼저 안달루시아 노동자들이 정부 보조금으로 술을 마시고 염치없이 그들보다 부유한 카탈루냐 사람들에 빌붙어 산다는 카탈루냐 우파 민족주의 정치인의 말에 동의한다고 했다. 하지만 곧바로 텔레비전 인터뷰에서 이에 대해 이의를 제기하는 질문을 받았다. 인터뷰 진행자는 남부에서 빈곤이 급증하는 것은 위기 때문이지 노동자들이 무기력한 탓이 아니지 않느냐고 했다. 이에 카예타노가 안달루시아는 '사기꾼'이라면서, 아무도 일하고 싶어 하지 않아 낙후될 수밖에 없다고 했다. "이 젊은 사람들을 보면 앞으로 나아가고 싶은 마음이 전혀 없습니다. 심각해요. 그런 일은 안달루시아에서만 일어납니다."

어떤 의미에서는 상류층이 가진 이런 종류의 편견은 충분히 예상할 수 있는 것이어서 무시할 수도 있었을 것이다. 아마 영국에서 비슷한 분노를 느꼈다면 욕 몇 마디 내뱉고 눈을 부라리는 정도에 그

쳤을 것이다. 그런데 마리날레다에서는 그보다 조금 강력하게 직접 대응하는 쪽을 택했다. 카예타노의 땅을 점거한 것이다.

"카예타노 공작은 코르도바와 세비야 사이에 코르티호가 14개나 있고, 알바 여공작은 땅이 3만 5000헥타르나 됩니다"라고 산체스 고르디요가 그다음 달에 말했다. 카예타노가 뻔뻔하게 안달루시아 노동자들이 농업 보조금으로 먹고산다고 불평하는 것은 정말 어처구니없는 일이었다. "그들이 얼마나 도움을 많이 받는데!" 하고 산체스 고르디요가 웃었다. "영국 여왕과 함께 여공작은 유럽연합의 공동 농업 정책(Common Agricultural Policy, CAP)으로 돈을 가장 많이 받는 사람입니다. 1년에 300만 유로를 받아요. 우리는 코르티호를 점거해 그가 한 말을 취소하라고 했어요."

그들은 카예타노의 땅에서 야영하면서, 위기에 대한 색다른 시각을 찾아 그곳에 온 언론 기관 종사자들에게 안달루시아의 토지 소유와 유럽연합 보조금에 얼마나 큰 격차가 있는지를 설명할 충분한 기회를 가졌다. 산체스 고르디요와 함께 코르티호를 점거한 사람들은 또 다른 요구도 했다. 카예타노에게 민간 하청업자를 통해 불법 노동자를 고용하는 일을 당장 그만두라고 한 것이다. 그는 '마피아처럼' 불법 이주 노동자나 내국인 호르날레로나 할 것 없이 모두 무자비하게 착취했다.

처음은 아니지만, 마을이 이겼다. 그 뒤에 카예타노는 자신의 잘못을 시인하는 자리에서 그들의 요구를 모두 받아들이고 사과하고, 남부에 가 산체스 고르디요를 만나고 마리날레다를 직접 보았다. 젊은 귀족에게는 자신을 겸허하게 바라보게 한 경험이었다. 그는 우모소 농장을 방문해 일하는 모습을 보고 '알찬' 하루였다는 감사의 마음을 표했다. "때로는 우리가 어떤 것을 한 방향으로만 보는데, 알고 보면 그것이 아주 다르다는 것을 알게 됩니다"라고 그는 『엘 푸블리코El Público』에 말했다.

스페인 신문 방송 기자들이 다시 한 번 마리날레다에 초점을 맞추고 산체스 고르디요가 다음번에 터뜨릴 것을, 안달루시아 노동자조합이 다음에 벌일 직접 행동을 참을성 있게 기다렸다. 위기는 스페인을 가라앉히기 시작하면서 그 속에 이미 존재하던 하나의 대안을 부상시켰다. 마을의 색다른 과거와 독특한 현재가 어느 때보다도 두드러졌다. '분노한 사람들' 운동은 그저 항의하는 것이 아니었다. 그들은 다르게 살고 싶다고 분명하게 말했고, 2011년 11월에 안달루시아 전역에서 5·15 참여자들이 다시 한 번 모였을 때는 마리날레다가 규모나 위치상의 약점에도 불구하고 그들의 당연한 선택이 되었다.

산체스 고르디요는 이를 두고 안달루시아가 일종의 각성을 한 것이라고 했다. 이 행사는 시청에서 마을을 찾은 수천수만 명에게 비디오로 중계되었다. 산체스 고르디요는 모인 사람들에게 인사말을 하며 예의 그 속사포 같은 속도로 꿈과 정의에 대해, 시급히 유토피아적 이상과 우울한 현실의 간극을 메울 필요성에 대해 이야기했다. 그는 인사말을 마무리하며 체의 말을 인용했다. "꿈을 꾸는 사람만이 언젠가 그 꿈이 현실로 바뀌는 것을 볼 것입니다." 그러고는 덧붙이기를 다른 세상을 믿는 것만으로는 충분하지 않다, 마치 그런 세상이 이미 와 있는 것처럼 사는 용기가 필요한 때라고 했다.

그 집회에서 연설한 사람들 가운데는 발렌시아에 새로 생긴 반자본주의 협동조합에서 온 사람들도 있고, 유명한 카탈루냐 청년 엔리크 두란도 있었다. 그는 갚을 생각 없이 39개 금융 기관에서 49만 2000유로를 빌려 다양한 협동조합과 혁명적 프로젝트에 돈을 나누어 주었다. 마리날레다가 엄청난 열세에도 당돌하게 로마에 대항한 아스테릭스의 마을이라면, 5·15는 어쩌면 마법의 약을 손에 넣을 수 있을지 모른다는 것을 드넓은 제국 전체에서 동시에 깨달은 것과 같았다.

내가 그해 겨울에 산체스 고르디요를 인터뷰했을 때에도 그는 여느 때와 마찬가지로 자신의 세계관에 대해 완전히 확신했고, 그들이 창조하고 있는 세상과 바깥세상이 완전히 다르다고 굳게 믿었다. 충분히 인정해도 좋을 정도로 그의 분석에는 승리주의의 기색이 없었다. 그것은 엄격했고 냉철했다.

"시장이 보이지 않는 손으로 모든 것을 바로잡는 전능한 신이라는 자본주의 신화가 무너졌어요. 우리는 이것이 거대한 거짓말이라는 것을, 터무니없는 근본주의라는 것을 보았습니다. 우리는 위기가 닥치면 시장이 국가에 의존하지 않을 수 없다는 것을 보았고, 국가가 은행에 돈을 퍼붓는 것을 보았습니다."

국가는 수천 억 유로를 쏟아부었다. 스페인 부채의 75퍼센트가 민간 부채다. 스페인에 위기를 낳은 과도한 공공 지출은 없었다.

2008년 스페인 재정은 유로존의 재정 준칙을 잘 지키고 있었고, GDP 대비 정부 부채 비율도 독일보다 훨씬 낮았다. 처음부터 그랬고, 계속 그런 상태가 유지되었다. 스페인에서는 붕괴가 부채를 낳았지 부채가 붕괴를 낳은 것이 아니다.

"세상에 정의가 있다면, 거대 은행들과 그들이 경제적 테러를 하도록 허용한 정부들이 감옥에 있을 겁니다. 바로 그들이 위기를 낳았는데, 지금 그들이 위기를 바로잡고 싶답니다. 방화범이 소방관 역할을 하고 싶답니다! 메르켈과 사르코지가 은행을 대변하고 은행이 초래한 것을 고치고 싶답니다."

"모든 곳에 위기가 있습니다. 농업 위기, 산업 위기, 재정 위기, 식량 위기, **체제** 위기. 전에는 사람들이 할 일이 있어 그것을 무시했습니다. 여기 안달루시아에는 건설 붐이 일어나 모든 곳에 건물을 지어 댔습니다. 건설 노동자들이 한 달에 3000, 4000, 5000유로를 벌었습니다. 얼마나 많은 돈입니까! 그런데 그 일을 잃자 집을 잃기 시작했습니다. 주택 담보 대출금을 갚을 수 없었기 때문이고, 그러자 은행들이 집을 압류했습니다. 그래서 지금 사람들이 대신 농업에서, 자본주의 처방이 아닌 다른 처방에서 피난처를 찾고 있습니다." 그런데 그런 처방이 얼마나 진정한 처방일까? 산체스 고르디요는 5·15를 비판적으로 바라보는 일부 좌파들과 달리 그것이 "개량주의 운동일 뿐"이라는 생각을 거부했다. 그는 5·15가 갈수록 반자본주의적인 비전을 제시하고 있다고 했다.

나는 그에게 런던에서는 갈수록 전후 모델에 근거한, 국가의 역할을 중시하는 사회 민주주의big-state social democracy는 끝났다고 생각한다고 했다. 중도 좌파의 접근법, 자본주의와 타협하는 방안은 그 수명을 다했다. 무엇보다도 누군가 나와 타협하지 않으려고 한다면, 그것은 더 이상 타협이 아니다. 5·15와 마찬가지로 오큐파이 런던과 오큐파이 월스트리트에 참여한 사람들도 대안을 찾으려고 했다. 그 대안을 어디서 발견할 수 있고, 그곳이 어디인지 모호하기는 하지만 말이다. 사실은 그래서 나도 여기에 왔다고 했다. 그가 공감하며 고개를 끄덕였다.

"사람들이 이제는 대안이 이 당인지 다른 당인지, 인민당PP인지 사회주의노동자당PSOE인지 신경 쓰지 않아요. 그들이 원하는 것은 자본주의가 아닌 다른 체제로 바꾸는 것입니다. 노조와 정당, 단체는 다른 체제를 추구하고, 인간이 그 체제의 중심에 있어야 합니다. 사람들이 상품으로 여겨지고 있어요. 이익이 나면 사람을 쓰지만, 이익이 나지 않으면 버립니다. 우리는 이런 무자비하고 비인간적인 가치관을 바꾸어야 합니다. 나는 이것에 평생을 바쳤습니다."

그가 자기 앞에 있는 메모지에 'PP'와 'PSOE'라고 쓰고 각각 동그라미를 친 다음 더 큰 동그라미로 둘을 묶었다. 그러고는 이 벤다이어그램 가장자리를 연필 끝으로 찍고 "이것은 **모두** 자본주의입니다"라고 했다.

몇 달 뒤에 산체스 고르디요는 '자본주의 정당'에 대한 자신의 경멸과 현실 정치 감각을 시험대에 올렸다. 그가 위기를 의회 차원에서 조금 이용할 뜻밖의 기회가 생겼을 때였다. 2011년 말에 총선이 실시되고 2012년 3월에 세비야에서 지방 의회 선거가 있었다. 인민 당이 간발의 차이로 가장 큰 당이 되었으나 과반수를 얻지 못해, 사회주의노동자당과 좌파연합이 연정을 할 수 있는 가능성이 생겼다. 몇 주 동안 연정이 이야기될 때 산체스 고르디요는 연합 정부가 구성될 경우 그 정부를 이끌 수반으로 널리 언급되었다. 그러나 지방 정부의 수반이 되려면 시장직을 버리고 마리날레다를 정치적으로뿐만 아니라 지리적으로도 떠나야 했다. 그런데 그는 여전히 마을에 살고 있어 세비야에 가지 못하고 수반이 될 수도 없었다.

사회주의노동자당과 타협했다면 그에게 훨씬 많은 권력과 영향력, 자신의 메시지를 더 널리 알릴 수 있는 권한이 생기고, 안달루시아 전체에 대한 정책을 결정할 때 목소리를 낼 수도 있었을 것이다. 그러나 그는 반란을 일으켰다.

그는 사회주의노동자당이 원칙이 없는 정당이라고 선언했으며, 이 '자본주의' 정당과 연정을 하면 좌파연합도 그렇게 될 거라고 했다. 산체스 고르디요는 『엘 문도El Mundo』에 "우리 자신이 가라앉는 배에 더 가까이 가도록 할 수 없다"고 말하고, 할 수 있는 가장 강력한 언어로 그런 연정은 사회주의노동자당을 정당화하고 긴축으로 나아갈 뿐이며, 좌파를 자본주의 정당의 앞잡이로 만들어 지옥에 보내는 것이라고 경고했다. 좌파연합은 둘로 쪼개졌고, 당 지도부가 사회주의노동자당과 협정을 맺어 긴축과 삭감으로 나아갈 거라는 산체스 고르디요의 경고가 맞았음이 곧바로 입증되었다. 이는 그의 신조 가운데 하나를 분명히 한 것이었는데, 싸움에 이길 수 없으면 원칙이라도 지키라는 것이었다.

우리가 처음 만났을 때 나는 그의 몸짓이 갈수록 연극하듯 요란해지고, 르르르르 하는 R 발음이 갈수록 빨라지면서 쇳소리가 날 정도로 거칠어지고, 다루는 주제와 사상 또한 점점 커진다는 것을 알게 되었다. 그는 다른 사람이 어떻든 전혀 신경 쓰지 않고 자신을 혁명적 소용돌이 속에 몰아넣을 수 있었다. 그때 나는 그가 인구가 2700명밖에 안 되는 작은 무대에서 마을의 시장으로 자신을 낭비하고 있는 것 아닐까 생각했다. 오래전에 증명되었듯이 그는 헤드라인을 휘어잡는 행동을 좋아하고 마리날레다 방송에서 세 시간씩 열변을 토하기도 해, 그도 더 큰 무대를 갈망하는 것 아닐까 생각한 것이다. 그가 원했든 원치 않았든, 2012년 8월에 그는 정말 그렇게 되었다.

마리날레다는 이미 1980년에 8월이 인민의 이름으로 전국 미디어를 장악하는 데 최적기라는 것을 증명했다. 2012년에 그들은 그것을 재연했다. 다른 마을의 안달루시아 노동자조합 조합원들과 함께―거기에는 산체스 고르디요와 그의 공범인 노조의 전국 대변인 디에고 카냐메로도 있었다―국방부에 속한 땅을 점거했다. 라스 투르키야스Las Turquillas로 불리는 농장이었다. 그들은 이 땅이 공공의 것인데도 공공을 위해 사용되지 않는다고 주장했다. 200명이 넘는 호르날레로가 18일 동안 텐트를 치고 야영을 했고, 결국 치안대가 폭력을 써서 쫓아내자 언론의 관심을 이용해 그 땅을 실업자들에게 넘기라고 주장했다.

이때 처음으로 그들은 인류가 타락하기 전의 믿음, 즉 '땅은 거기서 일하는 사람들의 것'이라는 믿음을 재정 위기가 낳은 새로운 고통과 결합시켰다. 산체스 고르디요는 『엘 문도』에 "600만 실업자, 1200만의 가난한 사람들, 가족 모두 실업자인 170만 가구, 안달루시아에서 빈곤선 아래 생활을 하는 30퍼센트 가구"를 대신해 땅을 점거하고 있다고 했다. 그 땅의 유일한 목적은 국방부가 유럽연합으로부터 보조금을 받게 되는 것이라고 했다. 알바나 인판타도 같은 귀족 소유의 라티푼디오도 마찬가지였다. 이들이 받는 보조금은 안달루시아 호르날레로의 식탁에 빵 한 조각도 올려놓지 않았다.

그들은 땅을 점거해 텐트를 치고 당번을 정해 돌아가면서 식사 준비를 했고, 언론의 주목을 받자 안달루시아 노동자조합이 계획의 다음 단계로 넘어갔다. 기발한 단계적 확대였다.

그들의 표적은 안달루시아에 있는 두 주요 슈퍼마켓 체인이었다. 하나는 카디스에서 가까운 아르코스 데 라 프론테라의 카르푸이고, 하나는 마리날레다에서 길을 따라가면 나오는 에시하의 메르카도나 지점이었다. 조합의 활동가 수백 명이 두 슈퍼마켓에 나타나, 대다수는 밖에서 집회를 하고 그동안 소수가 안으로 들어가 열 개 정도의 카트에 기본적인 식품―기름과 설탕, 병아리콩, 쌀, 파스타, 우유, 비스킷, 채소―을 가득 싣고 계산을 하지 않고 나왔다. 슈퍼마켓 직원 몇몇과 실랑이가 조금 있었지만, '수탈한' 것을 가지고 나오니 군중이 모두 환호했다. 그들이 가지고 나온 식품은 세비야의 코랄라 우토피아Corrala Utopía와 카디스의 시민 회관에 기부되었다. 전자는 은행의 압류로 집에서 쫓겨난 가족들이 (지역의 5·15 참여자들의 도움을 받아) 점거한 아파트 구역이고, 후자는 기증받은 식품을 실업자들에게 건넬 것이었다. 그들의 메시지를 잘못 읽기란 불가능했다. 자본주의 아래서―'위기'에도―주요 슈퍼마켓 체인들은 주주들을 위해 식품을 팔아 수억 유로를 버는데, 그 주위의 많은 사람들은 굶주리고 있다는 메시지였다.

그것은 즉흥적이면서도 충격적이고, 의도적이면서도 과시적인 로빈 후드 식의 재분배 행위였다. 그렇지만 에이전시에 소속된 전문 사진가와 영상 팀이 슈퍼마켓 안에서 카트에 물건을 싣는 모습을 찍었을 정도로 잘 계획된 것이었다. 이 사건은 이런 사진들과 함께 산체스 고르디요가 슈퍼마켓 밖에서 확성기로 열변을 토하는 모습으로 스페인 신문의 1면을 휩쓸고, 저녁 뉴스에서 톱뉴스가 되고, 로이터와 국제적인 뉴스 서비스를 통해 전 세계로 퍼졌다. 유럽과 아메리카뿐만 아니라 인도와 이란, 오스트레일리아와 중국에도 퍼졌다. "우리는 수탈자를 수탈하고 싶습니다"라고 산체스 고르디요는 선언했다. "수탈자란 지주와 은행, 대형 슈퍼마켓을 뜻합니다. 그들은 경제 위기로 돈을 벌고 있습니다."

스페인의 기득권층은 경악했다. 슈퍼마켓 습격 사건이 일어나자마자 각 정당은 바로 악의적인 비열한 범죄라고 격렬하게 비난했다. 그것도 선출된 안달루시아 의회 의원이 저지른 범죄라니 말도 안 된다고 했다. 심지어 좌파연합 지도부도 산체스 고르디요와 거리를 두었다. 안달루시아 의회에서 사회주의노동자당-좌파연합 연정을 이끄는 호세 안토니오 그리냔은 그것을 '만행'이라고 했다. 그럼에도 스페인 우파는 민심이 산체스 고르디요에 등을 돌리게 하려고 무척 애를 써야 했다. 사람들의 이목을 끌려는 행위에 동의하든 동의하지 않든, 위기가 얼마나 널리 퍼졌는지, 위기가 가난한 사람들에게 더 큰 영향을 미치는 데 얼마나 분노하고 실망했는지, 냉소적인 사람들도 그들이 무슨 말을 하는지 이해했기 때문이다. 민심은 그들 편인 것 같았다. 아무리 보아도 좌파 신문이 아닌 『엘 문도』가 여론 조사를 했는데도 응답자의 54퍼센트가 그들의 행동을 지지했다.

산체스 고르디요가 이 습격 사건에 사람들이 주목하도록 하는 데 성공한 것은 과장되게 부풀리지 않으려고 한 덕분이기도 했다. 그는 결코 몇 카트의 쌀과 콩을 훔쳐 담아 나누어 준 것이 누구의 삶을 바꿀 정도로 큰 재분배 행위인 척하지 않았다. 그렇다, 그것은 사람들의 이목을 끌기 위한 행위였다, 그러나 반드시 해야 할 행위였다고 말했다. 그가 언론에 설명했듯이 그것은 사실 '행동을 통한 선전'이었다. "우리는 이런 식으로라도 관심을 끌어 누군가가 멈춰서서 생각하도록 하지 않을 수 없습니다. 여기 사람들이 얼마나 절망적인 상태에 있는지 알아야 합니다."

신문과 방송의 요청이 8월 내내 증가해, 슈퍼마켓 습격 사건이 몇 주 동안이나 대중 매체의 주요 논란거리가 되었다. 뉴스에서 안달루시아 푸드 뱅크와 무료 급식소를 방문해 식품 가격 상승과 주택 압류, 일자리를 찾을 수 없는 상황에 대해 이야기했다. 산체스 고르디요는 국내외 텔레비전 출연을 모두 마치자 이 난리법석을 이용해 위기를 부각시키려고 8월의 폭염 속에서 3주 동안 스페인 남부를 행진하겠다고 했다. 도중에 소도시 시장들을 찾아가 부채 상환을 하지 말라고 설득할 계획이었다. 농촌의 푸에블로들이 위기를 초래한 것이 아니니 그들이 부채를 갚도록 해서는 안 된다고 말했다. 그것은 서로 떨어져 있는 공동체들 사이에 연결망을 만들어 연대를 구축하려는 시도였다. 이 행진으로 얻은 것은 거의 없었다. 표면적으로는 그랬다. 그러나 덕분에 이런 이슈들이 ― 잿빛 수염에 카피예를 두른 그들의 상징적 옹호자와 함께 ― 2주 동안 헤드라인에서 사라지지 않았다.

마리날레다가 한 달 동안 악명을 떨친 뒤 소동이 가라앉자, 슈퍼마켓 습격 사건이 그보다 폭넓은 행동 양식의 일환이라는 것이 한층 쉽게 눈에 들어왔다. 그것은 일상적으로 자본주의에 저항하는 행위이고, 위기에 대처하기 위해 할 수밖에 없는 새로운 (그러나 그다지 새롭지 않은) 행동 양식이며, 갈수록 증가하는 그런 행동 양식을 보여 주는 극적인 예였다. 바르셀로나에서 활동하는 사회학자 카를로스 델클로스Carlos Delclós는 슈퍼마켓 습격 사건이 '공공 정책의 수정'을 뜻한다고 했다. 그러한 수정에 따라 스페인 민주주의의 심장에서, 자본주의의 심장에서 일어난 정당성 위기는 국민의 선제적 개입을 요구했다. "우리는 민주주의가 '민중의 힘people power'을 뜻한다는 것을, 민주주의의 결핍을 바로잡으려면 아래로부터 권력을 행사해야 한다는 것을, 억압의 구조에 생긴 틈에 파고 들어가 콘크리트를 산산조각 내는 뿌리줄기처럼 그것을 파열시켜야 한다는 것을 절대 잊어서는 안 된다."

작지만 일상적인 저항 행위가 이미 수없이 일어나고 있었다. 델클로스는 "시민들이 터무니없이 비싼 대중교통과 유료 도로 요금을 내지 않고, 의사들이 미등록 이주자들을 무료로 치료해 주지 말라는 지시에 저항하고, 경찰이 시위대를 공격하라는 명령에 따르지 않는가 하면, 전국에서 로빈 후드가 되어 상점을 터는 것을 가리켜 '고르디요 되기(해시태그 #HazteUnGordillo를 통해)*'라고 하는 것"이 관찰된다고 했다. 여기에 스페인 전역에서 소방관과 열쇠 수리공이 은행에 압류된 집에서 사람들을 내쫓기를 거부한 것이나, 널리 알려져 있듯이 암시장이 폭증하고, 위기 뒤에 과세를 피하려고 현금 거래가 크게 늘어난 것도 덧붙일 수 있다.

물론 스페인의 빈곤이 위기로 인해 생겨난 것은 아니다. 경제 기적이 한창인 때도 거리에서 사는 사람들과 자식을 먹여 살리려고 발버둥 치는 가족들이 있었다. 하지만 경제가 붕괴되면서 스페인 계급 체계에서 한 번도 그런 비참한 일을 겪어 보지 않은 계급에서도 그런 일이 폭발적으로 증가했다. 2013년에 사회학·응용사회학 발전** 재단에서 사회적 배제와 위기를 조사해 발표한 보고서에 따

---

* 해시태그는 트위터에서 '#특정 단어' 형식으로 그에 대한 글임을 표시하는 기능.
** Fomento de Estudios Sociales y Sociologia Aplicada(FOESSA).

르면, 위기 전에는 가족 구성원 가운데 고용된 사람이 하나도 없는 가구가 38만이었는데, 2012년 말에는 그 수가 4배 이상 증가해 180만이 되었다고 한다. 이 수치도 몸서리가 쳐지지만 여전히 추상적으로 다가온다. 산체스 고르디요가 가장 최근에 개입한 일이 아주 큰 의미가 있는 것은 다른 권력자는 감히 말하지 않은 것—"위기에도 성과 이름이 있고, 얼굴과 신분증이 있다"—을 크게 부각시켰기 때문이다.

나는 마리날레다에서 붕괴의 피해자는 물론이고 붕괴의 설계자를 향해서도 그들이 겪는 불행을 고소해하는 심보를 보지 못했다. 마을 사람들의 반응도 산체스 고르디요의 반응과 마찬가지로 침울하고 비관적이었다. 이것은 자본주의 탓이라고, 중앙 집권화된 권력 탓이라고 했다. 스페인 사람들은 과거에, 비교적 멀지 않은 과거에도 아주 많은 일을 겪었으며 지금 또다시 고통을 겪고 있다. 세비야에 사는 한 5·15 활동가는 아직 혁명이 일어나지 않은 주된 이유 가운데 하나는 문화적인 것이라고 했다. 스페인 사람들은 금욕적으로 지상의 삶은 '눈물의 계곡'이라는 사실을 체념하고 받아들인다는 것이었다. 충실한 가톨릭 신자인 양 고통을 참고 견딜 거라고 했다.

2011년에 마리날레다 사람들은 위기가 이웃 푸에블로와 그 너머에 사는 친구와 친척에게 끼치는 영향을 보았다. 카사리체에 사는 여자 친구가 사업을 접거나 에스테파에 사는 친구들이 임시직 일자리만 찾거나, 부부가 만테카도 공장에서 몇 개월 동안 계절성 일을 하거나, 발렌시아에 사는 사촌들이 집에서 쫓겨날 처지에 있었다.

2013년에는 마을 안에서도 그 영향이 보이기 시작했다. 나는 마리날레다의 2월 사육제 때 공책에 휘갈겨 쓴 메모에서 세 번이나 밑줄을 그은 눈에 띄는 한 문장을 발견했다. 맥주 자국으로 부풀어 오르고 말아 피우는 담배 자국이 느슨한 실처럼 난 페이지에서 발견한 것은 이 지역 중년 남자 페페의 말이었다. "지금은 마리날레다에 좋지 않은 때다. 그러나 혁명에는 좋은 때일지도 모른다."

8

유토피아의

종 말 ?

돌이켜 보면, 2012년 8월에 일은 걷잡을 수 없이 번져 나갔다. 슈퍼마켓 습격 사건이 일어나자 언론에서 난리가 났고, 게다가 3주 동안 주변 지역을 행진하고 토지를 점거하면서 산체스 고르디요가 갑자기 대중의 초미의 관심사가 되었다. 라호이 정부와 그 동맹 세력에는 큰 골칫거리가 되었고, 의회에서 그들의 적인 사회주의노동자당에도 눈엣가시가 되었다. 그가 위기는 피할 수 없는 불가항력이 아니라 그들의 정치·경제 체제가 낳은 결과임을 분명히 한 탓이었다. 따라서 위기는 이론의 여지가 있는 것, 어쩌면 물리칠 수도 있는 것이었다. 로빈 후드 시장이 스포트라이트를 받으면서 갈수록 많은 사람이 마리날레다에 대해 이야기하고, 그것이 의미하는 바에 대해 이야기했다.

그를 그런 상황으로 몰고 간 메시지는 매우 심각한 것이었지만,

오늘날의 대중문화는 인지도가 일정 수준에 이르면 메시지가 현란한 볼거리에 가려 흐릿해지는 위험이 있었다. 한참 드높아지던 그의 명성은 그해 9월 전 세계에서 젊은 층 의류를 파는 H&M에서 산체스 고르디요 티셔츠를 만들어 내면서 맥없이 가볍고 진부한 것이 되어 버렸다. 디자인은 어울리게도 그들의 새로운 '시대정신' 컬렉션 가운데 하나였고, 옥수수자루를 잡고 있는 손과 함께 "사람들에게 식량을! 굶주림 없는 세상—후안 마누엘 산체스 고르디요"라는 글이 박혀 있었다. 그러나 나흘 만에 H&M에서 이 디자인을 철회하고 "편을 들려고" 한 것이 아니라며 "불쾌한 고객이 있었으면 사과드린다"라는 공식 사과를 발표했다. 이는 자본주의가 위기에 빠진 상황에서 슈퍼마켓을 습격한 일이 얼마나 민감한 사안인지를 보여 준다. "사람들에게 식량을" 같은 메시지는 논란을 불러일으킬 수 있고, 심지어 불쾌감마저 줄 수 있는 것이었다.

뒤이어 그해 겨울에는 산체스 고르디요가 안달루시아 대중문화에서 최고의 영예를 안았다. 그에게 바치는 치리고타chirigota가 나온 것이다. 치리고타는 선풍적 인기를 끌고 있는 독특한 형태의 풍자적 대중가요로 카디스 지방에서 유래했다. 전통적으로 치리고타 그룹은 10~15명으로 이루어졌고, 거리와 광장에서 노래에 걸맞은 의상을 입고 나라와 정부, 사회의 상태를 노래한 일련의 자작곡을 합창했다. 때로는 외설적이기도 하고 언제나 위트가 가미되어 있었다. 치리고타는 프랑코 시대에 억압을 받았으나 최근 몇 십 년 사이에 화려하게 복귀해, 해마다 승자 진출식으로 최고의 그룹을 뽑는 경연도 펼쳐진다. 카디스에서 사순절 축제의 일환으로 열리는 경연은 텔레비전에 중계되는 전국적 문화 행사다.

그런데 여느 정치가와 달리 산체스 고르디요는 풍자적 노래의 주제이기만 한 것이 아니라 그룹의 레퍼토리 전체의 모델이었다. 자기들을 '로스 고르디요스(Los Gordillos, 고르디요들)'라고 했고, 의상도 머리부터 발끝까지 그가 지난 8월 뉴스에서 보인 모습을 그대로 본떴다. 열두 명의 성인 남자가 흰색 반바지에 붉은 체크무늬 셔츠를 입고, 목에 녹색 카피예를 두르고, 밀짚모자를 쓰고, 데저트 부츠*를 신고, 무성한 녹색 수염을 달고, 안달루시아 깃발과 확성기까지 들었다. 그들은 2013년 사육제의 히트작 가운데 하나로, 공식 공연에서 준준결승까지 올라가 커다란 메르카도나를 배경으로 슈퍼마켓 습격 사건을 노래해 많은 팬의 사랑을 받았다.

그의 악명이 하늘을 찌르고 언론의 요청이 계속 쇄도했지만, 마을의 일상적 운영이 산체스 고르디요 열풍으로 방해받지는 않았다. 마리날레다는 티셔츠 슬로건과 불손한 코미디 노래를 둘러싼 논란쯤은 충분히 견딜 정도로 튼튼했다. 그보다 더한 것도 견딘 사람들이었다. 그런데 경제 위기가 눈에 보이지 않게 마을에 영향을 끼치기 시작했다.

스페인에서 그해에 두 번째 총파업이 일어나고 2주가 지난 2012년 11월 30일에 마리날레다에서 세비야까지 사흘 동안 진행된 '여

---

* 발목까지 올라오는 스웨이드 편상화.

자들의 행진'이 도시의 역사적 명소인 스페인 광장에 도착하기로 되어 있었다. 거기서 그들은 청중들 앞에서 지방 정부와 함께 위기와 위기가 농촌 공동체에 미치는 영향에 관해 토론할 참이었다. 이는 마을의 정치에서 가끔 보이는 페미니즘 지향의 표현이었다. 한 번은 산체스 고르디요가 "우리가 여기서 쟁취한 것은 모두 여자들 덕분입니다"라고 내게 말했다. 스페인의 낡은 성별 역할이 여전히 일부 남아 있어도(특히 집안일에서는), 마을 의회와 총회에서는 여성이 과다 대표되고 있었다.

시즌이 끝난 목요일 한낮이라 광장은 거의 텅 비어 있었다. 모자이크를 유심히 들여다보는 관광객 몇 명과 관습에 구애받지 않고 백일몽을 꾸는 아이스크림 장수밖에 없었다. 이 고요 속으로 안달루시아 노동자조합과 마리날레나 여성들이 도착했다. 대부분 여성인 이삼백 명쯤 되는 사람들이 행진해 들어오고, 이들을 따라 지붕에 스피커를 잔뜩 매단 커다란 밴 두 대가 느리게 기어 왔다. 혁명과 은행가에 대한 구호가 텅 빈 광장에 크게 울려 퍼졌고, 이들은 안달루시아 지방 정부 청사 앞에 자리를 잡았다.

행진이 끝나고 점심 도시락이 배부되었다. 은박지에 싼 모르타델라 소시지 샌드위치와 갑에 든 오렌지 주스였다. 지역 텔레비전 뉴스 팀도 오고, 지역 신문에서도 두세 곳이 왔다. 수많은 카피예와 수많은 조합 깃발, 걷기 편한 실용적인 옷들이 보이고, 사방에서 웃음소리가 났다. 삶의 방식으로서의 투쟁에 익숙한 평범한 사람들이었다. 한 여성이 유모차를 끌고 내 곁을 지나는데, 나는 그것이 안달루시아 깃발을 실어 나르는 데 쓰이고 있다는 것을 한눈에 알 수 있었다. 농업 보조금을 주장하기 위해 사흘 동안 행진하면서 정치적 참여에 대해, 일상생활에 정치가 존재하는 방식에 대해 진지한 태도를 보이는 것은 어쩌면 당연할 것이다.

연설이 시작되자 디에고 카냐메로가 나와 왜 페오나다peonada를 폐지할 필요가 있는지를―주제가 주제니만큼 가능한 한 격렬한 태도로―설명했다. 페오나다는 일한 날을 기록해 그것에 따라 호르날레로에게 사회 보장 기금을 지급하는 제도다. "우리는 농촌 고용 계획을 없애고, 자본주의를 없애야 합니다"라고 그가 계속 말했다. 곱슬곱슬한 백발에 안달루시아 노동자조합 티셔츠와 면바지를 입고, 말끔하게 면도를 하고 오래된 가죽처럼 햇볕에 그을린 구릿빛 피부를 가진 그는 언제나 산체스 고르디요의 좋은 파트너다.

나는 처음에는 시장이 그 자리에 있는지 몰랐다. 연단에 있는 연사 네 명 중에도 없는 것 같아서 이번만은 그가 행진에 참여하지 않았나 보다 생각하고 있었다. 그런데 그가 군중 속에 있었다. 군중에 파묻혀 뒤에서 중간쯤에 있었다. 좋을 때나 나쁠 때나 평상시에 늘 맨 앞에 있던 사람에게는 어울리지 않게 겸손한 자리였다. 그가 말하지 않고 듣고 있었다. 지도를 하거나 영감을 주지 않고, 지도와 영감을 받고 있었다. 고개가 약간 갸우뚱해지는 장면이었다.

정부에서 아무도 나오지 않을 거라는 것이 밝혀지자, 사람들은 카메라를 위해 페오나다 서식을 불태우는 화형식을 하고 "실업에 맞서 노동자 투쟁"이라는 구호를 외쳤다. 그리고 안달루시아 찬가

〈안달루시아 사람들아, 일어나라〉를 불렀다. 힘차게, 느리게, 오른
손 주먹을 높이 들고.

군중이 뒤섞이면서 흩어지고 카냐메로가 몇 번 인터뷰를 하는 사
이 산체스 고르디요는 조용히 사라진 것 같았다. 푸에블로 밖에서
온, 전에 그를 만난 적이 없는 노조 운동가 몇몇이 그에게 함께 사
진을 찍자고 했다. 그는 차례로 요청에 정중히 응하며 악수를 하고
뺨에 입맞춤을 하고 약간 지친 모습으로 웃었다. 장거리 여행으로
피곤한데 팬들이 몰려와 그들 사이를 뚫고 서둘러 호텔로 향하는
유명 인사 같았다. 그는 내가 접근하기도 전에 사라졌다.

농촌 고용 계획(Plan de Empleo Rural, PER)은 1980년대에 도입된 정부
의 사회 보장 제도다. 수확기가 아니면 일이 없는 농업 노동자들에
게 보조금을 지급해 농촌 지역에서 또다시 대량 탈출 사태가 일어
나는 것을 막기 위한 조치였다. 들에서 적어도 35일간 일해 35페오
나다를 받은 호르날레로는 6개월 동안 매달 400유로씩 사회 보장
기금을 받을 수 있는 자격이 생겼다. 그런데 그해에는 올리브 농사
가 특히 안 되어, 어떤 사람들은 최소한 35일은 일해야 한다는 조
건을 맞추기가 어려워지고, 따라서 생존하기가 갈수록 힘들어지고
있었다.

1980년대 초의 망령과 농촌 가구가 굶주렸던 기억이 되살아나 복
수를 할 기세였다. 안달루시아 사회주의노동자당조차 안달루시아
노동자조합과 마리날레다 사람들과 함께 정부에 안달루시아 농촌
빈곤 문제를 해결하고 농촌 고용 계획을 개혁하라고 할 정도였다.

안달루시아 사회주의노동자당의 2인자 마리오 히메네스가 말한 대로 "성인과 동정녀에게 구원해 달라"라고 하지 않고서 말이다.

마침내 2013년 1월에 정부가 보조금을 받을 수 있는 자격 조건을 1인당 20페오나다로 낮추었다. 그러나 그것으로는 충분하지 않았고, 이번에도 안달루시아 노동자조합에서만 그렇게 말하는 것이 아니었다. 스페인에서 가장 큰 노동조합인 노동자위원회 조합연맹(Confederación Sindical de Comisiones Obreras, CCOO)도 많은 사람이 식탁에 음식을 올려놓을 수 없을 거라는 데 수긍했다. 마리날레다에서는 페오나다가 2013년 초두부터 수많은 총회의 유일한 토의 안건이었다. 지방 의회에서도 시장의 동료들이 싸울 수 있다고, 어쩌면 싸워야 할 거라고 했다. 그러나 이번에는 이기지 못할지도 모른다는 사실에 대비해야 한다고 했다. 20페오나다, 즉 20일이라는 조건을 채우든 채우지 못하든 모든 가난한 안달루시아 호르날레로에게 포괄적인 복지 수당을 주어야 한다는 요구가 이데올로기적으로나 현실적으로 필요하지만, 그들도 정부 재정이 얼마나 나쁜지, 그리고 사회 보장을 대폭 삭감하는 것이 추세라는 것을 볼 수 있었고, 따라서 마을의 분위기도 낙관적이지 않았다.

마을에도 돈이 부족한 사태가 일어날 거라는 이런 암울한 메시지와 관련해서 한 가지 눈에 띄는 것이 있었다. 나는 그것을 2012년 12월 총회에서 처음 눈치챘다. 그런 메시지를 산체스 고르디요가 직접 전달한 것은 아니었다. 평상시와 달리 그날 저녁은 그가 노동조합에서 토론을 이끌지 않았다. 1월에 열린 총회에서 다시 페오나다에 관해 논의할 때도 자리에 없었다. 그때는 깨닫지 못했지만, 그 날 세비아에서 군중에 파묻혀 평소와 달리 조용히 있었던 것이 몇 달 동안 *그가* 처음이자 마지막으로 대중 앞에 모습을 드러낸 것이었다.

스페인은 남 이야기 하기를 좋아하는 나라이고, 스페인 신문과 텔레비전이 여름 내내 로빈 후드 시장을 주시하고 있었다. 그런데도 아직 그에게 뭔가 좋지 않은 일이 일어나고 있다는 것을 깨닫지 못했다. 내가 마리날레다에 다시 왔을 때에야 푸에블로의 치밀한 사회 관계망을 통해 조금씩 정보가 새어 나오기 시작했다. 내가 처음 들은 것은 팔로팔로에 있던 어떤 사람에게서였다. 사람들에게 산체스 고르디요의 책을 보여 주었더니 그가 시장이 조금 안 좋다는 말을 들었다고 했다. 그러나 문제가 무엇인지는 잘 모른다고 했다. "시장이 총회에서 의장을 맡지 않았나 봐?" 내가 레온에게 물었다. 그러자 그는 "시장이 잠시 그 일을 안 보고 있어" 하고 퉁명스럽게 말했다.

다음 날 마을에 영국인이 또 하나 왔다. 런던에서 온 사회주의 성향의 다큐멘터리 제작자 우즈마였다. 그녀는 마을 의회에서 산체스 고르디요의 동료인 글로리아에게 시장과의 인터뷰에 대해 물었고, "시장이 지금 스트레스가 심하다"라는 말을 들었다. 글로리아는 시장이 실은 지금 일을 보지 않아 다른 의원들이 그의 업무를 나누어서 보고 있다고 했다. 그래도 인터뷰는 할 수 있지 않느냐고 우즈마가 압박했다. 그러자 시장에게 문자를 넣어 보겠다며, 다행히 그가 인터뷰할 기분이 나면 그녀와 이야기할지도 모른다고 했다. 그러나 그는 전화도 없고 이메일에도 답장을 하지 않았다. 세비야에서의 그 행진은 어떻게 된 거냐고 했더니, "시장이 그래도 기분이 나면 작은 일에는 참여한다"라고 했다.

　나는 마리날레다 의회 의원 가운데 가장 젊은 세르히오에게 같은 질문을 하고 같은 답변을 들었다. 그는 계속 산체스 고르디요가 **조금 안 좋다**고, 그가 무기한 휴가 중이지만 **곧 돌아올 거**라고 했다. 그러나 나는 결국 이렇게 안심시키는 말이 그가 어떤 곤경에 처했는지 알아서 하는 말이 아니라 희망 사항이라는 것을 깨닫게 되었다. 그들이 안쓰러웠다. 그를 보호하려고 했지만 그들도 실은 문제가 무엇인지 모르고 있었다. 글로리아도 세르히오도 시청과 텔레비전 방송국 직원들도 다음 의회 회의가 언제 열릴지, 다음번 빨간 일요일은 언제일지, 다음번 (공식적으로는 매주 열리는) 총회가 언제 열릴지도 몰랐다. 그동안은 필요하면 그때그때 총회를 열고 돌아가면서 의장을 맡았다. 최근에 마을에서 열린 행사와 평생 교육원 연례 만찬에서는 에스페란사 의원이 연설을 했는데, 그녀가 새로 맡은 일을 아주 잘했다고 사람들이 말했다. 그것을 보고 한 사람은 약간 슬프게 말했다. 어쩌면 의원들이 모두 공식적 역할을 처음 해 보는 것도 좋은 일일지 모른다고, 시장이 영원히 계속할 수는 없을 테니까. 그러나 현재로서는 그것도 당분간이다. 의원들은 보수를 받지 않고 모두 다른 직업이 있기에 시장의 책임을 대신 지는 일에 전적으로 헌신할 수 없었다.

삶은 계속되었지만, 뭔가 문제가 있는 조짐이 슬금슬금 나타나기 시작했다. 나는 마을에 찾아온 벨기에 사진가를 데리고 문화 회관에 있는 텔레비전 방송국을 둘러보았다. 산체스 고르디요가 〈직통 전화〉에서 하는 연설을 녹화하는 곳이었다. 내가 스튜디오 안을 볼 수 있겠느냐고 했다. 그들이 문을 따고 들어가 죽 늘어선 전등 스위치를 탁탁 켜자 마치 깊은 잠에서 깨어나듯 불이 느리게 들어왔다. 그것은 1970년대 미학에 퀴퀴한 냄새까지 나서, 이미 오래전에 한때의 영광을 뒤로 하고 스러져 가는 제국의 쿠바식 유물 같았다. 스튜디오를 몇 달 동안 쓰지 않은 것이다.

서서히 좀 더 자세한 정보들이 나오기 시작했다. 나는 갈수록 마을에서 많은 사람의 신뢰를 얻게 되어, 시장의 건강에 대해 정중하지만 딱 잡아떼며 얼버무리는 말들의 뒤를 캐면 캘수록 8월 사태 이후에 도대체 무슨 일이 일어나고 있는지를 두고 다양하게 제기되는 설들을 모으기 시작했다. 어떤 사람들은 시장이 가족 문제가 있을 거라고 했다. 그것은 이야기하는 사람에 따라 그의 전 아내나 다 자란 자식들 또는 새 아내와 어린 아들과 관련된 문제일 거라고 했다. 그가 원인 모를 깊은 우울증에 빠져 있다는 이야기도 있었다. 언론 때문에 진이 빠져서 그렇지 정신 건강 문제는 그렇게 크지 않아 이제 곧 돌아올 거라는 이야기도 있었다. 때로는 땅도 놀려야 다시 지력을 회복하지 않느냐는 이야기도 있었다.

이 모든 것이 시작된 2012년 8월, 마을에서 열린 특별 총회 끝에 누군가 무심히 산체스 고르디요에게 물었다. "그럼 이제 어디로 가

십니까?" 그는 그날 저녁 모임이 끝나자마자 차를 타고 세비아에 갔다. 그날 밤 황금 시간대에 열리는 토크 쇼에 출연하기 위해 거기서 마드리드로 가는 비행기를 타야 했다. 그리고 그다음에는 언론인들과 만나야 했고, 그다음에는 그날 마지막 비행기를 타고 세비야에 돌아와 다시 차를 타고 마리날레다에 돌아올 것이었다. 그래야 아침 7시에 마을 사람들과 함께 대형 버스를 타고 가서 다음번 토지 점거를 이끌 수 있었다. 이런 식의 직접 행동과 집회, 대담, 인터뷰가 약 6주 동안 매일 사정없이 반복되었다.

"시장도 이제는 60대야." 한 지지자는 그 여름을 떠올리며 동정적으로 말했다. "그 여름에 그렇게 3주 동안 먼 길을 걸었으니, 시장이 지금 고생하는 것도 놀라운 일이 아니지. 하루 종일 집회하고 인터뷰하고 연설했잖아, 그것도 날마다. 게다가 평상시에도 그가 그냥 조용히 말만 했나? 꼭 뉘른베르크 전당 대회에 있는 것 같잖아" 하고는 그녀가 다정하게 웃었다. "물론 좋은 의미에서." 공개적인 무대에서, 아니 아예 사람들 눈에서 사라지기 직전인 2012년 9월 말에 열린 한 모임에서는 그가 중간에 말을 하기로 되어 있었는데 그만 깜박 잊었다는 이야기도 있었다.

평생 마리날레다 사람인 또 한 사람은 내게 "우울증이야" 하고 자신 있게 말했다. "문제는 원인이 무엇이냐는 거야. 나는 그게 우리의 경제 문제라고 생각해." 내가 혼란스러운 눈으로 그를 바라보았다. 그전까지 한 번도 그럴 가능성에 대해 언급한 사람이 없어서, 나는 산체스 고르디요의 문제가 완전히 개인적인 문제일 거라고만 생각하고 있었다. "물론 그런 것도 있겠지. 그러나 그는 마을의 미래가 걱정스러운 거야. 우모소 농장에서 일하는 사람들에게 지불할 돈이 이제 없어. 그들이 협동조합원들에게 돈을 줄 수가 없어. 나는 그게 지금 시장의 주요 문제라고 생각해."

농장이 효율적이지 않고 손해를 보고 있는 거라고 그가 계속 말했다. 심지어 사기업이 농장을 운영했다면 더 잘되었을 거라고도 했다. 이런 말은 마을 사람들에게는 이단이었다. 만일 사기업이 농장을 인수했다면, 더군다나 위기의 와중에 그랬다면, 틀림없이 효율을 추구하기 위해 사람들을 모두 자르고 다시 밀 같은 작물을 심었을 것이고, 따라서 프로젝트가 추구하는 것도 완전히 묵살했을 것이다. "글쎄, 나는 일자리를 창출하면서도 들에서 일하고 수확할 때 효율을 추구하는 것, 둘 사이의 균형이 이상적이라고 생각해."

2011년만 해도 마리날레다는 위기와 동떨어져 있는 것 같았다. 위기 너머에 있어 그 영향과 절연되어 있는 것 같았다. 아주 오랫동안 그들을 분명히 달라 보이게 만들었던 것에 의해서 말이다. "아니, 아니 그렇지 않아." 그가 내 말을 바로잡았다. "마드리드에 돈이 없고 세비아에 돈이 없으면 여기도 돈이 없어."

이 말에는 어떤 진실이 있었다. 마리아노 라호이가 트로이카*의 명령에 따라 재정 지출을 삭감하기 시작하면서 마을이 안달루시아 지방 정부에서 받는 자금이 빠르게 말라붙기 시작했다. 시장이 전

---

* 유럽연합과 국제통화기금, 유럽 중앙은행.

반적으로 침체된 데다 최근에는 작황도 좋지 않아 우모소 농장에서 호르날레로에게 제때 돈을 주기가 갈수록 어려워지고 있었다. 때로는 3개월을 기다려서야 돈을 받았고, 올리브를 수확할 때 받는 급료도 급락하고 있었고, 페오나다 문제도 있었다.

그러나 모든 사람이 그렇게 마을의 장래에 비관적인 것은 아니었다. 그들에게 반드시 필요한 정부 기금을 받지 못하게 될 수 있는데도 그랬다. 어느 날 저녁에 팔로팔로에서 파체코라는 젊은 남자와 이야기를 하게 되었다. 친구들 사이에서 파코로 불리는 그는 가죽 재킷을 입고 있었는데, 얼굴에 털이 많고 따뜻한 감성을 지닌 사람이었다. 그도 1960년대의 대탈출이 낳은 산물이었다. 바스크 지방 산세바스티안에서 태어나 안달루시아로 이주해 온 사람들이 1980년대 말에 투쟁이 막 시작되었을 때 마리날레다로 왔다. "나는 북부에서 태어났지만, 마음은 안달루시아 사람이야" 하고 파코가 분명히 말했다.

우리는 마리날레다 밖에 있는 세상의 위기에 관해 이야기했고, 그는 곤경에 빠진 가족과 부동산 담보 대출, 사업에 관한 장황한 이야기에 자기 이야기를 보탰다. "이곳은 세계의 본보기야" 하고 파코가 말했다. "바로 여기가. 비록 완벽하지는 않아도 위기에 빠진 다른 도시와 마을을 봐. 그들이 고생하는 것은 이익을 사람 앞에 놓았기 때문이야."

"그렇지만 산체스 고르디요가 지금 안 좋지 않아? 그에게는 모든 언론의 주목으로 스트레스가 아주 심한 시간이었잖아." 내가 살짝

떠보았다. "그래, 그렇지만 공정하게 말하면 그가 자청한 일이야" 하고 파코가 말했다. 맞는 말이었다. 누가 로빈 후드 시장에게 그러라고 떠민 게 아니었다. 자신이 그러한 길을 택했다. 이기적인 자신감 때문이 아니라 투쟁에 대한 신념 때문에. "그는…… 독특한 인물이야." 파코가 적당한 말을 찾다가 마침내 말했다. 그러고는 독특하다는 말이 자기가 의도한 말인지 스스로 점검했다. "그는 용감해, 참 용감해."

크리스마스를 맞으러 런던으로 돌아가기 전에 시장의 동료 하나에게 편지를 써 마지막으로 산체스 고르디요를 다시 만날 수 있겠느냐고 했다. "댄, 지금은 불가능해. 그가 몹시 아파. 당신이 1월에 돌아오면 그때는 시장과 이야기할 수 있기 바랄게. 부디 이해해 줘." 그의 답장이었다. 푸에블로를 둘러싸고 담이 올라가고 있었다. 그들은 시장을 보자는 요청에 하나같이 얼렁뚱땅 넘어가려고 했다. 그게 언론이든 다큐멘터리 제작자든 다른 마을과 정치적 다리를 놓고 싶어 하는 사람이든 상관없었다. 그러나 그의 친구들과 동지들은 시장이 정말 몇 주 동안 휴가를 보낼 필요가 있고, 새해가되면 좋아질 거라고 진정으로 믿었다.

1월에 런던에 돌아와 있는데 마리날레다에 있는 친구 하나가 내게 편지로 필요한 정보를 주었다. "후안 마누엘이 아직도 침묵을 지키고 있어, 총회를 모두 다른 사람이 주재하고, 총회도 짧고 일에 관한 것뿐이야. 어디나 재정 상태가 아주 나빠, 터널의 끝이 보이지 않아. 누군가 내게 말하기를 후안 마누엘이 더욱 고통스러운 것은 상황을 바꿀 힘이 없어서, 앞길이 보이지 않아서래. 네가 그와 이야기할 수 있더라도 그게 아주 만족스러울지 모르겠어……. 그 밖에는 별다른 일 없어."

분위기가 갈수록 침울해지고 있었다. 한 총회에서는 마을 의원인 돌로레스가 해마다 올리브를 수확할 때 받는 급료가 떨어질 거라는 나쁜 소식을 전해야 했다. 그 모임에서 일부 호르날레로는 그것으로는 여비도 감당할 수 없을 거라고 생각했다.

2013년 2월에 내가 마을에 돌아왔을 때도 산체스 고르디요는 보이지 않았다. 안토니오가 내 방을 준비하며 빠른 솜씨로 꼼꼼하고 정확하게 시트를 매만지면서 아직도 내가 이번 방문으로 해야 할 것이 있느냐고 물었다. 내가 몇 가지에 대해서는, 물론 가능하면, 시장과 한 번 더 이야기를 나누었으면 좋겠다고 했다. 그가 한숨을 쉬며 말했다. "그래, 행운이 있기를. 그런데 시장이 아직 좀 안 좋아."

2월 두 번째 토요일에 우리는 마리날레다의 이웃 푸에블로인 엘루비오에 갔다. 사순절 전 마지막 토요일에 열리는 축제에 가기 위해서였다. 올해는 부활절이 아주 빨랐고, 그래서 날씨가 아주 추웠다. 저녁 7시에 복숭앗빛 하늘이 검푸른 황혼으로 바뀌자마자 행렬이 소도시의 아수라장 같은 거리를 돌기 시작했다. 마리날레다에서처럼 친구들끼리 가장행렬 의상을 맞춰 입었고, 해파리와 슈퍼히어로, 스폰지밥 캐릭터와 스머프, 인어와 카우보이, 남장을 하고 손에 럼주에 콜라를 섞은 칵테일을 잔뜩 든 여학생들이 있었다. 구름 없는 하늘 아래 기온이 0도까지 급강하한 탓에 도시의 부모들과 조부모들은 따뜻한 코트에 목도리를 두르고 이들을 감탄하며 바라보았다.

마침내 가장행렬이 엘 루비오의 블라스 인판테 공원에서 멈추었다. 더 많은 술이 술잔을 채웠고, 금관 악기와 드럼으로 이루어진 8인조 밴드가 스페인 댄스 팝을 빵빵 틀어 대는 음향 기기와 경쟁했다. 검푸른 황혼이 물러나며 어두워지자 사람들이 점점 기분 좋게 취해 맥없이 풀린 팔을 서로의 어깨에 걸치고 춤을 추기 시작했다. 그런데 거기에, 그 인파 속에 분명히 산체스 고르디요가 있었다. 몇 달 동안의 부재와 혼란 끝에 거기 그가 있었다. 마침내, 틀림없이, 로빈 후드 시장이었다. 붉은 체크무늬 셔츠와 카피에, 밀짚모자, 나뭇가지에 종양처럼 피어오른 이끼 같은 수염까지 모두 그였다. 그는 서민에게 인기 있는 정치가에게 가장 어울리는 방식으로 공적 생활로 돌아오기로 마음먹은 게 틀림없었다. 사람들과 쉽게 어울릴 수 있는 떠들썩한 인파 속에서 말이다. 그가 원기를 회복하고 다시 나와 확성기를 들고 슈퍼마켓 물건이 든 쇼핑 카트에 기대고 있는 모습을 보니 좋았다. 지난여름에 슈퍼마켓을 습격했을 때와 영락없이 똑같았다.

그런데 이상해서 다시 보았다. 분명히 산체스 고르디요가 있었다. 그런데 거기 그가 또 있었다. 그리고 또. 산체스 고르디요가 넷, 아니 다섯, 아니 여섯이나 있었다. 그들 가운데 셋은 '섹시한 간호사' 복장을 한 남자와 사진을 찍고 있었다. 하나는 수염이 떨어져 줄에 매달려 있는 것 같았다. 또 하나는 〈슈퍼 마리오 형제〉에 나오는 버섯 하나와 수다를 떨고 있었다. 이것이 '행동을 통한 선전'이라도 참으로 유치해 보이기 시작했다.

어쩌면 나는 카디스의 치리고타 그룹 로스 고르디요스에 영감을 받아 산체스 고르디요가 이런 식으로 복제되는 것에 놀라지 말았어야 했다. 진짜 인민의 지도자는 그 자리에 없는 것 같았지만, 그의 정신은 익살맞은 가장행렬 의상에 살아 있었다. 그다음 토요일 밤에 열린 마리날레다의 사육제에서는 아무도 그들의 아이콘을 — 그들이 선출한 지도자를 — 희화화할 정도로 무례하지 않았다. 그러나 그가 없는데도 그는 푸에블로에 있는 것 같았다. 공기 속에, 술집에서 오가는 반쯤 들리는 대화 속에 있어, 눈에 보이지 않아도 그가 푸에블로를 지배하고 있었다. 그러나 불길한 분위기가 한층 고조되는 것 같았다. 지역 사람들이, 몇 십 년 동안 친구이고 동료였던 많은 이들이 그를 지칭할 때 후안 마누엘이라고 하지 않고 시장이라는 존칭을 쓰고 있었다.

축제의 긴 저녁과 늦은 밤을 지나며 우리는 노동조합에서 운영하는 신디카토 바에서 다섯 잔인가 여섯 잔째를 하고 있었다. 나는 내가 기자이고 외국인이라는 것은 중요하지 않다는 지역 친구들의 강요에 못 이겨 축제 의상을 입지 않을 수 없었다. 15유로에 산 말도 안 되는 (제철도 아닌) 와이즈 맨 의상을 입고, 190센티미터가 넘는 외부인이 녹색과 청록색으로 된 치렁치렁한 큰 드레스를 걸치고 머리에는 그에 걸맞게 집에서 만든 은빛 왕관에 은발 가발을 길게 늘어뜨리고 있다는 것을 의식하지 않으려고 애쓰며 맥주를 홀짝이고 있었다.

밤 10시에 커다란 화면에서 라 리가* 축구 경기가 시작되었다. 지역의 약체인 그라나다가 웬일인지 막강한 바르셀로나를 이기고 있었다. 전 연령대의 사람들이 적절히 뒤섞여서, 바닥에 담뱃재를 툭툭 털고, 옆방에 있는 총회장에서 흘러 들어오는 음악 소리에 가끔 고개를 끄덕이고, 아이들은 술래잡기를 하며 방에서 들락날락 뛰어 다녔다.

바르셀로나가 막 동점을 만들었을 때 누가 팔꿈치로 나를 살짝 찌르며 마치 비밀을 나누듯 내게 몸을 기울였다. "봐. 시장이야." 그였다. 이번에는 정말 그랬다. 그가 맞은편에서 한 부부와 이야기를 하고 있었다. 그답지 않게 마르고 어색해 보였다. 천천히 그가 방 안을 한 바퀴 돌았다. 모든 사람이 그와 악수를 하고 웃었고, 나이 든 사람들은 다정하게 그의 어깨를 안았다. 사람들이 안색이 좋아지고 있다고 하자 그가 웃는데, 약간 수줍은 것 같기도 하고 약간 당혹스러운 것 같기도 했다. 마치 지금은 잊었지만 한때 이 사람들과 다른 관계를 가졌던 것을 기억하는 사람 같았다. 그가 우리 쪽으로 오자 내가 인사했고, 우리는 내 책에 관해 몇 마디 주고받았다. 그는 예의 바르게 행동했지만 거북스러워했다. 인질로 잡혔다가 이제 막 풀려나 다시 사회적 환경에 조심스럽게 적응해 가는 사람 같았다.

그러나 그것은 잠깐의 외출이었을 뿐이다. 그는 잠시 얼굴을 보

---

* 스페인 프로 축구 1부 리그.

였다가 다시 사라졌다. 봄 내내 거의 아무것도 변하지 않았다. 부활절 주간의 문화 주간에도, 스포츠와 문화 행사, 총회와 의원 회의에도 없었다. 시장의 직무도 계속 동료 의원들이 수행했다. 그들은 그런 껄끄러운 일이 곧 지나가기를 바라며 기다렸다. 푸에블로를 둘러싼 신뢰와 연대의 끈이 단단했고, 그래서 결국 침묵의 끈도 견고했다. 지난 8월에 그의 피를 보고 싶어 했던 스페인 우익 정치 평론가들은 아무도 마리날레다에 닥친 이 작은 위기를 눈치채지 못했다. 그러나 적어도 산체스 고르디요가 아픈 바람에, 마을이 오랫동안 무시해 온 문제를 이제는 한층 시급히 해결해야 했다. 그들의 부적, 그들의 지도자이자 동지가 사라지면 어떻게 될까 하는 문제였다. 고르디요주의가 고르디요 없이 살아남을 수 있을까? 그는 푸에블로에 힘을 준 마법의 약이었을까?

마리날레다를 아스테릭스의 마을에 비유한 것은 사실 듣기보다 그렇게 적절한 비유가 아니다. 마리날레다라는 마을은 난공불락의 제국처럼 보이는 곳에 존재하는 믿기 어려울 정도로 극히 예외적인 존재다. 라티푼디오의 바다에 떠 있는 해방구, 노동자들의 섬이다. 하지만 아스테릭스의 갈리아 마을과 달리 마리날레다는 대단히 역설적인 상황에 놓여 있다. 마리날레다는 진실로 주목할 만한 개인을 둘러싼 강력한 지도력 숭배를 토대로 하고 있다. 그러면서도 그곳의 정치는 무엇보다도 민중의 힘을 가장 우위에 둔다. 이러한 정치가 진실로 느껴지고, 언제나 진실로 행해진다. 모든 사람이 평등하고, 모든 사람이 모두를 위해 함께 싸운다. 그러나 마리날레다 사람들은 산체스 고르디요가 확성기를 잡고 있을 때 가장 열정적이고 성공적으로 싸운다.

이 마을은 어쩌면 처음에 보였던 것보다 19세기 안달루시아 아나키즘에 가까울지 모른다. 정보화 시대에 산체스 고르디요가 했던 식으로 대중 매체를 이용하는 것은 적절하면서도 필요한 형태의 '행동을 통한 선전'이다. 행동 자체도 물론 중요하다. 그것이 단식 투쟁이든 점거든 습격이든 마찬가지다. 그러나 그것이 받아들여지는 방식도 중요하다. 8월의 슈퍼마켓 습격 사건에 대해 그의 방법이 거칠고 투박하다고 생각하는 사람들이 많았지만, 그의 메시지에 동의하지 않는 사람은 그보다 훨씬 적었다. 주류 매체가 지닌 구조적이고 개별적인 문제에도 불구하고 왜 그들이 그에게 관심을 집중시켰는가 하는 문제는 남기 때문이다. 산체스 고르디요의 헤드라인을 휘어잡는 행동이 왜 **먹힐까**? 부분적으로는 아마 그가 격렬한 논쟁을 불러일으키는 카리스마 넘치는 인물이기 때문이겠지만, 대부분은 그가 말해야 하는 것을 사람들이 듣고 싶어 하기 때문일 것이다. 날카로운 확성기 소리는 귀에 거슬려도 거기서 나오는 말은 언제나 사람들의 심금을 울렸다. 스페인 정치에서 아무도 감히 그런 말을 하려고 하지 않았기에 더욱 그랬다.

산체스 고르디요는 그동안 기억에 남을 만한 주옥같은 경구들을 많이 남겼다. 나는 어떤 것은 직접 듣거나 개인적인 토론 과정에서 들었고, 그가 연단에서 말할 때도 들었다. 그리고 어떤 것은 연설이나 지금은 지나간 투쟁의 시절에 언론에 났던 기사를 통해 들었다.

한층 멋들어진 심오한 말들도 있었지만, 내 가슴에 깊이 남아 있는 것은 이것이다. "우리는…… 함께 싸우고, 함께 살아가기 때문에 이웃끼리 사이가 아주 좋습니다. 나무를 심을 때도 같이 심습니다." 마리날레다가 거둔 것은 바로 이런 종류의 공산주의다. 말로 설명할 수 없는 연대 의식이다.

조지 오웰은 스페인 내전이 일어나기 직전에 공화주의 바르셀로나에 갔을 때를 회상하며 "혁명을 믿는 저 이상하고 가슴 뭉클한 경험"을 누구도 잊을 수 없을 거라고 했다. 그 사회는 잠시 살아 있는 공산주의를 경험하면서 활기가 넘쳐흘렀다. 마리날레다는 완전한 공산주의도 완전한 유토피아도 아니다. 그러나 푸에블로에서 한 발짝만 나가도, 오늘날의 스페인에 한 발짝만 들여놓아도 연일 난타당하는 빈곤하고 원자화된 사회, 가난한 사람들이 죽든 살든 전혀 관심 없는, 그동안 한 번도 그들에게 관심이 없었던 정치 계급과 경제 제도가 죽음과 파괴의 구렁텅이로 끌어당기는 사회를 보게 될 것이다. 산체스 고르디요가 이룬 것은 토지와 주택, 생계 수단과 문화만이 아니다. 그것들도 물론 놀라운 업적이지만, 거기에 있는 것은 이상하고 가슴 뭉클한 경험이고, 오웰이 말한 대로 잊을 수 없는 경험이다.

마리날레다에 관해 알고 지낸 약 8년 동안 나는 가끔 나 자신에게 좌우 똑같이 마을에 대해 거창한 주장들을 하지만 정작 그곳은 누구나 알고 지낼 정도로 아주 작은 곳이라는 사실을 상기시켜야 했다. 그것은 전 세계의 꽤 많은 사람에게 아주 많은 것을 의미하는 마을이지만, 인구가 2700명밖에 안 되어 하루 종일 가장 큰 소음이 리베르타드 로를 질주하는 오토바이의 굉음이거나 아주 무기력한 수탉이 목을 푸는 소리일 수도 있는 곳이다.

산체스 고르디요는 자본주의를 종식시켜야 수많은 사람의 삶이 존엄성을 회복할 수 있다고 세계를 설득하며 큰 그림에도 관심과 열정을 쏟지만, 푸에블로의 세부적인 일 ─ 이번 달에는 피망이 아니라 아티초크를 심기 시작할 필요성 ─ 에도 못지않은 관심과 열정을 쏟으면서, 즉 거창한 이야기를 하다가 갑자기 지역의 사소한 문제들을 이야기하면서, 그 둘 사이에서 어떤 불일치도 보지 못하는 듯한 것도 가슴 아프지만 당연한 일이다.

스페인 주류 언론의 거물들은 아직 산체스 고르디요가 몸이 편치 않다는 것을 눈치채지 못했을지 몰라도, 끊임없이 줄지어 마을을 찾아오는 열광적인 좌파 지지자들은 문제가 있다는 것을 알게 되었다. 나는 헤르바시오 바 밖에 있는 테이블에서 말쑥한 젊은 의원 세르히오가 면도를 하지 않아 까칠하게 자란 거무튀튀한 수염에 검은 면바지를 입고서 눈 하나 까딱하지 않고 우즈마에게 "정치 생활에서 때로 자리를 비우는 일도 흔한 일"이라고 설명하려는 것을 지켜보았다. 자신도 그가 어디 있는지 모르고, 그는 아프다고 설명했다. "저도 그와 연락이 되지 않아요."

"야, 너 유명하구나!" 하고 세르히오의 젊은 친구 하나가 우리 곁을 지나면서 큰 소리로 말했다. 세르히오는 약간 자랑스러우면서도 쑥스러운 것 같았다. 그는 20대 중반이라 마을에서 단연 가장 젊은 의원이다. 그렇지만 좌파연합의 새 지도자 알베르토 가르손보다 열 살밖에 어리지 않다. 알베르토는 기존 정당 정치보다 '분노한 사람들'과 더 밀접한 관계를 가지고 있다. 파시즘에 대한 기억도 없고 프랑코가 죽었을 때 아직 태어나지도 않은 이 세대가 장차 나아갈 정치적 방향이 스페인의 미래에 결정적으로 중요한 역할을 할 것이다. 특히 그들이 무려 57퍼센트라는 청년 실업률에 허덕이는 바람에 거북살스럽게도 다시 부모 집으로 비집고 들어갈 수밖에 없는 세대이기 때문이다.

세르히오가 세 살 때 자기 어머니가 자기에게 파업을 하고 있다고 말한 일을 떠올렸다. 그는 그게 무슨 말인지 몰랐지만, 그때도 자신의 일상에 뭔가 다른 일이 일어났다는 것을 알 수 있었다며 웃었다. "나는 열두 살인가 열세 살 때 마을의 상황에 대해, 우리가 다른 마을과 어떻게 다른지 알게 되었어요. 누나와 어머니와 이야기하면서, 처음으로 시위에 나가면서였어요. 아주 많은 시위가 생각나요. 열여덟 살 때 큰 시위가 있었는데, 세비야, 그 대도시에 가서 안달루시아 의회 앞에서 했어요. 처음으로 권력을 보고 많은 것을 깨달았지요. 나는 정치가 그저 수동적으로 동일한 두 정당 사이에서 하나를 선택하는 것 이상이 되어야 한다는 것을 알았어요."

모든 주류 정치에 대한 그의 회의적 시각은 스페인에서 갈수록 많은 사람이 갖는 시각이다. '그들 모두의 집에 재앙이 내리기를' 이라는 말이 그저 서양 자본주의 나라들에서 공통적으로 발견되는 무관심의 퉁명스러운 표현이 아닌 것이 되었다. 경멸과 무시가 분노로 변하면서 갈수록 강력한 바람이 되었다. 세르히오에게는 위기에 마리날레다가 해결해야 할 가장 중요한 문제가 어떤 의미에서는 늘 하던 것과 같았다. 일과 집, 문화, 지나친 간섭을 받지 않는 삶―그것을 자유라고 부르든 자율이라고 부르든―이 인간의 기본권이라는 것을 중앙 정부에 납득시키는 것이었다.

"마리날레다 수백 년 역사에서 중요한 시기가 두 번 있었어요. 첫 번째는 1970년대 말과 1980년대 초 '이행'의 시기였어요. 그때는 정말 위기였어요. 민주주의의 위기였고, 파시즘 국가에서 벗어나는 길, 독재에서 벗어나는 길을 찾으려고 할 때였지요. 그리고 바로 지금이 마리날레다에서 두 번째로 중요한 순간이에요. 스페인의 다른 지역을 보세요. 경제가 좋았을 때는 사람들이 우리를 보지 않았어요. 그런데 지금은 다들 이곳에 오고 있어요. 이번은 경제 위기, 정치 위기, 부패의 위기예요. 한마디로 체제의 위기지요."

"당신은 마을에 대해 낙관적인가요?" 내가 페오나다 문제와 세비야에서 받는 기금이 크게 준 것에 대해 넌지시 물었다.

"지금은 상황이 아주 심각해요" 하고 그가 내 말에 동의했다. "지금 페오나다 문제가 복잡하지만, 상황은 더 심각해요. 그렇지만 물론 나는 낙관적이에요. 그렇지 않았다면 내가 이 프로젝트를 위해 노력하지 않았을 거예요. 그것은 위기에 대한 실질적 대안이고, 나는 자본주의 세계의 나머지 지역도 달라질 수 있다고 믿어요. 나는 마리날레다가 장단점이 있다는 것을 알지만, 우리는 본보기가 될 수 있어요."

세르히오는 그동안 마을이 이룩한 것을 다시 하나하나 들었다. 산체스 고르디요가 토지를 점거하고 집을 짓고 인민을 위한 문화를 되찾은 것을 말할 때 늘 보이던 자신감을 한껏 드러냈다. 마을 사람들도 낙관적이냐고 다시 물었다.

"그럼, 물론이지요. 그들도 상황이 심각하다는 것을 알아요. 마리날레다가 과거에는 세비야에서 많은 혜택을 받아 일자리를 창출하는 데 도움이 되었는데, 지금은 그런 혜택들이 철회되었어요. 자본주의의 위기 때문이지요. 그러나 마을 사람들도 우리가 전에 우리에게 필요한 것과 우리의 권리를 위해 싸웠다는 것, 우리 모두가 싸웠다는 것을 알아요. 이제 다시 그럴 필요가 있어요."

그의 이야기는 물론 원점으로, 1980년으로 되돌아가자는 말은 아니었지만, 나는 세르히오의 말에 어떤 근거가 있는지 따져 보기 시작했다. 이것이 마리날레다의 두 번째 큰 위기이자 기회라고 했다. 그렇다면 당신의 짐이 무겁다. 이런 상황에서 유토피아를 유지할 수 있다고 생각한다면, 당신은 아주 거창한 약속을 하고 있는 거다. 그러자 이번에는 그가 나를 보고 웃었다.

"정말 그렇게 생각해요? 우리는 30년 동안 싸웠고, 이 모든 것을 그때 약속했어요. 30년 전에 마을이 어땠는지, 투쟁을 통해 마을이 어떻게 되었는지 보세요."

그가 "흥, 당신이 말하는 자본주의의 위기쯤은 아무것도 아니야" 라고까지 말하지는 않았지만, 나는 그가 그러고 싶어 하는 것 같았다. 1975년에 프랑코가 죽었을 때도 사정이 좋지 않았다. 아니 오히려 지금보다 훨씬 안 좋았을 것이고, 이런 대담하기까지 한 혁명에 대한 확신이 마을의 미래에도 반드시 필요할 것이다.

우리는 술을 한 잔씩 더 시켰고, 우즈마는 언제 산체스 고르디요를 만날 수 있는가로 세르히오를 조금 더 괴롭혔다. 세르히오는 보호도 하고 핑계도 대면서 문지기라는 자신의 역할에 약간 진절머리가 났을 것이다. 특히 그의 지침이 문을 단단히 닫아 두는 것이었을 테니 말이다. 그래서 나는 대화의 방향을 시장에서 다른 데로 돌리려고 했다.

나는 세르히오에게 내 책에서는 산체스 고르디요가 전부가 아니라고 말했다. 나는 사람들, 집단으로서의 푸에블로와 그들이 이룩한 것에 더 관심이 있지, 한 사람에게만 관심이 있는 것이 아니라고 했다.

"오케이." 그가 진지하게 말했다. "그렇지만 당신은 우리가 지금 여기서 누구에 관해 말하고 있는지를 알아야 해요. 간단히 말해, 마리날레다가 쟁취한 것이 모두 산체스 고르디요 덕분이에요. 명백한 사실이에요. 우리가 이룬 것이 모두 그 덕분이에요."

무모하게도 어떻게 승리의 공을 지도자한테서 그를 따르는 사람들에게로 돌릴 수 있느냐고, 어떻게 감히 그의 영향력을 과소평가할 수 있느냐고 핀잔을 주는 것 같았다. "그러나 언젠가는 그런 날이 와야겠지요. 그가……" 하고 내가 말을 하는데 세르히오가 내 말을 끊었다.

"언젠가 미래에 그가 더는 지도자가 아니더라도 프로젝트는 계속될 겁니다. 프로젝트는 그래도 똑같이 유토피아를 창조하는 것이고, 계속 그러할 겁니다."

그러고는 말을 멈추더니 다시 말했다.

"그러나 아직 그런 날이 오지 않았어요."

분에 넘치는 충고와 지지를 해 준 부모님 헬렌과 로드에게, 지구 맞은편에 있는 여동생 샐리에게, 이 책을 쓰는 동안 나를 참고 견뎌 준 멋진 친구들에게 감사드린다.

사진을 찍어 주고 핫 치즈로 연대를 보여 준 데이브 스텔폭스에게, 인내심과 쾌활함을 보여 준 스티브 블룸필드와 탠 콥시, 폴 플렉니, 캣 오셰이와 피렌체 공화국의 이전 회원과 명예 회원 모두에게 감사를 드린다(여러분은 정말 고마운 사람들이다). 늘 현명한 조언을 아끼지 않은 대니얼 트릴링에게, 내가 씨부렁대는 말에 귀를 기울여 준 앤서니 바넷과 앨리스 벨, 멀리사 브래드쇼, 헬레이나 버턴, 조 캘루오리, 앨리 칸워스, 에이드리언 코넬 듀 우, 발레리아 코스타 코스트리스키, 애나 필딩, 샘 길, 로자 길버트, 폴 길로이, 앨릭스 호반, 톰 험버스톤, 제이미 매케이, 앨릭스 맥퍼슨, 필 올터만, 젠 페이튼, 로리페니, 커스티 시먼즈, 앨릭스 서션, 카니슈크 타루르, 브론 웨어, 벨라 워, 닉 윌슨, 크리스 우드에게, 버소 출판사의 담당 편집자 리오 홀리스에게 감사하고, 페데리코 캄파나, 휴 레미, 마크 마틴, 로나 스콧 폭스, 세라 신, 로언 윌슨, 내 에이전트인 콘빌과 월시의 소피 램버트에게 감사한다. 런던에서 늘 내 머리가 깨어 있게 해 준 사람들, 그중에서도 특히 오픈데모크라시openDemocracy와 디테리토리얼 서포트 그룹Deterritorial Support Group, 노바라 미디어Novara Media의 모든 사람에게도 큰 목소리로 감사드린다.

지난 몇 년 동안 스페인 전역에서 나와 이야기해 준 모든 사람들에게, 그중에서도 특히 맥주를 사 주고, 행진에 데려가 주고, 차를 태워 주고, 함께 정치에 대해 이야기하고, 콩과 초리소가 든 수프를 만들어 준 사람들에게 영원히 감사드린다. 엘 브루크에 있는 칸 세라트의 마르셀과 카린, 마드리드의 이언 매키넌, 바르셀로나의 카를로스 델클로스와 아르테파크테Artefakte 그룹, 하이메 카사스, 톰 클라크, 세비야의 후안호 알칼데, 엠마 에레라 오르티스, 파울레테 솔타니, 에스테파의 하비 리베로와 그의 가족, 마을의 크리스와 알리 버크 부부, 안토니오 포르케라 테하다, 크리스티나 마르틴 사베드라에게 특별히 감사드린다.

누구보다도 마리날레다 사람들에게 깊은 감사의 말을 드린다.

경쟁의 가치보다 연대의 가치로 사는 공동체

강수돌(고려대 경영학부 교수)

신자유주의 세계화가 온 세계 곳곳을 상품 시장이나 공장, 아니면 원료나 에너지 공급지로 바꿔 나가는 이 시기에 '세상에 맞선 마을' (원제 The Village against the World)이라니, 과연 이게 말이 될까? 그런 마을이 실제로 존재할 수 있을까?

이런 의문에 대해 댄 핸콕스Dan Hancox는 말한다. "말, 된다." 또 "실제 존재한다." 스페인 안달루시아 지방의 마리날레다Marinaleda 마을이 바로 그 주인공이다. 핸콕스는 영국의 저널리스트로, 『가디언』이나 『인디펜던트』 같은 독립 언론에 기고를 하는 진보 지식인이며, 이미 『불안의 여름: 포위된 젊은이들Summer of Unrest: Kettled Youth』과 『유토피아와 눈물의 계곡Utopia and the Valley of Tears』 등 책을 썼다. 2013년에 나온 이 책은 그의 최신작이다.

마리날레다는 스페인에서도 유서 깊은 안달루시아 지방의 자치

주 이름이자 그 주도인 세비야에서 100킬로미터 정도 떨어진 작은 시(인구 약 2700명)다. 이 작고 한적한 마리날레다 시는 지난 35년간 신자유주의 세계화 물결에 맞서 가장 질긴 싸움을 해 왔다.

소도시지만, 전반적으로 '사회주의 원리'에 따라 운영된다는 특징 덕에 세계적 이목을 끈다. 2012년 1월에 처음 이 마을을 방문한 저자 핸콕스는, "다국적 기업 상표가 보이는 간판도 없고 광고판도 없었다. 현대 자본주의가 침입한 흔적이 없었다"라고 첫인상을 말했다.

그렇다면 도대체 어떻게 해서 이 마을에 세계적 이목이 집중하게 되었나? 이 작은 마을 유토피아 실험이 가진 의미와 가치는 무엇인가? 우리는 여기서 무엇을 배울 수 있을까?

1. 스페인 안에 존재하는, 스페인 같지 않은 마을

스페인의 최근 현실은 한마디로, 불안 덩어리다. 일례로, 2012년 12월에 국영 사회연구소에서 실시한 여론 조사에서 응답자 중 67.5퍼센트가 민주주의 작동 방식에 만족하지 않는다고 했다. 이는 경제 위기가 낳은 결과이기도 하지만, 스페인 국가 전반에 대한 불만족을 표현한다. 실제로, 2011년 5~6월엔 약 800만 명의 '분노한 사람들'이 거리에서 "지금 진짜 민주주의를!" 요구했고 이것이 9월엔 미국 뉴욕의 '월스트리트 점령' 운동을 부채질했다.

물론, 이러한 사회 경제적 불안의 배후엔 2008년 이후의 세계 금융 위기와 유럽 재정 위기가 놓여 있고, 더 멀리는 1992년 이후의 유럽 통합이 있다. 또, 1996년부터 2008년까지 팽창했던 스페인 주택 건설 거품이 2008년 이후 터지고 말았다. 빚을 갚지 못한 이들은 집을 뺏기고 쫓겨나거나 자살했다. 텅 빈 집이 400만 채이며 최근 강제 퇴거된 가구도 40만, 노숙자가 2만 명이나 된다. 빈집을 점거해 사는 스쿼팅squatting도 활발하다. 한편, 마치 한국에서 1997년 'IMF식' 구조 조정으로 정부가 정리 해고나 비정규직 양산 법을 만들었듯, 최근 스페인도 라호이 총리가 유럽 중앙은행의 압력 아래 노동 개혁법으로 해고를 더 쉽게 만들었다. 그 결과 스페인의 실업률은 30퍼센트를 넘고 청년 실업률은 50퍼센트를 넘는다. (마리날레다가 속한) 안달루시아도 실업률이 36퍼센트이다. 스페인 전체적으로 사회 경제적 위기가 극심하다는 얘기다.

"세상에 정의가 있다면, 거대 은행들과 그들이 경제적 테러를 하도록 허용한 정부들이 감옥에 있을 겁니다. 바로 그들이 위기를 낳았는데, 지금 그들이 위기를 바로잡고 싶답니다. 방화범이 소방관 역할을 하고 싶답니다! 메르켈과 사르코지가 은행을 대변하고 은행이 초래한 것을 고치고 싶답니다." 분노한 (마리날레다 시장) 고르디요의 말이다.

반면, 같은 스페인의 소도읍 마리날레다에는 위기나 불안이 아니라 안정과 평화가 지배적이다. 약 30년 이상의 투쟁 과정을 통해 '스스로 빈곤으로부터 해방된 마을'이기 때문이다. (마리날레다 역시 1980년대엔 65퍼센트의 실업률에 고통받았지만) 지금 이 마을에는 실업자나 모기지 빚이 없고, 누구나 공설 운동장에서 운동을 할 수 있으며, 매월

'붉은 일요일'엔 자발적으로 이웃을 위해 일한다. "돈이 아닌 이유로도" 일한다. 공식 실업률 5퍼센트도 새로 이사 온 사람들이 아직 일자리를 찾지 못해서일 뿐, 실질적으로는 완전 고용 수준이다. 모두 공상 소설처럼 들리지만 실제 현실이다.

물론, 이런 현실이 하늘에서 저절로 떨어진 것은 아니다. '땅은 일하는 농민의 것'이란 철학을 가진 산체스 고르디요Juan Manuel Sánchez Gordillo가 1979년에 처음 시장에 당선된 이후 30년 이상 행복한 공동체를 만들기 위해 더불어 투쟁한 결과다.

"사람들이 이제는 대안이 이 당인지 다른 당인지, 인민당PP인지 사회주의노동자당PSOE인지 신경 쓰지 않아요. 그들이 원하는 것은 자본주의가 아닌 다른 체제로 바꾸는 것입니다. 노조와 정당, 단체는 다른 체제를 추구하고, 인간이 그 체제의 중심에 있어야 합니다. 사람들이 상품으로 여겨지고 있어요. 이익이 나면 사람을 쓰지만, 이익이 나지 않으면 버립니다. 우리는 이런 무자비하고 비인간적인 가치관을 바꾸어야 합니다. 나는 이것에 평생을 바쳤습니다." 인간 중심의 세상을 위해 헌신해 온 고르디요의 소신이다.

아마존의 독자 서평대로 "인구 3000명도 안 되는 이 작은 마을이 거대 정부나 거대 기업에 맞서 용감한 투쟁을 한 끝에, 마침내 그들은 주민을 위한 땅과 일을 되찾고 집과 공동체를 되찾아 결국 인간 존엄성을 회복했다"(Michigan Rifleman). 그 과정에서 착취와 빈곤으로부터의 해방을 꿈꾸는 모든 주민이 합심했다. "인간 존엄성 회복에 정치적인 좌우를 나누는 것은 아무 의미가 없다"는 그의 명제는 그래서 울림이 있다.

2. 오랜 투쟁과 마리날레다

마리날레다 모델을 제대로 이해하기 위해 잠시 스페인의 근현대
사를 간략히 볼 필요가 있다. 현재는 과거의 산물이자 미래의 씨앗
이기 때문이다.

오늘날 17개 자치주로 구성된 스페인은, (1873년에 잠깐 존재한 제1공화
정 이후 왕정복고 뒤) 다시 1931년에 제2공화국으로 민주주의가 자리 잡
기 시작했다. 그러나 1936년에 극우 프랑코의 쿠데타로 혁명군과
내전이 발발, 혼란에 빠졌다. 그 무렵 안달루시아 세비야 지방에서
는 무려 238번의 파업이 일어날 정도로 사회 경제적 불안이 심했
다. 특히 이 지역은 도시화나 산업화와는 거리가 먼 오지였다. 내전
은 1939년 파시스트 프랑코의 승리로 끝났고, 40년간 독재와 탄압
아래 진보 세력은 크게 위축되었다.

카뮈의 말처럼 '반란의 고향' 안달루시아 지역, 그 속의 토지 없
는 농민의 고통과 굶주림은 더욱 심해졌다. 반면 귀족들은 부재지
주로서 넓은 토지(라티푼디오)를 소유하고 농민과 노동자 위에 군림
하며 착취했다. 빈민 입장에서 삶의 돌파구는 아래로부터의 토지
개혁뿐이었다. 그러나 1936년 이후 약 40년간 파시스트 지배 내
내 그러한 개혁은 이뤄지지 않았다. 당시 스페인에서 호르날레로
jornalero로 알려진 토지 없는 일용 노동자의 90퍼센트는 1년에 겨우
두어 달 일한 것으로 온 가족을 먹여 살려야 했다.

물론, 풀뿌리의 저항은 간헐적으로 솟구쳤고 그로 인해 약간의 제도적 변화가 있었지만, 안달루시아 지역의 가난한 민초들에게는 아무 소용도 없었다. 마리날레다 같은 농촌 지역은 더욱 심해, 1970년대에도 학교를 그만두고 들에서 일해야 하는 아이들이 많았다. 그나마 일이 없으면 아이들은 부모와 함께 일을 찾아 '인간 홍수'처럼 타지로 흘렀다. 그러나 프랑코가 1975년에 사망한 뒤로 변화의 기운이 꿈틀거리기 시작한다.

결국, 배고픔은 마을(푸에블로)에서부터 위대한 저항을 불렀고 변화의 계기를 만들었다. 1977년 12월 4일엔 18세의 공장 노동자 마누엘 호세 가르시아 카파로스가 아직 허용되지 않았던 안달루시아 삼색기를 시 의회 건물에 걸려다 경찰 총에 맞아 숨지는 사건이 일어났다. 이후 안달루시아에서는 12월 4일을 기념했고, 카파로스는 안달루시아의 주요 순교자 중 하나로 기억된다. 안달루시아에서는 '기억, 존엄, 투쟁'이 마치 한 단어처럼 쓰인다.

1979년 산체스 고르디요가 마르날레다 시장으로 선출되었고, 1980년엔 분노한 민중 약 700명이 9일간 단식 투쟁에 돌입했다. '굶주림에 맞선 굶주림 투쟁'이었다.* 굶주림을 끝장내기 위한 굶주림, 이만큼 절박한 투쟁이 있을까? 당시 이 지역의 공식 실업률은 60퍼센트가 넘었다. 결국, 배수진을 친 이 단호한 투쟁은 국가로부터 양

---

* 마리날레다 최초 투쟁은 1970년대 말 시작된 물 통제권 투쟁이었고 그것이 의외로 쉽게 승리하자 다음으로 토지 점거 투쟁에 돌입했다(새뮤얼 그로브, 「안달루시아의 유토피아?」, 『녹색평론』 132호).

보를 얻어 냈다. 12월의 올리브 추수 때까지라도 안달루시아 실업자들이 생계를 잇도록 2억 5000페세타의 보조금을 받게 된 것이다.*

그러나 정부 보조금은 근본 해결책이 아니었다. 정답은 민주적 토지 개혁과 토지 재분배였다. 그래서 이들은 10년 이상 계속 싸운다. 점거와 투쟁이 이어졌다. 적들이 쫓아내면 떠났고 다른 곳을 또 점거했다. 1980년대에 그들은 100번도 넘게 (인판타도 공작의 땅) 우모소를 점거했다. 석 달간 밤낮으로 야영하기도 했다. 그렇게 이어진 무수한 저항 끝에 1991년, 마침내 그들은 이겼다. 풀뿌리가 행한 불굴의 저항에 정부가 진이 빠진 것이다.

정부는 부재지주였던 공작의 땅 1200만 제곱미터에 대해 일정 보상을 한 뒤 마리날레다에 공유지로 주었다. 지평선이 보이지 않을 정도로 드넓은 농경지였다. 그동안 놀리던 땅이었다. 이 작은 승리는 안달루시아 땅의 50퍼센트를 단 2퍼센트의 귀족 가문이 소유하던 모순을 타파하는 첫 신호였다. "재산이 사회적 목적에 봉사하지 않는다면 존재할 이유가 없다. 소유권으로 인해 아주 많은 사람이 굶주림과 결핍을 겪는다면, 소유권을 없애는 것은 급진주의가 아니다." 고르디요가 이미 1980년에 한 말이다.

이제 봉건적 착취나 극심한 빈곤으로부터 해방된 마을엔 만세 소

---

* 한편, 1980~1982년 사이에 카탈루냐 지방, 바스크 지방, 갈리시아 지방, 안달루시아 지방이 국가로부터 자치 지역으로 공인되었다. 민초들의 자율·자치 열망이 그 정도로 강하다는 뜻이다.

리와 기쁨이 넘쳐났다. 그 뒤 마을 사람들은 우모소 농장 협동조합을 설립했다. 주요 작물은 올리브, 돼지감자, 토마토, 감자, 고추, 브로콜리, 밀, 콩 등이다. 농산물 가공 공장도 있다. 일꾼들은 하루 6.5시간 일하며 모두 동일하게 월 180만원 정도 받는다. 생산물은 공동의 것으로, 수익이 생기면 배당하기보다 재투자해 일자리를 늘린다. 그래서 마을에서 실업은 낯선 것이 된다. 현재 이 마을엔 협동조합이 10개나 돌아간다.*

이와 더불어 마리날레다는 투쟁과 함께 다양한 혁신을 시도한다. 직접 민주주의 방식을 채택해 중요 의사 결정은 마을 주민 약 400명 내외가 모이는 정기 총회에서 이뤄진다. "우리는 아나키즘의 직접 행동의 기치를 따릅니다. 총회도 직접 행동입니다." 국가나 자본의 권력에 맞설 수 있는 '대항 권력'은 풀뿌리의 참여에서 나온다.

마을엔 축구 경기장이나 종합 실내 스포츠 센터 등 운동 및 여가 공간도 생겼다. 마을 규모에 비해 다섯 배 이상의 레저 시설이다. 대개 무료다. 그 부근엔 나투랄 공원이 있는데, 여기엔 정원과 벤치, 테니스 코트, 야외 체육관, 석조 원형 극장이 있다. 원형 극장에선 여름밤 영화가 상영된다. 각종 축제나 록 콘서트도 열린다. 건너편엔 야외 수영장이 있는데, 거의 무료다. "기쁨도 인민의 권리"이기 때문이다. 자체 텔레비전 방송국도 있다. 라디오 방송의 한 꼭지는 〈기억하지 않으면 역사도 없다〉이다. 예사롭지 않다.

---

* 리사 로스, 「기적의 자유도시」, 『녹색평론』 132호.

2013년 2월엔 야외 축제장에서 '억압에 맞선 콘서트'가 열렸는데, 놀랍게도 한 장에 15유로나 하는 티켓이 5000장이나 팔렸다. 마을 인구가 2700명인 걸 생각하면 타지인들도 많이 온 셈이다. 사실, 이 행사는 2012년에 있었던 파업 등 직접 행동으로 다수가 체포되었기에 법적 투쟁 기금 마련을 위한 것이다. 이런 식으로 이들은 투쟁과 축제를 잘 결합시켜 냈다.

한편, 주거 문제를 해결하기 위해 지방 정부의 지원 아래 350채의 집(가족을 위한 방 3개짜리 집)을 마을 사람들이 함께 지었다. 이를 카시타casita라 한다. 주민들은 월세를 단 15유로(약 2만 5000원)만 낸다. 집은 공동체 소유이므로 돈을 남기고 팔 수는 없다. 대개의 집은 현관문을 열어 둔다. 해가 비치는 날이면 여성들은 식탁이나 의자를 집 앞에 내다 놓는다. 이웃과 즐거운 수다를 떨기 위해서다.

또 이 마을엔 경찰 병력도 없다. 치안은 마을 주민들이 자체적으로 확립하고 경찰 예산은 모두 학교나 주민 복지를 위해 쓴다.

그 이후로도 마리날레다 사람들은 안달루시아 지역의 다른 빈민들을 위한 캠페인을 지속했다. '빵과 장미'를 향한 행진은 예나 지금이나 결코 그칠 수 없다. 즉, 그들은 하나의 승리에 만족하지 않고 1990년대 내내 '투쟁'을 계속했다. 문화 프로젝트 기금을 위해 싸우고, 주택 건설을 위해 싸우고, 안달루시아 전역에 있는 실업자들을 위해 싸웠다. 중앙은행인 스페인 은행을 점거하고, 고속열차 AVE를 막아서고, 말라가와 세비야에 있는 국제공항에 쳐들어가기도 하고, 지방 정부의 관저인 산 텔모 궁이나 카날 수르 라디오를 점거하기도 했다. 요컨대, 모든 사회 경제적 성취에는 부단한 투쟁이 깔려 있다.

3. 산체스 고르디요, 그는 누구인가?

이 모든 변화의 중심에는 후안 마누엘 산체스 고르디요가 있다. 1952년생인 그는 역사 교사 경력도 있으며, 정치가이자 노동자 단결을 위한 집단-안달루시아 좌파연합CUT-BAI 대표이다. 그는 이미 감옥에 일곱 번이나 갔다 왔고 파시스트들의 암살 위협에서 두 번이나 살아남았다. 한마디로, 그는 '목숨 걸고' 산다.

"나는 비폭력을 신봉하고, 공동체가 싸울 때도 비폭력적 수단을 사용합니다. (그러나) 권력은 건들지 말았으면 하는 것을 우리가 건들면 폭력을 쓰지요. 부르주아지는 자기 호주머니를 건들지 않을 때만 민주주의에 찬성합니다." 목숨 건 투쟁에서 깨달은 바다.

그가 세계적 인물이 된 것은 1979년에 마리날레다 시장으로 선출되면서였다. 흔히 '카리스마 넘치는 괴짜 시장'으로 불리는 그가 시장으로 선출된 시기는 영국에서 대처가 수상으로 선출된 시기와 일치한다. 대처가 '대안은 없다'며 기존의 복지 국가 대신에 신자유주의 세계화만이 살 길이라 외치던 바로 그때, 고르디요는 '더 나은 세상을 창조하는 꿈'을 말하기 시작했다. '대안'을 갈구하던 숱한 사람들, 특히 시장으로부터도 국가로부터도 소외되었던 빈민들은 고르디요의 대안적 행위에 진지한 관심을 갖고 동참했다.

2011년의 한 인터뷰에서 그는, "나는 낫과 망치의 공산당에 가입한 적은 없지만, 공산주의자 또는 공동체주의자입니다"라고 했다. 자신의 정치적 신념은 그리스도와 간디, 마르크스, 레닌, 체 게바라가 뒤섞인 것에서 왔다고 한다.

그리하여 고르디요는 극심한 빈곤에 시달리던 마리날레다를 이른바 '공산주의 유토피아'로 변화시키는 데 온몸으로 헌신해 왔다. 그 핵심은 토지 없는 농민들이 귀족 대지주로부터 땅을 되찾아 공동 소유의 토지라는 기초 위에 거의 완전 고용을 달성한 것, 임금도 평등하게 받고, 주거 문제도 더 이상 모기지 빚 같은 것 없이 공동체적으로 해결한 것이다. 그럼에도 그는 매우 소박하게 산다. 2012년 1월에 핸콕스가 방문했을 때도 그는 "어깨에 작은 치약 자국 같은 것"이 묻은 스포츠 재킷을 입고 있었다.

고르디요 시장이 더욱 세계적 영웅이 된 것은 2012년 8월의 슈퍼마켓 습격 사건 때문이었다. "돈 없어 돈 내지 않기can't pay, won't pay" 운동이었다.* 슈퍼에서 턴 식료품들(쌀, 설탕, 파스타, 우유, 올리브 기름, 밀가루 등)은 굶주림에 시달리던 세비야나 카디스의 홈리스들에게 직접 주거나 푸드 뱅크로 보내졌다. 이 과정을 밖에서 확성기로 지휘했던 산체스 고르디요 시장은 『가디언』 등 여러 언론으로부터 "스페인의 로빈 후드" 또는 "안달루시아의 혁명가"로 불렸다. (물론, 『뉴욕타임스』의 J. 블리처처럼 "돈키호테"라 폄하하는 이도 있었다.)

---

*D. Edgar, "The 'Robin Hood Mayor' and the search for a socialist utopia in Spain," *Guardian*(2013. 10. 10).

"수탈자를 수탈"하는 슈퍼마켓 습격 사건에 직접 가담한 몇몇은 체포되었다가 석방되었다. 하지만 진두지휘를 했던 고르디요는 정치적 면책권 덕에 기소되진 않았다. 그러나 고르디요는 이렇게 말했다. "우리의 메시지를 더 널리 알리기 위해 나는 기꺼이 감옥에 갈 준비가 되어 있다. 나는 면책 특권을 바라지 않는다."* "대형 슈퍼 습격은 절도가 아니라 비폭력 불복종 행동이다."** 지주나 은행과 마찬가지로 대형 슈퍼도 민초들의 피와 땀을 빨아먹고 살기에 그에 불복종하겠다는 것이며, 수백만이 굶주리는데도 대형 슈퍼가 눈감고 돈만 버는 것은 부당하다는 것이다. 바로 이런 점이 고르디요를 세계의 영웅으로 서게 했다.

같은 시기에 고르디요는 스페인 중앙 정부의 긴축 정책에 반대해 시민들과 함께 약 3주일 동안 남부 지역을 행진했다. 행진 도중에 그는 지역의 각 은행들을 짐기할 계획을 세웠고 지역 정부들로 하여금 디폴트(채무 불이행) 선언을 하라고 설득하기도 했다. 모두 정부의 긴축 정책에 대한 저항의 일환이었다. 실제로 만차레알에서 그들은 한동안 우니카하 은행 지점을 점거하기도 했다. 이것은 2011년 9월 미국 뉴욕의 '월스트리트 점령' 운동이 던진 메시지와 같았다. 신자유주의 세계화 시대에 (99퍼센트의 희생 위에) 전 세계를 무대로 돈벌이를 하는 극소수 1퍼센트의 탐욕과 축재에 정면 도전하여 보

---

* Wikipedia, "Juan Manuel Sánchez Gordillo," 검색일 2014. 2. 1.
** 소피 매카덤, 「살아 있는 '로빈 후드'의 도시」, 『녹색평론』 132호.

다 정의로운 세상을 쟁취하려는 것이었다. 그리하여 고르디요와 그 동료들은 '반세계화 운동'의 또 다른 상징이 되었다. 이들은 1퍼센트의 특권층과 그 동조자들이 가진 '미사일 단추 신드롬', 즉 수많은 생명을 죽이면서도 아무 죄책감이나 수치심도 느끼지 못하는 불감증을 건드렸다. 실제로, 이들은 투쟁 과정에서 "식량은 권리이지 장사하는 것이 아니다. 농업은 세계무역기구에서 빠져야 한다"라고 외쳤다.

그들이 폐쇄된 군사 기지를 점거하고 농토로 바꾸자고 했을 때도 고르디요는, "600만 실업자, 1200만의 가난한 사람들, 가족 모두 실업자인 170만 가구, 안달루시아에서 빈곤선 아래 생활을 하는 30퍼센트 가구"를 위해 땅이 필요하다고 했다. 땅이 사람을 위해 쓰여야지 부자들의 탐욕을 위해 쓰여서는 안 된다는 신념이었다.

그러나 이 모든 과정이 결코 '영웅' 한 사람의 창조물은 아니다. 프랑코의 파시즘 시대 이후 극도로 소외된 마리날레다 사람들이 지난 수십 년간 정당을 만들고 조합을 결성하는 등 '빵과 장미', 즉 토지와 자유를 위해 치열하게 싸운 결과이기 때문이다. 모든 변화 뒤엔 조직이 있었고 운동이 있었으며 사람들이 있었다. 이들은 참된 의미와 가치를 추구하는 주체였다. 땅과 자유, 인간 존엄, 자율과 평등, 협동과 공동체 등의 가치를 공유한 것이다.

이들의 단호한 투쟁은 결코 한두 해에 그치지 않았다. 무려 35년 이상 그들은 쉼 없이 투쟁하며 공항과 기차역, 정부 청사, 농장, 궁전을 점거하고, 길을 가로막고, 행진하고, 팻말 시위를 하고, 또 단식 투쟁도 여러 차례 했다. 물론, 이 모든 노력에도 그들은 수없이 구타당하고 체포되고 재판을 받아 투옥되기도 했다. 당시 투쟁에 참여한 한 주민의 기억이다. "우리가 처음 여기로 시위하러 왔을 때가 여름이었어. 무척 더웠지. 그런데 치안대(용역 깡패)가 나뭇가지를 모두 잘라 버렸어. 우리가 해를 피할 곳이 없게 말야."

여기서 중요한 것은, 그들은 패배할지언정 결코 포기하진 않았다는 것이다. 다시금 서로를 껴안고 위로하고 토론하고 대화하고 새로운 아이디어를 제안하는 가운데, 그들은 결코 좌절하지 않을 수 있었고 다시 용기를 내 일어설 수 있었다. 풀뿌리의 생명력이다.

"'투쟁'은 빈곤과 절망에서 나왔어도 심장에 불을 질렀다. 아주 짜릿했다. 그런 독특한 종류의 에너지는 자신이 정당한 일을 위해 싸우고 있다는 것을 알 때만, 그리고 어쩌면 이길 수 있을지도 모른다는 것을 알 때만 얻을 수 있다." 핸콕스의 통찰이다.

바로 이런 주체성은 그냥 나오는 게 아니다. 늘 깨어 있는 삶 속에서 만들어졌다. 마리날레다 전역에 널린 벽화나 구호가 이를 말해 준다. "안달루시아 사람들아, 일어나라!" "텔레비전을 끄고 마음을 켜라." "자유는 구걸하는 것이 아니다."

2016년은 토머스 모어가 『유토피아』를 낸 지 500주년 되는 해다. 산체스 고르디요는 마리날레다라는 인구 3000명도 안 되는 작은 도읍에서 나름의 '유토피아'를 일구어 냈다. 그리고 마리날레다는 아직도 "또 다른 세계가 가능하다"라고 외치며 여전히 "평화를 위해 투쟁 중"이다. 고르디요는 그 왕성한 운동의 한 구심이다.

"우리는 우리가 미래에 원하는 것을 지금 하려고 합니다. 우리는 내일까지 기다리고 싶지 않습니다. 오늘 하고 싶습니다. 우리가 오늘 하기 시작하면 그것이 가능해지고, 다른 사람에게 보여 줄 수 있는 본보기가 됩니다. 정치를 하는 다른 방법, 경제를 하는 다른 방법, 함께 사는 다른 방법이 있다는 것, 다른 사회가 있다는 것을 보여 줄 수 있는 본보기 말입니다." 바로 이것이 그의 독특한 역사 인식이요, 실천 이성이다.

4. 마을 유토피아의 의미와 가치

산체스 고르디요의 마르날레다, 이 마을 유토피아 실험은 과연 어떤 의미와 가치를 지니는가? 그 의미와 가치를 제대로 평가하기 위해서는 보다 포괄적이고 심층적인 연구가 필요하겠으나, 여기서는 주체, 수단, 목표 등의 측면에서 간략히 정리한다.

가장 먼저 강조해야 할 것은, 빈민이 스스로 빈곤을 극복하는 주체적 과정이다. 고르디요가 말했듯, "엘리트의 권력은 그들이 자신을 좌파라고 할 때에도 언제나 독재"이다. 중앙 집권주의에 반대하는 이유이기도 하다. 즉, 진정한 민주주의란 "민중의 힘" 또는 풀뿌리 민초가 스스로 만들어 가는 과정이다. 물론 스페인의 역사, 그중에서도 안달루시아 지역의 역사 속에는 극도의 빈곤과 고통을 저항으로 돌파하고자 했던 경험과 기억, 자치의 정신이 면면히 흐른다. 한편, 마을 총회에 기초한 풀뿌리 민주주의는 다른 말로, (설사 복지 국가라 하더라도) 의회 민주주의나 자본주의 체제 자체가 그 심장에서부터 정당성 위기를 겪고 있음을 폭로하는 방식이기도 하다. '모든 권력은 국민으로부터 나온다'라는 민주주의 정신에 가장 충실한 방식을 그들은 참여와 저항을 통해 온몸으로 실천했다.* 저 높은 곳 또는 밀실에 존재하는 권력이 국민을 통치하는 것은 민주주의가 아니다. 그렇다고 시장 경쟁을 민주주의라 하는 것도 어불성설이다. 이런 것이 빈곤이나 불안과 같은 삶의 문제를 절대 해결할 수 없음을 그들은 이미 역사 속에서 잘 안다. 민초들이 스스로 나서서 자기 삶의 주인이 되어야 하는 까닭이다.

둘째, 그런 주체들이 과연 어떤 수단으로 투쟁했을까? 그들은 말로만, 또는 선거를 통해서만 변화를 꿈꾸진 않았다. 그렇다고 레닌 방식으로 무기를 든 것도 아니다. 그들이 취한 투쟁 수단은 '온몸을 던지는 것'이었다. 그들은 굶주림에 맞서 단식 투쟁을 했고 무수히 점거를 했으며 피켓을 들고 파업을 하거나 시위를 했다. 그러나 이 과정은 결코 '진공' 속에서 일어나는 것이 아니었다. 늘 상대가 있고 힘의 관계가 역동적으로 작동했다. 민초들이 땅을 점거하면 그들은 쫓겨났다. 쫓아내면 나갔다가 다시 점거했다. 잡히면 갇혔다가 다시 나오면 저항했다. 법이 있긴 하나 그것이 삶을 억압한다고 판단하면 그들은 과감히 법을 어겼다. 국가 보조금을 거부하진 않

---

* 자크 랑시에르의 '적극적 평등' 개념이 바로 이런 것이다. 반면, '민중의 힘'의 작동 과정이 빠진 시혜적 복지 같은 것은 '소극적 평등'이다(새뮤얼 그로브, 「안달루시아의 유토피아?」). 투쟁과 성취의 기억이 약한 마리날레다의 젊은 층이 마리날레다 모델을 이어 갈 수 있을지 우려되는 것도 바로 이 때문이다(리사 로스, 「기적의 자유도시」).

았지만 그에 머물지도 않았다. 헨리 데이비드 소로나 마하트마 간디 식의 '비폭력 불복종' 원칙을 철저히 견지했다. 국가 폭력이 짓밟으면 쓰러졌다가도 풀처럼 다시 일어섰다. 열 번 넘어지면 열한 번 일어났다. '질긴 놈이 이긴다'는 원리, '이길 때까지 싸우면 이긴다'는 원리를 그들은 직접 실천했다. 불굴의 정신이요, 저항의 미학이다.

셋째, 과연 그들은 무엇을 추구했는가? 물론 그 빈민들이 추구한 해결점은 지주나 은행, 회사나 슈퍼마켓의 주주처럼 '부자 되기'가 아니었다. 그들은 오히려 '약탈자'가 되기를 거부했다. 거꾸로 '약탈자를 약탈'하고자 했다. 그들은 자신이 성실히 땀 흘리며 일할 땅을 원했고 땅이 지주에서 지주로 상속되는 고리를 파괴하기를 원했다. 봉건주의와 자본주의 속에서 그들을 옭아맨 모든 족쇄를 부수고자 했다. '생산적 복지'를 들먹이며 정부가 꺼낸 '공동체 고용'조차 그들에겐 족쇄로 비쳤다. 땅 없이 삶 없고, 투쟁 없이 자유나 정의는 없다. 그렇게 그들은 싸우고 또 싸워서 이겼다. 이 '승리의 경험'은 주체성과 자부심을 강화했다. "얼마나 흥미롭습니까? 새로운 정치, 새로운 질서는 바로 이런 상상력에 기반을 둔 행동에서 시작합니다." 김종철 선생이 『프레시안』 인터뷰(2013.7)에서 한 말이다.

궁극적으로 그들은 온 마을 사람들이 공동으로 땅과 마을을 관리하면서 그 속에서 더불어 일하며 살기를 원했다. 물론 농장이든 공장이든 일은 힘들다. 그러나 흔히 자본주의 사회에서 대부분의 사람들이 걸리고 마는 덫인 '강자 동일시'가 이들에겐 작동하지 않는다. 이 점은 대단히 중요하다. 우리는 대부분 강자나 부자를 미워하면서도 닮아 가는 오류를 범한다. 그래서 사태의 근본적 해결은 지연된다. 그러나 그들은 '강자 동일시' 대신 '이웃 동일시', 즉 연대와 동지애로 충만하다. 힘들어도 함께 헤쳐 나가는 과정이 삶의 기쁨이요, 보람이다.

요컨대, 그들이 원하는 것은 극소수의 억만장자가 되는 것이 아니라, 그저 마을에서 굶주리지 않고 이웃과 더불어 소박하고 즐겁게 사는 것이다. 이를 위해 그들은 협동조합 농장에서 경쟁의 가치보다 협동의 가치로 일하고, 집을 함께 짓고 운동·축제·술·음악·춤을 즐기며 음식과 대화를 나눈다. 재산 증식보다 필요 충족에 의미를 둔다. 중요한 일이 있으면 총회장에 모여 직접·숙의 민주주의를 통해 결정을 내리고 참여 속에 실행한다.

그들은 또한 '빵과 장미'를 동시에 원했다. 빵은 몸을 위한 것, 장미는 정신을 위한 것이다. 빵은 일과 밥을, 장미는 사랑과 축제와 자유를 상징한다. "기쁘지 않으면 축제를 할 수 없다. 일이 없으면 절망과 체념뿐이다." 놀랍게도 마리날레다의 바에서는 위그필드의 〈새터데이 나이트〉뿐 아니라 싸이의 〈강남 스타일〉도 울려 퍼진다. 사람들은 공원에서 산책도 하고 운동장이나 수영장에서 즐겁게 운동을 한다. 억압과 착취가 없는 곳, '강자 동일시'가 작동하지 않는 곳에서 사람의 몸과 마음은 자유롭다. 사람 냄새가 난다. 이런 관계들 속에선 물질적 수준의 향상은 시급한 과제가 아니다. 그저 필요에 맞게 하나씩 만들 뿐이다. 천천히 가더라도 행복하게 가니 서로

마주 보며 웃을 수 있다. '탈(脫)성장' 또는 '반(反)성장' 시대*에 필요한 대안이다. 참된 대안은, ① 돈이 별로 들지 않고, ② 주변에 해를 덜 끼치며, ③ 두려움이 아니라 즐거움 위에서 함께 움직일 때 실현 가능성이 크다.

바로 이런 것이 사람 사는 세상이다. 간디가 "인도의 장래를 위해서는 70만 개의 마을 공화국이 필요하다"라고 했을 때 바로 그 마을 공화국 모델이 스페인에서는 안달루시아 지방의 마리날레다가 아닐까 싶다. 물론, 산체스 고르디요가 없었다면 이 모든 것이 불가능했을지 모른다. 하지만 저항의 경험, 승리의 기억을 공유하며 연대와 우애로 뭉치는 한, 제2, 제3의 고르디요는 이어질 것이다.

한편, 마리날레다 마을의 정치 경제가 앞으로도 지속 가능할지는 알 수 없다.** 지난 30년간의 어려움에 비하면 작은 문제일 수 있지만, 그렇다고 결코 쉬운 건 아니다. 세상사가 늘 그렇듯 아무 난관 없이 성취의 기쁨이 오진 않는다. 하지만 무엇보다 사람들이 "진지한 즐거움"***에 기초해 행위한다는 사실은 희망의 단초다. 온갖 어려움에도 타율과 경쟁이 아닌 자율과 협동의 가치로 살아가는 마

---

* 돈 피츠, 「후쿠시마, 대안은 태양에너지가 아니다」, 『녹색평론』 132호. 그는 "후쿠시마로 인한 재앙적 결과는…… 45억 년간 계속"된다며, "신속히 원자력을 포기"하고 "경제를 축소" 해야 한다고 했다.
** 특히, 군인과 경찰 제도까지 없애 버린 마리날레다 시를 중앙 정부가 여태 '관용'하는 것도 한계가 있을 것이다. 그 '관용'의 이유로는 ① 그 규모나 영향력이 아직은 작다는 점, ② 전국적, 세계적 지지와 호응, ③ 이들과 싸울수록 득 될 게 없다는 계산, ④ 투쟁과 성취의 기억을 가진 주민들의 끈질긴 생명력 등을 꼽을 수 있다.
*** 리처드 세넷, 『투게더』, 김병화 옮김(현암사, 2013), 432쪽.

리날레다, 부자 되기 게임이 아니라 소농과 협업 공동체로 인간 존엄성을 지키는 마을 공화국, '아래로부터의' 민주주의가 살아 숨 쉬는 주민 총회, 이는 단지 2700명 시민들에게만 의미 있는 실험으로 그치진 않을 것이다.

스페인 마을 공동체 마리날레다
우리는 이상한 마을에 산다

초판 1쇄 발행 2014년 3월 31일 **초판 4쇄 발행** 2016년 12월 2일
지은이 댄 핸콕스 **옮긴이** 윤길순
펴낸이 연준혁
편집인 정보배
책임편집 엄정원 **디자인** 강경신
펴낸곳 이마 **출판등록** 2014년 12월 8일 제2014-000225호
주소 (10402) 경기도 고양시 일산동구 정발산로 43-20 센트럴프라자 6층
전화 031)936-4000 **팩스** 031)903-3895
홈페이지 www.yima.co.kr **전자우편** yima2015@naver.com
페이스북 www.facebook.com/yima2015

값 15,000원 **ISBN** 978-89-6086-665-2 03330

* 이마는 (주)위즈덤하우스의 임프린트입니다.
* 이 책의 전부 또는 일부 내용을 재사용하려면
  사전에 저작권자와 (주)위즈덤하우스의 동의를 받아야 합니다.
* 잘못된 책은 바꿔드립니다.

이 도서의 국립중앙도서관 출판시도서목록(CIP)은 서지정보유통지원시스템 홈페이지(http://seoji.
nl.go.kr)와 국가자료공동목록시스템(http://www.nl.go.kr/kolisnet)에서 이용하실 수 있습니다. (CIP
제어번호: CIP2014009621)